向哲人致敬

谈规矩方圆

汪仲华 著

上海人民出版社

目　录

前　言

白驹过隙,光阴荏苒;岁月如驰,人生如寄。虽然人生短暂,却也不能虚度,毕竟有事要做,有路要行。

事如何做,路如何行? 无非是濡化,效仿,学习,践行,以常识、经验、书本、知识为支持,怀着理想,向着目标和光明进发。人的一生,要学要做的东西很多,过去如此,在知识爆炸的现今更是如此。学而知,知而行,知行、知止,知行合一,心正行直,努力去探求、索取、奉献,在无可穷尽的人生际遇中如鱼得水,进退自如。

人生,有的平平淡淡,有的瑰丽无比;有的顺风顺水,有的磕磕碰碰;有的大起大落,有的大喜大悲;有的郁郁寡欢、生不逢时,有的平步青云、时来运转……从天真童稚到迟暮老叟,人生之路是从容还是无奈,是抗争还是随缘,是豪气还是苟且,是向着光明还是坠落深渊,答案或结果可以呈多样乃至无限;也许不会非此即彼、泾渭分明;也许交叉重叠,既相容又碰撞;也许因缘天定(即所谓的时运、命运、命定之类),但更为现实和重要的却是事在人为!

人生少不了奋斗。要成就、开创一片新天地或为自己打下一个坚实的物质基础,亟须拼搏,具备足够的意志力、判断力、勇气及连续性,在重重阻碍面前有韧性,敢"出格",不改初衷,朝着既定目标,辅之调节调整调适,直至成功。人生离不开机遇。机遇具有偶然性、时效性和共享性,它属于那些有准备、有眼光的人,无论在稍纵即逝还是在长久的寻觅中,脚踏实地、埋头苦干,才能真正得到和把握机遇,接受命运之神的青睐和赏赐。人生需要智慧。"唯有本身的学问、才干,才是真实的本钱。"(法罗曼·罗兰)智慧、才能包括潜能是一个人自身的"金矿",越是挖掘所获越多;避免事倍功半,可以事半功倍。只有开动脑筋,慎初终远,才能独辟蹊径,独占鳌头。人生要有定力。现实之中环绕着困惑、诱惑甚至蛊惑,是停止、滑落,是坚持、向上? 是追求高尚,是甘于平庸? 是做井蛙,还是雄鹰? 总之要有定力,有所取舍,有所为有所不为。

"不以规矩,不能成方圆"(孟子)。在人的一生中,有一些基本的道理、要义至关重要,道理从"道"而出;"道"原本是指人走的路,引申为准则、原理、规律等的"规绳矩墨"。据此繁衍延揽罗致可以囊括许多,如圆规、曲尺、绳墨;规矩、规则、规章;法律、法令、法规;定理、定律、效应;原则、戒律、禁制;准则、准绳、水准;絜矩、椠檃、制度等等,就一般意义而言,它们都体现了客观的普遍真理,是文化、历史或者人生的结晶,闪烁着智慧的光芒,对于我们的处事应世以及人生是一具利器、一剂良药。只是要弄懂,懂得早一些;要照做,做得认真些;要坚持,坚持得越久越好。

围绕如此主旨,本书对200多个国外著名的规则、定理、效应等进行解读,涉及经济、社会、人生、科学、人文、心理、医疗、职场、处事等多个领域、范畴。它们出自诸多专家、学者、哲人之口或笔下,其中有世界级的著名人物,各行各业的翘楚、扛鼎人物。他们那些精辟、独到充满了智慧的归纳、提炼,呈现了多视角、多维度、多截面的眼光,提供了切实可行的方法,给人以震撼、豁然开朗的感受,实实在在、受用管用的教益。也许其中存有牴牾、相悖之处,但只是提出多一些、多一种的思维、思路、观点、看法,供借鉴、启迪、吸纳、撷取;开卷有益、博览约取,附其翼而趋之,择其善而行之,在千变万化的世相间规范自己,不至于行差踏错,一事无成。

纵观全书,总括其荦荦大端,可以见识许多,如一些重点和哲理:

头脑很重要;目标很重要;心态很重要;方法很重要;时间很重要;管理很重要;行动很重要;用人很重要;习惯很重要。

与此对应或说明(阐述)的一些哲理或要言,如:"最聪明的人是那些对无足轻重的事情无动于衷的人,但他们对较重要的事情都总是很敏感,那些太专注于小事的人通常会变得对大事无能"([美]沃伦·班尼斯);"人生最大的错误往往就是侥幸引诱我们犯下的"([法]丹尼斯·狄德罗)。

"每个人都是目标的追求者,一旦达到目标,第二天就必须为未来的第二个目标动身起程……人生就是要我们起跑、飞奔,不断规划未来,全力以赴"([美]马克斯韦尔·莫尔兹);"清晰的目标……在过程中不断提升自己的认知,检验认知,吸取成功的经验,反思失败的教训"([美]沃伦·巴菲特)。

"生活在现在,生活在这里,停止猜想,面向实际"([美]S·珀尔斯博);"所有事到最后都会是好事,如果还不是,那它还没有到最后"([英]约翰·列农)。

"时间是一个人最稀缺的资源,但也是这世界上最公平的资源,每个人每天只有 24 小时"（［美］彼得·德鲁克）；"有效的管理者不是从他们的任务开始，而是从他们的时间开始"（［美］杜拉克，即德鲁克）。

"管理：用明确的文字说明每项职务的内容、任务、权力和责任以及同其他职务的关系，并向一切有关人员公布"（［美］厄尔维克）；"管理（人员）必须履行：计划、组织、指挥、协调、控制五方面的职能"（［法］亨利·法约尔）。

"任何值得一做的事情就是值得做好的事"（［美］沃尔特·克朗凯特）；"1.从杂乱中发现简单，2.在混乱中制造和谐，3.在困境中寻求机会"（［美］爱因斯坦）。

"使每个人建立和维持对自己个人价值和重要性的感觉，并把自己的知识和经验看作是对自己个人价值和重要性的一种支持"（［美］伦西斯·利克特）；"激励因素：成就、重视、提升、工作本身、个人发展的可能性、责任"（［美］赫茨伯特）。

"习惯其实是一种顽强和巨大的力量，它可以主宰人生"（［英］弗兰西斯·培根）；"良好的行为习惯并不是天生的，完全可以通过后天来培养"（［美］威廉·詹姆斯）。

人生不易，成功亦属难事；没有规矩，不成方圆；有志者，事竟成！

1∶25 裂变定律

美国社会学家博恩·思希主要研究人脉学,他提出了1∶25裂变定律,说的是在人脉方面你如果认识了一个人,那么通过它就可以再认识25个人。这个理论曾被西方商业界广泛运用,不能得罪顾客,他身后至少有25个潜在的客户。其也被视为成功的基础或保障,除了运用知识努力拼搏外,人脉尤其重要,认识更多的人以借力。其实这也与人们熟悉了解的乔·吉拉德(世界最著名的推销员、励志专家)的"二百五定律"和英国社会心理学家罗宾·邓巴的"邓巴数字"相类似,有共同之处。

许多的人都喜欢加强联系,流连于各种场合和圈子,渴望被认可或成功。然而往往事有例外,你的成功可以在"1∶25裂变定律""二百五定律""邓巴数字"中实现,也可能在为数不多的熟人处得到帮助;同样你的失败或失败的原因也就和你之所以成功的原因一样。

博恩·思希说他看过中国的一本书《中国历代帝王传》,从中他发现中国的皇帝有一半以上被自己身边的人害死,施害人如臣、兄弟、宦官、子、叔、父、外公、岳父母、祖母等。据此他还发现欧洲及亚洲其他国家的帝王在死亡的形式上与中国帝王相类似。如著名的罗马皇帝恺撒就是被他自己认为最可靠的亲信刺杀的。博恩·思希经过深思熟虑,认为人脉学上存在"二律背反"。此说看似有理,但也实际存在谬误;然而他本人亦未对此予以展开、详述。

于是便有人说,无论你的人脉有多广、产业有多大,你一生所面对的说到底就是身边的那几个人;相互琢磨和提防的,也就是身边的那几个人;当然真正给你爱和你真正能爱的,也就是身边的那几个人。所以可以这样说:人脉既广又小,世界既大又小。可以依靠,又要提防;找熟人可以帮忙(强联系),却又不如找些见面少甚至萍水相逢的人帮忙(弱联系)来得可靠。如此这般的"成也萧何,败也萧何"的现实,只能让人自己去理解、把控了!

其实罗宾·邓巴对能保持有意义联系的 150 个人关系还有一个补充说法：在实际生活中，我们形成一些完全不同的朋友圈，150 个朋友就由六七个子集构成，各个子集几乎不知道其他子集的存在，更不用说互动了。从这个意义上来说，一个人周围的亲人，从小认识的那几个朋友以及身处的小环境，也许就是你最具价值的人脉，而不是拥有几个彼此毫无联系的朋友子集。

2.5 人称观点

日本新近流行了一个人际关系方面的说法:2.5 人称观点。此由日本文学家柳田邦提出。一般说来,就每个人而言,其思想感情的着眼点或出发点,首先是自己,即第一人称观点"我";重要。其次是家人,即第二人称观点"你",这是与"我"对应的"你";很重要。再后是没有任何关系的他(他人),即第三人称观点"他或她";重要性一般或无。在日本的服务性行业以及一些职场,敬业诚恳、训练有素的职业人士心善行善,把与己毫无关系的也不存在情感交集的他/她、第三人称观点改变成为大家彼此欣然接受、赋予情感色彩的"2.5 人称观点";拉近其作为个体与消费者或客户(群体)的距离,在由亲近感带来的和蔼、和谐的氛围中,彼此间的角度、立场一改惯常的毫无瓜葛、纯粹陌路的第三人称观点。热情的应对使交流、沟通、打交道、做交易更方便可行。自己人往往好说话、好办事;这里的这个自己人当然要比家人的关系疏远一些,但又不是高不可攀、遥不可及的,所以亲近、友好、结交,于是诸事顺遂;而且在来来往往之下成为好伙伴、好朋友的也不在少数。

2.5 人称观点既是一种距离感,也是一种分寸感,是除家人之外的人群、人们之间的交际方法。有亲近感但亲疏有区别,有距离感但合理有规有序。这种交际、交往对熟人尤其朋友来说是一种适度、可行、有效的原则和方法。在谈不上交心、莫逆、刎颈(毕竟太少)的情形下,不太过热闹(烈)、好得好像亲密无间、不拘小节;不过于疏离、冷若冰霜、拒人于千里;不试图打探隐私、凡事欲问个究竟;不在背后诽谤、说人坏话;不逾界违规、擅作主张;虽然做不了或做不到"君子",但也不做"小人",避免"近则昵之,远则詈之"的尴尬和不快。

2.5 人称观点对朋友之交、朋友之道颇有裨益,除了上面提及的,还可以多说几句。其实朋友是一个永恒的话题,可以简单、快乐;可以复杂、沉重,内中的酸甜苦辣唯亲历者自知。朋友相交以利益为尺矱的居多,也往往单向付出的多;肝胆相照,如鲍叔牙管仲那样的范例很少。所以还是按照 2.5 人称观点,清明简淡,讲些分寸和尺度。

其实2.5人称观点可以投射人际关系的各个方面，客气、热情，讲一些礼仪。看到一说：亲人要生、生人要熟、熟人要亲(马未都)。有些道理，此说在文字上有连接、循环之意，其实可以动一下顺序：生人要熟、熟人要亲、亲人要生，在关系递进中有偏正、有个度。对生人要熟，热情客气哪怕客套，在各种场合碰上他或她，你可以不知道他姓甚名谁，何方"神圣"，但可以搭话聊天、谈天气、谈球赛，交流养鸟种花的心得，侃侃网络、段子，然而过后不思量，存在着那样恰到好处的用语言难以表述的熟络，这至少也是待人接物的方法，没有必要清高、整天板着脸。对待熟人要亲，熟人在2.5人称观点中处什么地位，占几多比率？大概可置放在接近朋友或等同朋友的地步。所以熟人交往也有分寸之控，若熟不拘礼，率性而为，以为关系非常之好、非常之铁，走动、来往、欢聚，就这样不注意、无所谓，却慢慢有了隔阂起了变化；因为一些具体的事，因为莫名其妙的原因，生疏了、走散了、没有音讯了。熟人的亲是存在心里的挂念，而不是"甘于醴"式的。亲人要生，亲人之间不设防但也不等于好到亲密无间、无话不说，我的就是你的，你的就是我的那般，过犹不及，再亲热亲密也要有尺度；否则一旦萌发矛盾，那么过去的亲密或甜蜜会变得更加具有爆炸力、破坏力，所以亲人间还得要讲些客气，凡事不过分，对上对下对同辈都一样。

人际关系复杂，人称观点简单，以此处的简单去应对那方的复杂，倒也不妨试试。用好2.5人称观点，徐徐行步人生路。生人要熟，熟人要亲，亲人要生，把关系理清理顺，把握好尺寸、规矩。生人之熟是恰到好处的熟，人生路旅途中的"佐料"；熟人要亲，把控好所谓的亲密度，朋友有信，不偏不过；亲人要生，是不昵不暓的那种，兄友弟恭、长幼有序，"是亲三分客"。

二八定律

意大利著名经济学家、统计学家帕累托在 20 世纪初提出了一个极其有名并且应用范围甚广、亦颇为大众所熟悉的"二八定律"。他认为在任何特定群体中，重要的因子只占少数（约两成），不重要的因子则占多数（约八成）。根据这一规则，于是推而广之，包罗万象，如：

80% 的效益来自 20% 的项目；

80% 的社会财富掌握在 20% 的人手中；

花 20% 的力气，实现 80% 的效果；

好事物的 80% 只被 20% 以内的人所拥有；

甚至，地球上土地的 80% 只为 20% 以内的 30 个国家所拥有。

帕累托的二八定律启发了许许多多的响应、改进，宣扬者如过江之鲫，其中不乏大家。日本学者渡纪彦就成为日本的"80＝20 法则"的创始人。渡纪彦认为：现实社会就是以不应该有的 80＝20 的形式呈现的，生活中存在着许多美好的事物，这些好的事物，人人都想得到；然而它们并不是被每个人所平分的，"美好事物的 80% 只降临到 20% 以内的幸运儿头上"，这一冷酷的法则就是"80＝20 法则"。对其解读也有多种：80＝20 法则是自然的法则；"20% 以内的事物不发生变化""超过 20% 将发生变化""人类历史充满了 80＝20 的现象""精华存在 20% 以内"。渡纪彦说："80＝20 法则不是我创造出来的东西，它是自然的法则，是实际存在着的。"

渡纪彦及其拥趸将 80＝20 法则视为人生圭臬，行动指南，明确目标，制定计划，寻找抓手和切入点，尤其是生活中的弱者；在人生的财产、健康、事业、幸福及人际关系等方面，既要看到这一规则的不平等性，又要通过自己的努力去改变这种不平等，争取加入 20% 以内的行列之中。而他们警惕地关注到：坏的事物、不好的事物也有着同样的道理，坏事物的 80% 也只为 20% 以内的人所有，它同样不会平均地摊到所有人的头上。好事物也好，坏事物也好，80% 只被 20% 以内的人所拥有，这就是法则。

有学者在解释诸如二八定律（法则、原则）时说：其目的不是帮助人偷懒，而是让其成就更多，一个人花 20％ 的力气实现某件事的 80％ 效果，再去花你剩下的 80％ 力气实现另外 4 件事的 80％ 的效果，这样花 100％ 的力气就能实践常人 400％ 的效果！这种想法和算法真好，不知何人能行，包括那位学者行否？

二百五定律

　　出生在美国底特律市一个贫困家庭的乔·吉拉德，很早就外出谋生，擦过皮鞋，送过报纸，做锅炉工，当建筑师，曾经换过 40 种工作，甚至做过小偷、混迹赌场。在他的 35 岁时可以说一事无成，乏善可陈，而且欠债达 6 万美元。无奈之下，他把目光投向汽车销售。也许是时来运转，并不看好他的汽车经销商收下了他。当天他便售出一辆汽车，此后居然业绩连连。

　　20 世纪 60 年代的底特律被称为"汽车城"，是美国汽车工业的重镇，有近 40 家的汽车销售场所，数百人的销售员阵容，竞争十分激烈。初入行的乔·吉拉德格外勤奋，他靠一支笔、一部电话，广撒名片，处处留心，深入了解对方（客户或潜在的客户）的职业、嗜好、买车需求等，时时跟踪，认真做好一切售前售后的服务。

　　他发现了一个奥秘：差不多每次参加葬礼所发出去的名片都是 250 张左右，他据此认为：每个葬礼参加的人数大体如此，也就是说一般情况下，一个人一生中交往的人数大约是 250 人，这些都是与他关系接近、亲近的：同事、朋友、邻居、亲戚。这就是著名的"超级二百五定律"。他将此推而广之用在自己的销售之中，认为如果自己得罪了一个顾客，那么就将可能失去 250 个潜在客户。一年之内，只要有 10 个顾客对自己不满意，那就会关联到 2 500 个人对自己的看法进而影响销售。反过来说，如果自己得到一名顾客的好评、称赞，同样也可以得到 250 名潜在客户。所以在任何情况下，他坚持不得罪一个顾客。他时时刻刻把客户放在心上，克制自己的情绪，忍受顾客的刁难，热忱贴心，生意至上。他认为不论你推销的是什么东西，最有效的办法就是让顾客相信、真心相信——你喜欢他，关心他。他说有两种力量最伟大，一是倾听，二是微笑。他为客户建档立卡，专门印制橄榄绿色的名片，每年寄一张贺卡给他的 2 万名客户。结果，他的事业蒸蒸日上，客户近悦远来，创下汽车销售的辉煌：平均每天销售 6 辆车，一年中最多销出 1 425 辆车，15 年内销售达 13 001 辆车！

乔·吉拉德原名约瑟夫·萨缪尔·吉拉德,生于 1928 年。父亲是西西里移民。他曾患有严重的口吃,尽管道路坎坷、步履艰难,但始终不懈奋斗,最终修成正果。他还是世界最著名的推销员,声誉极高的励志专家,畅销书作家。退休后的他依旧行色匆匆,应邀到世界各地演讲自己的推销秘诀和人生经验。

人　格

　　人格是一个宽泛的话题,涉及多学科、多领域;如果说人是一切社会关系的总和,那么人格也近似、相类。所以它非常复杂。为此不妨花点时间、花点精力去熟悉一下、认识一下,懂一点、掌握一点这方面的知识,这对于解疑释惑,尤其是排除化解心理方面的症结、处理一些复杂情绪、难题,无疑是有帮助的。

　　人格在心理学上,指人的性格、气质、能力等的总和;在法律上,指作为权利义务主体的资格。作为伦理的范畴,指道德上的权利和义务的主体,指个人以特定的行为模式表达出来的关于自身的精神价值的自觉意识,也就是一个人做人的资格和人品的总和。或简单地说人格是个体在濡化与社会化及在周围环境适应过程中表现出的个性特征的总称。也可以理解为:人格通常被认为是个人的气质、性格、兴趣、爱好的综合表现,进一步则被认为是由一系列的核心价值观、连续而持久的自我和身心组成。人类在认识自然改造自然的过程中,逐步认识到自己在世界上的地位和作用,而个人的人格则要靠自己在社会实践中培养,在自己的或受赞赏或遭贬斥的言行中,积累社会经验、培养和提高自己的人格。

　　下面介绍几种关于人格的类型或说法。

　　基本人格类型(也叫基本人格结构、社会人格类型):指一个民族或社会大多数成员所共有的人格形貌。此说由美国心理分析学家 A・卡也纳与 R・林顿于 20 世纪 30 年代至 40 年代提出。他们认为:基本人格类型是由于社会成员具有共同的早期经历的结果,它产生共同的认识和价值观念,从而导致并产生了对有关事物的一致反应。他们强调:特定文化,特别是家庭对人格形成、发展所产生的基本影响,及重视父母亲的社会地位和生活境况。他们指出:一个社会的经济结构发生变化,对儿童期的经历有强烈的影响,它可以使家庭产生根本的变化,继而引起基本人格的变化。

　　文化形貌指的是某种文化整体的基本主旨和体系,概念上与文化模式类似。

美国人类学家 R·本尼迪克特于 1932 年提出并认为:文化是人格的放大,每个社会都无意识地从人类各种潜力中筛选出他们认为正常的或理想的成分,符合这些规范的受奖,背离者受罚,从而造成世界观与行为的某种同一性,一种群体人格就构成了整个文化的倾向。文化形貌或文化模式正是文化中这种占主导地位的驱动力。那些人格与文化形貌吻合的成员总能取得成功,因而可以说文化形貌是赋予每种文化要素的一种独特风格的极化要素。

众趋人格:以一定频率分布中心趋向表现出来的人格类型,是由美国种族心理学派、人类学家 R·林顿在研究文化与人格时(1945 年)提及的一个概念。林顿认为:个性模式,特别是复杂社会之中的个性模式,不是一成不变的,使用众趋人格这一术语就可以不必去判断特定文化中个性构成的程度、范围或种类,它也不说明特定集团的个性类型数量,只是定量描述而不是从心理分析理论中推导出一系列的基本结论。与文化形貌、基本人格结构的区别是,它同时研究社会如何使人格差异条理化,人格差异又如何促进文化变迁。

艾森克人格理论,是英国心理学家 H·J·艾森克提出的一种人格理论,即"人格是生活体实际行动模型的总和"。他通过问卷法、动作测验、身体测量、精神病诊断等多种方法对人格进行一系列的研究,提出人格的分层结构,认为人格结构中的每一层都有自己的特殊因素。底层是人的个别反应;第二层是由个别反应组成的习惯反应;第三层的因素是由习惯反应构成的人格特质,而人格特质决定一个人的人格类型。艾森克使用因素分析法,分析了大量人的特性资料后,归纳出"向性(内、外倾)、情绪稳定性和心理变态倾向"这三个基本因素,即所谓的人格三维度。并据此编制了人格量表,几经修改于 1975 年确定,命名为 EPQ,量表分成年人和少年两种,每种各包括四个量表:E(内外向量表)、N(神经质或情绪性量表)、P(精神质量表),这三者代表人格构成的三种相互独立的维度;L(谎言或脱身量表),代表假托的人格特质,与其他量表有一些相关,但其本身表示一种稳定的人格功能。大师的测试结果证明,精神病人的 N 和 P 分数较高,L 分数为极高,量表的效度和信度都比较可靠。

有一个说法,从实际情况来看,一般意义上或较多提及的人格,大多指谓心理学方面的,你怎么看?!

人生奢侈品

有过一个消息,说的是美国的《华盛顿邮报》曾评选出了人生的十大奢侈品;这十大奢侈一反常态,与物质毫无关联,更不是传统意义的名牌、名品。

人生的十大奢侈品:

1. 生命的觉悟。

2. 一颗自由、喜悦和充满爱的心。

3. 走遍天下的气魄。

4. 回归自然,有与大自然连接的能力。

5. 安稳而平和的睡眠。

6. 享受真正属于自己的空间和时间。

7. 彼此深爱的灵魂伴侣。

8. 任何时候都有一个真正懂你的人。

9. 身体健康,内心富足。

10. 能感染并点燃他人的希望。

充满着智慧的哲理,一等一的睿智,这是真正的奢侈品,与金钱与世俗无关,整篇每条每款都属金玉良言、至理名言,纯真的人生圭臬,都可以演绎、阐发成为宏论大义、锦绣文章。然而静心揣摩,细分剖析,却是很难做到;唯有心向往之,一点一滴,日臻其境。

首先要觉悟生命。所谓觉悟实指觉醒开悟之义,由迷惑到明白,由模糊到清晰,处在一种清醒而有知觉的状态;洞悉人生意义,处世道理,活得明白,知道为什么活,活成个什么样子。其次修身修心,秉持积极进取的人生和心态。接下来才是其他种种。生活的多面、多边都需要认真对待,要有一个正确的态度,以"觉悟"之心、"觉悟"之眼审视、应对。要有走遍天下的勇气、能力,无论穷游富游。要能够在快节奏的生活工作中择时放松放空,气闲神宁心静,回归自然,尽享大自然的机趣,去领略几丛花、几拳石、几池水、几群鸟、几片闲云的风味;做回闲人干些闲事,帘中看月,雨后观景,风和日丽,白云千载空悠悠。忙碌一天便得一夜之安宁,无牵无挂,睡个好觉。有张有弛,用好时间,做时间的主人,把有限的时间放在最值得、最喜欢、最需要的地方,无论大段整块还是零星、碎片化的时间,都要善加利用。有人爱有人疼有人懂有人惦记,便都是人生的好时节。身体健康重要,内心的富足、充裕更重要,两者皆为我所拥有属于天大的好事,这才是真正的身心健康;一旦事有所违,那要紧的还是"内心富足",随遇而安,笑对人生。以积极的人生态度、进取不息的精神"修己",以善言善意善举"安人",感染、影响带动他人,提升人生目标和生活质量。

人生的奢侈绝不是生活的奢侈,奢侈可以是物质的,也可以是心灵的;前者简单得很,有钱就能做到,后者却是需要修炼,靠着睿智、毅力,日复一日,年复一年,渐臻佳境。然而只要认清、真切领会十大内容,并积极行动,虽不中亦不远也。

万灵公式

戴尔·卡耐基被称为 20 世纪最伟大的心灵导师和成功学大师,多年来他利用大量普通人不断努力取得成功的故事,通过演讲和著作唤起无数陷入迷惘者的斗志,激励他们取得辉煌的成功。他在《消除烦恼的万灵公式》中讲述了一个克服困难、挫折和忧虑的故事:

威利·卡瑞尔是一个很聪明的工程师,他开创了空气调节器制造业,有了自己的公司。有一次在与卡耐基的交谈中,他以自己的亲身经历诠释了自己发明的万灵公式:"年轻时,我在纽约州水牛城的水牛钢铁公司做事。一次我必须到密苏里州水晶城的匹兹堡玻璃公司去安装一台瓦斯清洁机,目的是清除瓦斯里的杂质,使瓦斯燃烧时不至于伤到引擎。在安装过程中许多事先没有想到的困难都发生了,经过一番调整后,机器可以使用了,但效果并没有达到我们所保证的程度。

"我的常识告诉我,忧虑并不能解决问题,于是我想出一个不需要忧虑就可以解决问题的办法。第一步:分析整个情况,找出一旦失败可能发生的最坏的情况是什么,充其量是丢掉差事,也有可能老板会把机器拆掉,使已经投进去的 2 万块钱泡汤。第二步:预测了最坏的情况后,就令自己可以接受它。假如这样的话,丢掉差事后还是可以去找一份新的差事;至于损失的 2 万块钱老板承受得起,亦可看作清除瓦斯杂质新方法的实验所必须付出的研究费用。第三步:然后平静地把时间和精力用来试着改善那种最坏的情况。

"经过几次尝试,发现若再添加一些设备,问题就可以解决。结果多花了 5 千元钱,顺利解决了问题,产品成熟了,公司也避免了损失。"

卡瑞尔对卡耐基说,我这个反忧虑的办法已经用了三十多年,这个办法非常简单,任何人都可以使用。

冷静地面对一切,尤其在困难、困惑袭来时,不妨参照一下万灵公式:问一下自己,可能发生的最坏情况是什么？接受这个最坏的情况,想办法去改善,不让最坏的情况出现。想到以前看到的一个类似的材料,台湾高僧指点他人:一旦遇到困难、横逆甚至厄运,必须安静下来,面对它、接受它、改变它、忘掉它！这也是一个万试万灵的"万灵公式"吧！

大趋势

　　美国著名的未来学家约翰·奈斯比特在 1982 年发表了《大趋势：改变我们生活的十个方面》一书，引起了世界性的轰动，真可谓风靡一时，其受欢迎程度一时无两，作者先后向 50 多个国家授出版权，印数达 1 400 多万册。此书连同威廉·怀特的《组织人》、阿尔文·托夫勒的《未来的冲击》被誉为"能够准确把握时代发展的"三大巨著。

　　奈斯比特有很好的教育背景，先后进入犹太大学、康奈尔大学和哈佛大学学习，从军出仕，服务跨国公司，担任过政府官员及总统的特别助理。以《大趋势》一书为滥觞，各类冠以"趋势"的书籍出手面世，虽呈频频之势却均引起大的反响。他拥有 15 个领域的荣誉博士学位，被权威机构评为全球 50 位管理大师之一。他的本事被人评为：预测从不失误！

　　在《大趋势》一书中，他以科学的调查和分析，充满智慧的远见、预测和判断，论说人类将经历从工业化社会转向信息化社会的巨变，以及信息时代带给社会政治、经济和文化的种种影响和变化，其判断之准确，应对方法、措施之恰当，令人惊讶、信服！全书包括十个方面：进入一个以创造和分配信息为基础的经济社会（信息社会）；走向高技术与高情感发展（两者平衡）；一国成为全球经济一部分（世界经济）；结构改革（长期性思维）；发现自下而上的革新与追求成功的能力（分散化）；走向自助之路（自主化）；不依靠原有的等级制度（共同参与民主制）；人口迁移（从北到南）；选择的变化（多样性）以及网络组织等。他指出一个国家可以在同一时间里存在着处于不同发展阶段的农业、工业和信息社会，它们各有其特点，但要找主要的。他认为信息社会的主要特点，起作用的不是资本而是信息知识，信息已经成为战略资源，知识变成生产力、竞争力和经济成就的关键。他强调世界已经是一个多极、多边的各国必须相互依赖的世界；多种选择、多样化的基本思想流入了人们生活的各个重要方面；年轻、教育程度高、对于自己的权利有强烈意识的新工人开始进入工作场所;网络组织随之而起、网络使权力从垂直变成平行,人们彼此交谈,共享思想、信息和资源;要向未来学习,而预测未来的最可靠的方法就是了解现在……

在书中,奈斯比特对 21 世纪成功人士定义了五大成功素质,形成新人类观,如:前瞻性与乐观主义;热爱变化、易于变革;珍视企业精神;寻求平衡;发展个人的领导才能。

奈斯比特写作此书的方法独特而且有效:广泛收集各地报纸,每天对这些报纸的内容进行分析、编排,建立索引,开展比较及取舍,进行归纳理出观点,铺就框架,整理成书。他始终坚持认为:重大的社会变化都是从地方开始,自下而上;因而通过对城市、乡村变化的研究和分析,能够判断出将来的一些发展趋势。

奈斯比特到过中国一百多次,也专门写过《中国大趋势》。他先后或自己或与人合作著述颇丰,如:《亚洲大趋势》《世界大趋势》《2000 大趋势》《掌控大趋势》。

小趋势

  2008 年,美国著名的未来学家马克·佩恩和金尼·扎莱纳合著的《小趋势》(副标题:决定未来大变革的潜藏力量)一书出版,很快便成为畅销书,"小趋势"一词迅速蹿红,"誉满全球"。马克·佩恩是位不寻常的大人物:美国资深政治和社会活动家,民意调查专家,担任过多位美国总统竞选活动的首席策略官,多国领导人、多家跨国公司的顾问,在 1995 年至 2000 年为克林顿总统的战略顾问。在书中他提出:小趋势是占美国人口 1% 的群体出现的、能改变个人生活、能改变企业命运的变化,他们决定了未来的大变化。

  小趋势具体表述有几种,虽然差异不太大,但可以都了解一下。如:在美国 3 亿人口(当年人口数)中只要有 1% 在价值观或生活习惯、或行为方式,甚至在身体特征上相同或近似,从而构成一个群体,且具有目前社会不能满足的共同要求,即是一种"小趋势"。又如:小趋势是指一小部分人,在大多数人的视野之外,正在凝结成共识、正在采取的行动方式、正在进入的生活处境,这就是小趋势。又如:小趋势是小群体,但小群体往往最终变成大群体,它是一种由强烈的内在驱动对自我实现的一种变现,它的特征为在趋势里面的人觉得这是一片海,在趋势外面的人觉得这只是一滴水。这些人因小组织的共同需求、习惯和偏好而集聚,认为决定自己个体命运的除了众所周知的大趋势,更是那种需要我们自己去主动发现的小趋势。

  现代社会已经被分割成不同的阶层和层面,已经形成一个个有着不同喜好和生活方式的群体。该书的作者着眼社会经济生活中新近发生或表现出来的差异,见微知著,洞察未来的发展,找出不为大家所注意或无人顾及的小趋势。书中列举了与主流社会情形不同但可能影响未来社会发展的 75 个小趋势(分为 15 个部分),并尖锐地指出:这些貌似细微的发展正在酝酿和决定巨大的社会变革,成为社会大趋势变化的推动力量。

  试举两例:

1. 高龄奶爸。1980 年的美国在 23 个新生儿中,只有 1 个新生儿的父亲年龄在 50 岁或 50 岁以上;到 2002 年,该比例上升为 18∶1。与此同时在 40—45 岁之间的父亲中,生育率增加了 32%;在 46—49 岁的父亲中,生育率增加了 21%;而对 50—54 岁的父亲而言,该比例上升将近 10%。佩恩引用了美国国家健康中心 2002 年的统计数据证实:美国大龄父亲生育孩子的数量从 1975 年不到 100 万人上升到 2001 年的 250 万人。在这种情况下,社会赡养制度、育儿类用品消费、教育观念等诸多方面出现了多少变数和"可乘之机"?!

2. 爆炸选择。以福特汽车和星巴克咖啡进行对比,指出"赋予消费者选择权"的重要性和冲击力。福特汽车的流水线上生产着千篇一律的黑色汽车,工人们千百次地重复着同一个动作。而星巴克咖啡告诉人们:可以按照自己的意愿选择想要享用的咖啡、牛奶和甜点;选择的余地越大,人们的满意程度就越高。

现实就是如此了,在分化而且多元的社会,你要做成一些事情,就必须了解、观察,努力去发现那些群体,它们也许正在按照纵横交错的方向迅速而激烈地发展或运动,对于这种小趋势的存在,认可,并预见可能带来的大变化,万万不可掉以轻心。如何在日常的慢变量的发展过程中寻找小趋势(所谓慢变量即是置身于趋势背后、而平时不常被我们所接触,但是却对未来有重要影响的变量),通过慢变量或在慢变量中寻找小趋势,在两者的结合中,看到大局和发展,迎接变革和翻转。然而与过去相比,发现这种趋势更加困难,因此就发现这种小趋势的工作而言,也显得更为重要了。

十年后的马克·佩恩没有停下他的思考,2019 年中信出版社引进出版了他与梅勒迪斯·法恩曼合著的《小趋势 2》(副标题:复杂世界中的微变量)一书。其揭示和解析未来十年能够再次影响商业、政治和文化的小趋势,再次强调小趋势才是洞察世界、把控未来的关键变量。其从"爱情和恋情""健康和饮食""科技""生活方式""政治""工作和业务"六大部分谈了 50 个小趋势,阐述并涉及互联网科技、人工智能、创业、人类的未来发展。其中有的也可能算不上小趋势,只是一个主题或方面而已。不过有些题目亦颇有趣,如:全职先生、情侣式婚姻;快充式用餐、"药物控"儿童;抛弃个人电脑、私人飞机的搅局者;合租生活,为"末日未雨绸缪";拒绝表达,隐瞒政治立场;边缘投票者拥有更大权力;爱好收集个人数据;网络诈骗多样化等等。有兴趣的可以找来看看。

小径分叉

时间是什么？有各种释义，如时间是物理学中七个基本物理量之一，符号为七；时间是物质的运动和能量的传递；时间是一个较为抽象的概念，是物质的运动，变化的持续性、顺序性的表现。它有物理学上的、有历史学方面的，有科学家口中的、有文学家笔下的，各各不同的表述，林林总总，不一而足。

比较认可这段话："世界上最快而又最慢，最长而又最短，最平凡而又最珍贵，最容易被忽视而又最令人后悔的就是时间。"（高尔基）时间就这般复杂。正是由这般复杂又难以捉摸的时间构成现实，演成历史，昭示未来。往者不可追，它从现在向未来延伸，拥有时间的人拥有未来，拥有未来就可以对未来有设想、有期望。所以也喜欢阿根廷作家、曾经的国立图书馆馆长的豪尔赫·路易斯·博尔赫斯的"小径分叉"之说。在他的名作《小径分叉的花园》中说道："时间是永远分叉着的，直到无可数计的未来。"对于这种时间分叉，他解释道："如果时间可以像空间那样在一个个节点上开岔，就会诞生一种各种时间相互接近、相交或长期不相干的网"；而在这个网中，人们可以"选中全部选择"！可以选择所有的可能性，这就会产生许多不同的后世（未来）、许多不同的时间。多么玄奥又多么地吸引人！

出于各自不同的原因，又因为个体的不同处境，对时间的观感颇多，时间过得越来越快，时间都去哪儿了，怎样做时间的土宰者，怎样奋斗赢得今天，又怎样着眼未来？在时间的流动、流逝中，过一些有意义的生活，让时间过得快些；过一些舒缓闲适的日子，清空放松，让时间放慢；在有限的时间，做点正当有意义的事，或愉快或轻松并胜任，如"及时当勉励，岁月不待人"（陶潜）那样；在有所为有所不为、有所得有所失之间作点主；过好自己想要过的日子，即便不如意不顺遂，遭遇坎坷，但也无妨，暂停聊作调整，环顾四周，审时度势，重整旗鼓。虽然在那个时间分岔的网中，可以"选中全部选择"，而在现实中并非如此，不过选择的余地还在还有，未来可期盼，光明在那里！

美国著名心理学家菲利普·津巴多把人的时间观念分为六类：(1)消极的过去时间观；(2)积极的过去时间观；(3)宿命主义的现在时间观；(4)享乐主义的现在时间观；(5)未来时间观；(6)超未来的时间观。所以一个人可以选择或倾向其中的某个或几个时间观，把握好自己，在时间的陪伴下，或在我、你追随时间的那一时段（这里可以知道这么一段话，有点玄，但实在："在大部分时间里，我们并不存在；在某些时间，有你而没有我；在另一些时间，有我而没有你；在有些时间里，你我都存在。"博尔赫斯），尤其在逐渐老去时，充实一些，不要沮丧、心累、厌世；少点无聊、焦虑以及不开心。

马太效应

"马太效应"典出圣经《新约·马太福音》：从前，一个国王要出门远行，临行前，交给三个仆人每人1锭银子，吩咐道："你们去做生意，在我回来时，再来见我。"国王回来时，第一个仆人说："主人，你交给我的1锭银子，我已赚了10锭。"于是，国王奖励他10座城邑。第二个仆人报告："主人，你给我的1锭银子，我已赚了5锭。"于是国王奖励他5座城邑。第三个仆人报告说："主人，你给我的1锭银子，我一直包在手帕里怕丢失，一直没有拿出来。"于是，国王命令将第三个仆人的1锭银子赏给第一个仆人，说："凡是少的，就连他所有的，也要夺过来。凡是多的，还要给他，叫他多多益善。"

这就是马太效应。1968年，美国科学史研究专家罗伯特·莫顿用这个术语概括了一种社会现象："相对于那些不知名的研究者，声名显赫的科学家通常得到更多的声望；即使他们的成就是相似的。同样地在一个项目上，声誉通常给予那些已经出名的研究者。"并进一步诠释了"马太效应"：任何个体、群体或地区，在某一方面（如金钱、名誉、地位等）获得成功和进步，就会产生一种积累优势，就会有更多的机会取得更大的成功和进步。

马太效应的实质是指强者愈强，弱者愈弱；被广泛应用于社会心理学、教育、金融及科学领域。如社会学家将其用于反映社会现象中的两极分化：富的更富，穷的更穷。经济学用之于反映赢家通吃的收入分配不公现象。

知道和运用这一效应的人不少，一般情况大都表现在以此为凭据成为逃避现实、拒绝努力的借口，或者对社会、对强者的不满。其实要正确认识这个效应，看到其中的积极、正面的作用，如：一个人只要努力就会变强，并在其过程之中受到鼓舞、鼓励，从而越来越强。自强人强，优势就呈现出来，于是众人拾柴烧旺你这堆火。需要注意的却是后续的事：变强了的人怎么办，如何处理与周围、团队、社会的关系，政府、组织、系统如何引导好，使马太效应的正面作为发挥得更好一些。至于类如寓言中第三个仆人那样的人,他们缺少变强的能力、毅力尤其内驱力,而这些人往往占了大多数,对此,则无可厚非,要区别情况,有针对性地施策,体现社会的公平公正,不能剥夺他们有的或仅有的那点东西以及体面、尊严。在社会经济发展、发达的过程中,先富的、先进的多起来,就要关注、落实先富带后富,先进帮后进,加强社会福利,注重公共利益,坚持共享共有双赢,因为人与人之间不同,社会永远有不平衡,所以还须不断完善帕累托改变,这些都是必需的、可行的。

马桶效应

发生在 20 世纪 90 年代末的科索沃战争是一场可以带给人们许多思考的现代局部战争,背景深刻,影响广泛。它是一场由科索沃的民族矛盾直接引发,在以美国为首的北约的推动下爆发的高技术局部战争,其持续时间从 1999 年 3 月 24 日至 1999 年 6 月 10 日。

20 世纪 90 年代,原南斯拉夫联邦分裂成五个独立国家,在联邦解体过程中,由于领土、财产和利益分割上的矛盾以及原本就存在的民族纠纷和宗教冲突,各共和国间以及各国内部的不同民族先后发生规模不一的战争。由阿尔巴尼亚族人成立的"科索沃解放军"开始对抗以米洛舍维奇为首的南联盟和塞尔维亚当局,武装冲突频发,伤亡人员增多,约 30 万人成为难民。以美国为首的西方国家对如此局面感到不安,也有心借这一危机的处理排除东南欧地区最后一个被西方体系视为异己的米洛舍维奇政权。战争中,北约发起了代号为"盟军"的空袭,在 3 个阶段的空袭中,北约对南联盟境内的所有军事目标进行 24 小时不间断轰炸,为了削弱南联盟人民的抵抗意志,还对民间设施,如桥梁、铁路、公路、工厂、电视台、通讯设备和电力系统等进行狂轰滥炸。据统计连续 78 天的轰炸,投放了 23 000 枚以上的炸弹、导弹,造成 1 800 人死亡,6 000 人受伤,12 条铁路、50 座桥梁被炸、被毁,20 座医院炸毁,40% 的油库和 30% 的广播电视台受到破坏,经济损失高达 2 000 亿美元。

南联盟从强硬走到了屈服,原因很多,但一个重要的原因发人深省:之所以如此,因为马桶抽不上水!习惯了现代文明的人们有捍卫国家的勇气,却无法容忍马桶抽不上水所带来的不便。城市供水供电的瘫痪,影响家庭卫生用水,连续多日在户外或以"非常手段"解决"日常问题",没有心理准备,看不到尽头;到处脏臭不堪,事态益发严重,生活的"尊严"、个人的"尊严"占了上风,人们开始对时局失去了信心、耐心,逐步形成了共识:恐怕国家的政策或高层官员该有些变化了。随之而来的便是人心浮动,对抗无力,城下之盟,政府更迭,前任国家元首米洛舍维奇变成国际法院的"阶下囚",民众生活趋于正常。这种源自把生活方式或日常生活中正规正常运转的链条打断、打乱并将由此造成的严重影响与人们的心态、与国家政策等的改变联系起来的做法或表现形式,不能不说是科索沃战争带给人们的一个独特的启迪。

这样的例子还有如委内瑞拉连续多天的停电风波,使所有的基础服务设施受到影响:交通、通讯、医院、自来水和天然气……地处热带,没电使冰箱里的食品腐烂;如某大城市发生了短暂的移动网络异常,一时间无法打电话、上网、购物、付账、导航……群情汹汹,不知所为何故。现代文明、科技在丰富人类物质和文化生活的同时,也滋长了人的依赖性,削弱了人的坚韧性和忍受力;在一些特殊情况下,往往会引发价值认同的分歧,是非判断的不一。这是一个现实问题,又该如何处理呢?!

习得性无助行为

美国著名心理学家马丁·塞利格曼在 1967 年用狗做了一个经典实验。他先是把狗关在笼子里，只要蜂音器一响，就给狗施以难以忍受的电击，狗关在笼子里躲避不了电击；多次实验后，蜂音器一响，在实施电击前，先把笼子门打开，此时的狗不但不逃而且不等电击发出就先倒在地上开始呻吟和颤抖；本来可以主动逃避却绝望地等待痛苦的来临，这就是习得性无助。

因为重复的失败或惩罚而造成的听任摆布的行为，条件反射式地预期自己将会遭受痛苦、摆布而无能为力，放弃抵抗和努力，表现出一种对现实的无望和无可奈何的行为、心理状态。人的情况如同实验中的那条绝望的狗一样，如果一个人总是在一项工作上失败，他就会在这项工作上放弃努力，甚至还因此对自己产生怀疑，感到自己不行、没有办法，无可救药。遭遇太多的失败挫折，感到自己无法控制行为结果和外部事件，动机、认知和情绪上的损害会严重影响一个人的生活、工作。所以习得性无助行为就是指一个人经历了失败和挫折后，面对问题时产生的无能为力的心理状态和行为方式。当一个人将不可控的消极事件或失败结果归因于自身的智力、能力的时候，一种弥散的、无助的和抑郁的状态就会出现，自我评价就会降低，动机也减弱到最低水平，无助感也由此而产生。

在不同层面的人或人的不同方面，不同程度地存在着习得性无助的现象，从中折射的心理因素便是对失败的恐惧大于对成功的希望。刻板的思维模式、心理定势带来了固执己见，抑郁烦躁，消极应世，因为失败而放弃继续尝试乃至坚持下去的信心和勇气。

心病还须心药医。因习得性无助而产生的绝望、抑郁和意志消沉，成为许多心理和行为问题产生的根源；在大量的处于困境中的人身上，都可以找出习得性无助的特征。习得性无助还具有扩散效应：看到别人多次遭受挫折，自己也会产生"无助无望"的感受，将无助感归因于外部的是广泛无助感，指的是个体相信自己无法改变自身处境的一种无助感,而其他人也无法缓解他们自身的痛苦和不适感;将无助感归因于内部的是个人无助感,那是一种更私人化的无助感,个体认为其他人都能够找到办法缓解或摆脱痛苦,但自己却无能为力。无助感对抑郁有着重要的影响,一系列的抑郁症状来自无助感的普遍性和稳定性;了解了习得性无助效应就可以清晰地解释某些抑郁症患者症状,并为改变症状、提高生活质量提供解决的途径和方法。所以塞利格曼根据研究还建立了习得性乐观模型,他发现,通过心理弹性训练,个体可以学会如何从更积极的角度去看待问题、看待人生。

飞去来器效应

飞去来器是指一种飞镖,原是澳大利亚土著人用坚木制成的扁薄而带锋刃、用来战斗和狩猎的武器,投出后能飞回原处。在社会心理学及人际关系处理当中,有一个重要的"说服"的程序,其中也有涉及"飞去来器"的说法;被称为"飞去来器效应",指的是因个体所作所为的结果反而使其受到损害的效应,用来比喻工作或行为的结果适得其反。

用飞去来器效应来证明、诠释说服的意义、作用有点道理。所谓的说服是指一种通过直接的接触,交换意见,从而改变态度的方式;或者说以某种刺激给予接受者一个动机,使之改变其态度或意见,并按照说服者预定的意图采取行动。在一般情况下,取得效果的说服要达到如下几点:(1)接受者对说服者的诉求内容要产生关心和共鸣;(2)根据说服者指示采取行动;(3)按照说服者的要求取得同一步骤;(4)接受并赞成说服者提出的意见和行动;(5)重视并同意说服者的立场和信念。

然而这是一桩相当困难的工作,要取得如上效果也往往难上加难。每个人的观点、想法不尽相同,其中涉及生活环境、经历、学识、地位等等,要说服他人总得要从目标、对象的特点出发,做足功课,知事知人,了解来龙去脉,怎么说、说些什么,切实从对方的心理需要出发,使对方在忠告、说服过程中能获得某种心理满足。由此看来,方式方法很重要,如何奏效、见效、收效,往往不是千篇一律,要一人一策,甚至一人多策。要把握好态度、观点,在双向沟通中平等友善,发出信息,关注反馈,或比照、或反复、或权衡,而不是简单的说教、灌输,甚至批评训斥,切忌咄咄逼人,我说你听,我"打"你通,一说就服,一压就服;切忌简单直白,粗暴强硬,不顾及对方的感受。要充分尊重对方的人格和尊严,尊重对方的选择性、能动性,实事求是,提供正确的信息,不蒙不欺不忽悠,不该讲的话坚决不讲。在说服过程中,不考虑对方心理深处的需求、奥秘,不但收不到、起不了说服的效果,还会因为遭遇抵制、逆反,即如同飞去来器飞过去,转(弹)回来!

争取说服的最好成效是根本目的,遭遇飞去来器效应要分析原因,尤其要注意目标和手段不协调不一致;以及由于厌恶引起的情绪逆反作用。其实这个效应还可以广泛应用于其他方面。了解知晓飞去来器效应并且能够改变它,如尽心尽力地予以"说服",毕竟是一件甚为有益的事。

飞去来器效应由苏联心理学家纳季科什维奇首先提出。

凡勃伦效应

说两个小故事。一位禅师让其门徒带了一块美丽的大石头去菜市场,一圈走下来,有人出价,只是几个硬币。继而去了黄金市场,同样这块石头,有人愿意以1 000元的价钱买下来,门徒一下子高兴起来,只是在出门时禅师有吩咐:不能卖。又去了珠宝市场,价格骤升,要买的人竞价:10万、20万、30万一路叫了上去……最后门徒也耐不住,以50万脱了手。一家珠宝店在旅游高峰期,迎来了不少客人,店里的绿宝石无论质量、价格都是公道的,可就是卖不出去;想了、用了许多销售方法,见效不大。一天老板要外出采购新的商品,临行给销售负责人写了一张纸条:本柜所有商品,价格乘以二分之一。准备亏钱也要把绿宝石卖出去。下属误读了老板的意思,把价格提高了一倍,然而绿宝石竟一下子热销,被大卖一空。

有这么一个说法:黄金、珠宝、书画、古董及任何珍贵的艺术品,要引起美感,就必需(须)能同时适合美感和高价两个特征。艺术品的高价特征已逐渐被认为是高价艺术品的美感特征。某种艺术品既然具有光荣的高价特征,就会让人觉得可爱而带来快感,且同它在形式和色彩方面的美丽所提供的快感合二为一,不再能加以区别。

至于高档商场,天价商品:手表、眼镜、服饰、皮鞋等等,价格虽高仍有人光顾;事实上存在的这种"商品价格定得越高越能畅销"、高价格的商品往往能受到消费者的青睐的现象,折射出相当一批消费者的心理:高价格等于好质量,好质量等于高价格;贵就是好,好的标志就是贵。越贵越好卖,造成了买贵买好的消费倾向。其实,此时此刻的消费者购买此类商品的目的不一定仅仅为了获得直接的物质满足和享受,更大程度上是为了获得一种心理上的满足。

这种"商品价格定得越高,消费者反而越愿意购买"的现象,最早为美国经济学家托斯丹·邦德·凡勃伦(1857年—1929年)所发现、提出,所以被命名为:"凡勃伦效应"。

随着经济社会的发展，人们的收入包括家庭的财产性收入在不断增加，逐步从追求商品的数量和质量过渡到追求品位、格调。品牌效应、限量供应、量身定制，受凡勃伦效应的影响，以及在广告、媒体、商誉、市场占有率等等的共同作用下，市场和消费更加兴旺、繁荣。凡勃伦效应还告诉我们高端消费者（人群）影响并带动普通人的消费行为，也可以理解为领袖性的意见、导向。一旦商品价格下降，有的消费者会认为是商品品质的滑落，或视为其独占性的丧失，而停止再行购买该商品。所以这一效应对于商品、市场、销售等等还都是有益的。

时至今日，凡勃伦效应已经不完全是一种经济效应，而深入到了各个领域，放宽延伸成为一种社会心理效应，尤其是炫耀性消费。凡勃伦在他的《有闲阶级论》一书中对此进行了揭示、讽刺和批判，他指出：在任何高度组织起来的工业社会，荣誉最后依据的基础总是金钱力量，而表现金钱力量，从而获得或保持荣誉的手段是有闲和对财物的明显浪费。有闲阶级的特点之一就是炫耀性消费。而炫耀性消费必然使他们忙于攫取对其并不起作用的财富。而这种财富对精神或物质以及感官的需求毫无帮助，但显示财富意味着权势、地位、荣誉和成功。凡勃伦的犀利和远见不一般。

六度空间

    与素不相识的人有机会聊起来,却发现大家有着共同的熟人和朋友,那种感觉往往令人惊讶。然而这一现象并非毫无缘由或是一种简单的巧合,里面隐藏着一个科学的原理:六度空间或曰六度分隔、小世界理论。

    哈佛大学的社会学家斯坦利·米尔格拉姆想要测定我们的社会网络的典型规模:有多少人是我们的朋友,又有多少人是朋友的朋友?! 为此,他设计了一个连锁文件试验。在 20 世纪 60 年代,他给在内布拉斯加州和堪萨斯州的 100(数字有多种说法)人发了信,信中标明一个波士顿股票经纪人的名字,要求每个收信人将此信寄给自己认为比较接近这位股票经纪人的朋友(可以熟悉到转寄信件的人),朋友收信后如此循环。试验的结果出人意料:大部分信在经过了五六个步骤后都抵达了该目标人士——波士顿的股票经纪人处。米尔格拉姆重复了试验,结果相同。这说明在美国,甚至在全世界,信函只要通过五六次转寄就能找到任何目标中的人物。米尔格拉姆的发现震惊了世界,成为传奇。美国剧作家约翰·瓜尔创作了名为《六重分离》的剧作,里面说道:这个世界上的所有人与其他人之间都只相隔 6 个人。六重分离,多么深邃的想法……所有人都是一扇通向其他世界的新的大门!

    其实,这种现象早已存在并使人困惑,不少科学家亦对此关注并有研究,如 20 世纪 50 年代的美国的阿纳托尔·拉波波特及其同事匈牙利的保罗·埃尔德什和奥尔弗雷德·雷尼等,他们都对由人构成的社会、社交网络,圈子现象,人的随机联系以及效应、效果等展开了研究。是米尔格拉姆对此提炼出了理论和规则。以后又有不少科学家、社会学家继续了这方面的研究,如哥伦比亚大学的彼德·谢里登·多兹等人在网络上开展了类似的实验,把纸质的信变成电子邮件;而据"脸谱"网站(当时即有 7.21 亿用户;而时至今日达 27 亿)和米兰大学的科学家也通过实验得出了新的结论:世界上任何两个陌生人之间所相隔的人数不是 6 个而是 4.74 个,也就是说,你只需要辗转通过 4.74 个人,而不是以往所说的 6 个人就可以认识任何一个陌生人。人海茫茫,无边无际,而世界既大又小,对此,美国康奈尔大学计算机学教授约翰·克莱因伯格说:"从某种角度讲,我们同那些未必喜欢我们、未必认同我们或是未必和我们有任何共同点的人之间存在密切关系。"

"六度空间"的理论引起许多学科及整个社会的重视,如有人把它当作人脉、人际关系哲学:找关系,结交、建立人脉,提升沟通能力,吸引更多朋友,拥有自己的成功。也有科学家以其来探究疾病是怎样传播的、人们如何找工作、怎样才能抓住罪犯,等等。可以说千人千眼认知它、应用它,应该说它是一个伟大的发现!

六顶思考帽

　　某厂新造一幢十二层的办公楼,新鲜感过后,不少人抱怨起新大楼的电梯不够多、不够快,尤其上下班时段。工厂决策层就解决问题提出了五个方案:(1)高峰时段电梯运行分别按奇数、偶数楼层停靠;(2)安装若干室外电梯;(3)错开部门上下班时间;(4)在所有电梯旁边的墙面上安装镜子;(5)搬回旧办公室。结果该厂采用第四种方案,顺利解决了问题。博诺先生就此事分析道:你如果选择了(1)(2)(3)(5),采用的是"纵向思维"也就是传统思维;而采用方案(4),并解决问题,是因为员工们忙着在镜子面前审视自己或偷偷观察别人,注意力便不再集中在等待电梯上,焦急的心情得以放松。这就是"横向思维",它跳出了人们思考问题时的思维惯性,因为大楼并不缺电梯,而恰恰是人们缺乏应有的耐心。

　　爱德华·德·博诺,马耳他人,法国心理学家,欧洲创新学会将其列为历史上对人类贡献最大的250人之一。他在20世纪60年代末提出的"水平思考方式"(又称横向思维),改变了日常人们采用垂直思考方式容易出现问题的现象。20世纪80年代提出了"六顶思考帽"影响巨大,至今仍被广泛运用,产生了极大的效应、效率。

　　六顶思考帽,是指使用六种不同颜色的帽子代表六种不同的思维模式,任何人都有能力使用六种基本的思维模式。白色思考帽:提供事实和数据;白色是中立而客观的,戴上白色思考帽,思考和关注的是客观的事实和数据。绿色思考帽:用创新思维思考问题;绿色代表茵茵芳草,象征勃勃生机,绿色思考帽寓意创造力和想象力,具有创造性思考,头脑风暴,求异思维等功能。黄色思考帽:寻找事物的优点和光明面;黄色代表价值和肯定,戴上黄色思考帽,从正面考虑问题,表示乐观的、满怀希望和建设性的观点。黑色思考帽:从事物的缺点、隐患看问题;戴上黑色思考帽,可以运用否定、怀疑、质疑的态度,合乎逻辑地进行批判,发表负面的意见,找出逻辑上的错误。红色思考帽:从感情和直觉感性角度看问题;红色是情感的色彩,戴上红色思考帽,可以表达自己的情绪,可以表达直觉、感受、预感等方面的看法。蓝色思考帽:整体的思维模式;负责控制和调节思维过程,负责控制各种思考帽的使用顺序,规划和管理整个思考过程、并负责作出结论。所谓的六顶思考帽强调从不同角度思考同一问题,客观综合分析各种意见,最后作出结论。

博诺强调识别、分析、对比、选择;坚持创导平行、水平思维;着眼多维、广泛性、创新性、整体观和全局性。通过对目标的全面、开放性思考,形成切合实际的提炼,找出必要的方法,有针对性地去开展行动,直至取得最佳成效。为此博诺又被称为"创新思维之父"。

思维是个大问题,六顶思考帽内涵宽泛,从中可以得窥费米思维、横向思维、纵向思维、发散性思维、旁通思维、逆向思维等等的身影。

心　　流

米哈里·齐克森米哈赖(美国著名心理学家、积极心理学奠基人)在 1990 年提出"心流"的概念。它的定义是:一种将个人精神力完全投注在某种活动上的感觉,心流产生的同时会有高度的兴奋及充实感。

米哈里发现当人们把专注力和精神力完全投注于某一活动时,会产生高度的兴奋感和幸福感。他在研究画家工作时发现,当画家全神贯注完成一幅作品时,他们不在乎睡眠和饥饿,直到作品完成后迅速失去兴趣。米哈里把这种特殊状态下似乎要汲取整个生命力的、精神高度集中的思维、状态和感觉,称为"心流"。这种全神贯注、忘我投入,感觉不到时间的存在,事情完成后获得的一种充满能量而且非常满足的感觉,在游泳、爬山、打球、阅读的时候,都可以感受到。

所以当一个人处在"心流"状态时,时间飞快,有幸福感和意义感,不由自主,感觉被(受)控制,不为外在干扰。然而要达到这种状态,需要一件目标明确而又具有挑战性的事情,而且我们有能力可以接受这个挑战。如果接受不了,我们会产生焦虑;如果事情没有挑战,我们又会产生厌倦。有动机,希望完成某件事;有目标,明确实现范围之内的短期目标;有及时的反馈,审视过程;有合理的匹配,针对挑战辅之技能等等;做自己非常喜欢、能挑战并且擅长的事情时往往容易体验到心流。

可以用心流来诠解生活中的若干现象。米哈里说:"以心流发生率高低来分,休闲可分为两种:被动式休闲和主动式休闲。"被动式休闲可以指不需要耗费什么精力,不需要什么技巧或专注力的活动,如听音乐、看电视、刷手机、聊天等;主动式休闲是指需要动脑筋、花心思、用心投入才能享受到乐趣的活动,如从事个人爱好、运动、读书等。被动式休闲心流发生率低,主动式休闲心流发生率高。而且米哈里发现产生心流最高的主动式休闲就是体育活动;从事自己爱好之事时所产生的心流仅次于体育运动而居第二位。所以他说:"获得高质量的休闲满足其实很简单,就是找到一项长期的业余爱好。"为此米哈里推荐:深度阅读非常容易产生高心流;

亲近大自然，能产生心流。

有人认为心流是人类生活本质的普遍存在，但不是恒常的现象，而往往是人在生活中苦苦挣扎的瞬息间显现的灵光。一个懂得在生活中找到心流的人，就是能用意识（诸如情绪、感觉、思想、企图等）控制自己主观体验的人；只有懂得如何将无助的心态（状态）转变为新的心流活动、并加以控制的人，就会自己找到乐趣，同时在考验中锻炼得坚强。

米哈里的《心流：最优体验心理活动》一书开创性地提出了"心流"，并对什么是心流，进入心流的状态、条件，如何获得心流状态并达到最优体验；从日常生活到休闲、娱乐及工作各方面为人们提供了寻找快乐源泉、提升幸福感的行动指南。

心理边界

　　每个人都有两种生存空间——物理空间和心理空间,空间与外部的界限也称边界或疆界。其中心理边界又叫个人边界,最早由心理学家埃内斯特·哈曼特提出。近些年来屡屡被提及,覆盖和影响日深日甚。哈曼特认为,每个人都有自我,自我就像一座城堡;城堡内是完全属于自己的而城堡外的护城河就是心理边界,这条护城河有多宽,就意味着你的心里能容纳下的他人的观点和看法有多少。所以他又说"心理边界是个体与外界连接方式的重要指标"。而据"维基百科"定义:个人边界(即心理边界)为个人所创造的边界,通过这个边界,我们可以知道什么是合理的、安全的和被允许的行为,以及当别人越界的时候,我们该如何回应。所以心理界限也被认为是与外界区分的独立的一个人在心理范围之内保持社交心理的舒适度;其实说白了就是一种人际交往距离。

　　人与人是不同的,你是你,他是他,要看到不同,承认并尊重这种不同,保持一定的距离,开展正常的交往。既不要把自己的事尽数依附他人或托赖他人,把他人拉入自己的界限之内;也不能把自己的意愿强加于人,硬性跨入他人的界限里。在人际交往中双方之间过分干涉,否定他人、讨好他人或敏感太过,疑心太大,都是不可取的。正常的交往就是人际健康的边界交往,应该是在满足自己或他人需求时,也能有效地维持两人之间的关系,安全稳定(不伤害自己,也不伤害他人,不伤害环境)。

　　所以心理界限除了区分自己和别人之外,它就像一个圈,最关键的还是分清、划出个人所持有并可控的世界和外部他人持有非可控的世界。要知道我们并非圣人或神灵,我控制不了你说什么,想什么,干什么,但我可以离开你一些,或在自己的不足处有所约束、改观,反之亦然,任何希望或企图控制那些不可控或明明白白就根本控制不了的事情都是徒劳的。

　　美国罗格斯大学社会学教授伊维塔·泽鲁巴维尔这样说:心理边界使我们能

够确立一个心理范围,在这个范围之内我们可以探索内部和外部世界的意义,明确自己的责任与主权。我们心灵世界的边界和现实世界的地界一样真实,只是平时不太容易看出来。但当长期的越界行为不断积累,一些问题和矛盾就会集中爆发。美国心理学者乔治·戴德指出:90%的人际关系问题,都是心理边界不清导致。而在人际交往之中,在心理界限可控与非可控范围发生的种种弊端或麻烦,大都可以归咎于心理边界模糊及无视心理边界。无论何种交情,任何人之间都存在一定的界限或交往准则,太浅太深太近太远都不行,一时一事一言一行,粘粘乎乎,形影不离,不顾礼义,无所节制,往往或即时或日后都会引起变化或想法。花无百日红,人无千日好,用在人际关系上也是适宜的,这里的人无千日好可以指身体健康与否,也可以指人的交情程度或友谊的变化,所以有"朋友有七年之痒"之说,亲人间有"一碗汤距离"(英国人发明)之别。

春秋时期的弥子瑕、卫灵公的故事很说明问题。弥子瑕有宠于卫灵公,卫灵公对其爱而任之。其母病窃驾君之车往探,卫灵公认为其孝,为母之故甘犯刖罪。游园时食桃而甘,其以余鲜奉灵公,公曰:爱我亡其口味以啖寡人。待得弥子瑕色衰爱弛、得罪于公,公曰:是尝矫驾吾车,又尝食我以余桃者。呜呼!

知深浅,懂进退;有边界,不越界。维持自己的边界,尊重他人的世界。这样才能处理好我们人与人之间,即与同事、朋友、亲人间,人与社会、人与组织等等或放大或缩小了的人际关系。

心理冲突

心理冲突对每个人来说都不陌生,虽然并不是每个人都能尽道其详的。心理冲突指的是:个体在有目的行为活动中,存在着两个或两个以上相反或相互排斥的动机时所产生的一种矛盾心理状态。

关于心理冲突有过分类,按照乔治·米勒(美国心理学家,美国心理学会会长,名列 20 世纪最著名心理学家排名之 20 位)、库尔特·勒温(德国裔美国心理学家,被称为"社会心理学之父")的分类,有双趋冲突、双避冲突、趋避冲突、双重趋避冲突之别。试举例以说明。

(1)鱼与熊掌不可得兼。这是一种难以取舍的心理困境,亦可称为"双趋冲突"。(这里顺便说一下,"鱼与熊掌不可得兼"句多见写成"……兼得",可见孟子《告子章句上》。)

(2)左右为难。两件事都有排斥力、威胁性,都要避免;但必须选择其一而又难以决定。这叫:双避冲突。

(3)进退两难。个体遇到单一目标同时怀有两个动机,一方面好而趋之,一方面恶又要避之,引起情感和理性矛盾,陷入精神困苦和是趋还是避的冲突。也就是趋避冲突。

(4)双重趋避冲突。遇到两个目标或情境对个体同时有利和有弊,如面对工作选择:一个机会,物质待遇优厚而社会地位不高;一个机会,是社会地位高而物质待遇微薄,在取舍中左右为难,陷入痛苦。

所以说心理冲突,人皆有之,作为一切社会关系总和的载体——个人,其生活、社会、工作、朋友、亲人层面多多,日日时时在事物、事件合围中度过。遇到的问题大大小小,自由、寂寞;事业有成、凡事遭挫;欢乐、痛苦,所以要有清醒的头脑,认识、辨明心理冲突的常形、变形。所谓"常形"往往既与现实处境相联系,涉及公认的重大的生活事件,又带有明显的道德性质。所谓"变形"其既与现实处境没什么关系,或涉及生活中的一些鸡毛蒜皮的小事,又不带有明显的道德色彩。问题找准,抓住主要方面,就目的、诉求而进行选择、取舍。可以由感情、率性去决定;也可以由理智、理性来说话;切不可钻牛角尖,病态性地投身其中;更要防止出现心理疾病。

选择有标准,两利相权取其重,两害相权取其轻。有正义主张,有道德底线;有气度,知进退,可以坚持,可以放弃;可以看优劣、逐高低;尤其在难辨是非、无关大局方面,可以从容以对,事缓从圆,一笑而过;在危难袭来之际,可以事急从权,便宜处事,没有必要把自己放在火炉上烤炙或充当救世主。

举例说明妥善处理心理冲突的方式、方法。在男女授受不亲情况下,救不救溺水的嫂子? 对此,亚圣孟子认为"嫂溺不援,是豺狼也。男女授受不亲,礼也;嫂溺,援之以手者,权也"。这里的心理冲突就以道德、救人的大义高仁化解,事急从权,可以突破;在当时的社会环境中,原则性和灵活性的通权达变。又如先救母亲还是先救媳妇? 母亲与媳妇同时掉入河中,你先救哪个? 这个不成问题的问题屡屡对人发起挑战,其实可以将此当作一个伪命题。生命是宝贵,母亲与媳妇之间没有重要性、轻重的比较取舍,要看两个情况:会不会游水? 谁的距离近?

心理时间

欢乐叹时短，寂寞恨夜长，这种对时间的主观认识、感受好像也就是对心理时间的一种说明。所谓心理时间：是指个体主观感知的时间，是个体对客观事物延续性和顺序性的反映，如主观上认为的"现在"即"知觉到的现在"，就是个体能把一些相继发生的事件感知为相对同时发生的时间段。这是由法国哲学家亨利·柏格森提出的。他把心理时间称为主观时间，即是过去、现在和将来的相互渗透，他认为人越是进入意识深处，空间时间越不适用，只有心理时间才有意义，在心理深处，从来没有过去、现在和将来的界限。

心理时间是相对物理时间而言的主观时间，物理时间是用钟表等计量的客观时间，表现为无始无终的瞬息的连续。心理时间是个体主观意识到、感知到的时间，是对客观事物的发展变化的持续性和顺序性的反映。亨利·柏格森提出的时间概念，还是意识流（由亨利·詹姆斯于 19 世纪下半叶提出）小说在处理作品时空关系和作品结构时的理论根据。他把传统的时间称为空间时间或客观时间，这是用空间的固定概念来说明时间，按照过去、现在和将来的依次延伸、发展，是表宽度和数量的概念。

甲与乙有约，甲先到，客观等候的时间为半小时，甲估计自己等了起码 1 小时，乙估计自己最多迟到 10 分钟。他们是有意在缩小或扩大？不，他们说的都是自己内心体验的实话，这种现象就是"时间知觉"的特点：相对主观性。"当你伸手向你的父亲要钱时，10 分钟你会觉得太长；当你和女朋友携手游玩时，10 个小时你会觉得太短"，这是爱因斯坦用此来比喻时间的相对性，此亦出自主观感受。

这里涉及心理预期（希望时间变快或变慢，有时候预期和实际相反），心理状态积极会使单位时间更快，反之则慢；高度集中的注意力会使单位时间变快，其中的感受人人可以体会，这方面可以举出许多生动的事例。光阴似箭、度日如年，高兴、难受等都反映和影响人们所从事的活动内容及人们对时间的估计，情绪和态度也能影响人们对时间的估计,其实有很多因素都会影响到对时间的知觉。客观时间并不会因为人的主观感觉而变快变慢,然而人们可以运用心理学知识,掌握时间错觉,利用时间错觉,使某些实践活动产生特殊的心理效应。

不同的人生阶段对心理时间的体味也不一样,年少盼成长,盼周日、盼假期、盼过年,总觉得时间过得太慢;人到中年了,就感到时间快,一年光阴好像刚开始便瞬息而过;到了老年,也就是一生就在眼前一般,更快更无奈了。心理时间又与生活质量、充实与否相联系,饱食终日,无所事事,百无聊赖,便觉得时间慢,成天忙这忙那,信息过多、活动频繁,事情来不及做,就会觉得时间过得太快,不够用。喜悦的心情,愉快的感受,让时间变短、产出更多,收获更丰富;自卑畏葸,凄苦愁长,会让人掉入泥淖,时间似乎停止了、不动了。要扬长避短,珍惜并善用时间,让心理预期时间保证我们达到自己的目标、成果。

心理时间较多用于表现银幕上的人物的心路历程,即人物的所思、所想,对过去的回忆,对未来的憧憬;这在现实中是不可能外化为形象的;但在影视中却可以根据人的主观需要,把人的各种心态外化为可见的形象。心理时间也是一种表现人的意识流的意象化时间,即心灵时间或表现性时间流程。

了解心理时间的特点、特征,把握其奥秘,发挥其作用,那就可以做一个心理时间的主人!

最后简单介绍一下亨利·柏格森。对他也许我们并不熟悉,但他是一个不同寻常的人。他是法国哲学家,文笔优美,思想富有吸引力。从中学时代便对哲学、心理学、生物学,尤其文学发生兴趣,并在以后均有建树,曾获诺贝尔文学奖。看几位名人对其的评价就可见他的伟大了:"几乎没有一个当代哲学家敢夸耀他们完全没有受到柏格森的影响(不管是直接的还是间接的)。尽管很少有人提到和引证柏格森,但柏格森的存在却是不能从我们的文明中消失的。"(波兰著名哲学家拉·科拉柯夫斯基)"我并不认为柏格森的态度是无足轻重的……有意或无意地反抗理性,尊重本能的冲动胜于尊重自我,以及创造的自发性,这些都是我们时代的标记。"(法国杰出的生物学家,"有理论家之称"的雅克·莫诺)"我的观点可以这样表达:每一科学发现都包含'非理性因素',或柏格森的'创造性自觉'。"(奥裔英国当代西方最著名的哲学家之一卡尔·波普)

心理账户

"心理账户"是由美国经济学家理查德·塞勒(2017年诺贝尔经济学奖获得者)于1980年首次提出的一个概念;它属于行为经济学中的一个重要概念,由于消费者心理账户存在,个体在做决策时往往会违背一些简单的经济运算法则,从而作出许多非理性的消费行动。以后塞勒又提出了完整的心理账户的理论,他认为:小到本体、家庭,大到企业集团,都有或明确或潜在的心理账户系统。在做经济决策时,这种心理账户系统常常遵循一种与经济学的运算规律相矛盾的潜在心理运算规则,其心理记账方式和经济学和数学的运算方式都不相同。

也有学者,如克维尔斯等认为:心理账户是人们根据财富的来源不同进行编码和归类的心理过程,在这一编码和分类过程中"重要性—非重要性"是人们考虑的一个维度。并认为心理账户是个人或家庭用来管理、评估和记录经济活动的一套认知操作系统,这套认知操作系统导致一系列非理性的"心理账户"决策误区。

塞勒认为人的账户有三种:一种是现金、收入账户;第二种是资产限期的资产收入账户;第三种是未来收入的账户。心理账户有其特征:一是将各期的收入或各种不同方式的收入分在不同账户中,不能互相填补;二是将不同来源的收入作不同的倾向消费;三是用不同的态度来对待(付)不同数量的收入。其实同等数量的钱在传统经济学中是(也就是在我们另外一个经济学账户中)没有差异的,那里的每一块钱都是可以替代的,只要绝对量相同。但在不同人的不同的心理账户中就会有区别、差异;在实际决策中根据交易行为和账户的相关性来裁定,相关性高的行为或事件进入同一个账户,相关性低的则进入不同的账户。

心理账户对人的消费决策、心理运算往往追求的是情感上的满意最大化,而不是理性认知上的数量最大化。如跟团旅游,可以一次性付清团费,也可以先预付部分费用,再另付门票等费用,总的费用是一样的。但后一种方式总让人不愉快,玩得不尽兴,因为时不时在掏钱,影响旅游的心情、体验。又如一般说来在人的心目中,对于辛苦赚来的钱和意外获得的钱往往会分别放入不同的账户,通常情况下不会将辛苦赚来的 10 万元钱带去赌场;如是意外得来的 10 万元带去赌场的可能性就大。一个人往往会把辛苦赚来的钱投入(注)严谨的储蓄和投资;但对意外获得的钱却采取不同的态度。其实只要是在你名下的钱,并不因为它的来源就会有性质上的区别。

其实除了金钱方面的心理账户,生活中还有其他许多的心理账户。认识心理账户的存在,了解非理性的效应,将有助于我们处理好自己的两个账户(经济学账户和心理账户)的关系,投资、消费、决策、管理,把日子过好。

心理摆效应

人的感情在受外界因素刺激的影响下,具有多度性和两极性的特点:每一种情感具有不同的等级,同时还存在着与之相对立的情感状态,如聚会时热热闹闹,独处时冷冷清清;旅游在外很开心,回家又因日常生活的单调枯燥而心烦。又如爱与恨、欢乐与忧愁、肯定与否定、积极与消极、激动与平静、赞成与反对、福与祸等等。

"心理摆效应"作为一种规律性的现象,指的就是在特定背景下的心理活动过程中,情感的等级越高,呈现的"心理斜坡"越陡,因此也就很容易向相反的情绪状态进行转化。即如果此刻你感到兴奋无比,那相反的心理状态极有可能在另一时刻不可避免地出现,正所谓在(从)高兴的顶端骤然跌进深渊,"断崖式"地乐极生悲;这种情感上的大起大落对身心健康极其有害。

要警惕和防范这种心理带来的影响,方法有多种,将好处汇集,取其优者,事半功倍。方法一:要消除头脑中存在一些偏差、成见,那么要以平常心处世,从容恬淡度日。人生不会永远顺风顺水,欢乐至高潮、顶点,头脑里想着永留好时光,活在浪漫温馨、激情、刺激等等的理想境界之中,因而对缺乏上述因素的平凡生活状态心存排斥,心态也因生活场景的不如意而郁郁寡欢,也是不可取的。其实人生就如四季,如古诗所述那般:"春有百花秋有月,夏有凉风冬有雪。若无闲事挂心头,便是人间好时节。"(宋慧开禅师)春夏秋冬,时序流光,平常而已;风花雪月,转头轮替,标配罢了。人生的大鸿运可遇而不可求,小确幸任你择撷,心平行直。不如意之事,闲言碎语,坎坷波折甚至遭遇重创,身陷逆境,诸如此类也许会碰上,不必把那些不愉快、不高兴的事搁在心上;眼宽心宽气宽,心平意平语平。

方法二:学会体验各种生活状态的不同乐趣,提高适应性。既要在激荡人心的行动中体验激情的热烈奔放,又能于平淡如水的日常生活中享受恬淡自然的生活情趣。生活中的两极变化是常规性的,于是:奋发有为,随遇而安;大路朝阳,曲径通幽;前堵后追,左右逢源;金戈铁马,气吞万里如虎,稻花香里,听取蛙声一片;如此种种都要知晓,遇上了便接受。其实更重要的还是在逆境的那一极,可那也是一种生活状态啊! 如何转化、转变,走出来,是首要的事,是当务之急。

方法三:发挥理智对情绪的管控,增强自控力。在快乐兴奋的生活时空中,应该保持适度的冷静和清醒;当掉落情绪的低谷时,要避免自怨自艾不停地追忆过去的辉煌,做到隔绝刺激源,把注意力转入到一些能使自己心境平和或振奋精神的事情、活动当中去。"悟已往之不谏,知来者之可追",对许多事情力求看清、看开、看淡,甚至看透、看穿、看破;遇上难事、糟糕的事,理智一点,从容一些,正视、接受、处理、放下。

公地悲剧

英国学者加勒特·哈丁教授于 1968 年在美国著名期刊《科学》杂志上发表了一篇题为《公地的悲剧》的文章。他在文章中写道:作为理性人,每个牧羊者都希望自己的收益最大化。在公共草地上,每增加一只羊会有两种结果:一是获得增加一只羊的收入;二是加重草地的负担,并有可能使草地过度放牧。经过思考,牧羊者决定不顾草地的承受力而增加羊群数量,于是他便因为羊只的增加而收益增多。看到有利可图,许多牧羊者也纷纷加入这一行列。由于羊群的进入不受限制,所以牧场被过度使用,草地状况迅速恶化,悲剧就这样发生了。

公地作为一项资源或财产,有许多拥有者,他们每个人都有使用权,但没有权力阻止其他人使用;而每个人都倾向于过度使用,从而造成资源的枯竭。这是一种现象,一种比喻,可以推而广之,应用于各个层面和各个领域。过度砍伐的森林,过度捕捞的渔业资源以及污染严重的河流和空气,都是公地悲剧的例子。悲剧之所以出现、酿成,原因在于每个当事人都知道资源会因过度使用而枯竭,但每个人对阻止事态的恶化无能为力,而且都存有分一杯羹、捞一把的心态,这加剧了事态的恶化。

对公共利益无视的自私自利,最终是损人不利己。皮之不存,毛将焉附,极而言之,如果赖以生存的资源枯竭,那如何活下去呢?有这么一个说法:公地悲剧最早由英国经济学家威廉·福斯特·劳埃德在 1833 年提出。它讲述了中世纪英国的一个村庄,那里的绿地是公共财产,所有村民都可以在上面放牧牲畜,进入这块公地的自由是该村庄珍视的一种价值。只要每个人对公地的使用对其他所有人来说没减少土地的效用,这种分享就会运作良好。假设村民们受到利益动机的驱使,并且没有法律限制,那么,放牧者就有最大的动机尽可能地增加他们的牲畜,短期内每增加一头牲口将会多产生一份个人收益,而其成本由每个人来负担。但有样学样,长此以往,过度放牧必然导致绿地被毁掉。哈丁在此基础上指出公地悲剧的教训就是每个人都在追求自己的最大利益,毁灭是注定的,所有的人都向毁灭奔去。

有学者就这样认为:当个人按自己的方式处置公共资源时,真正的公地悲剧才会发生。公地悲剧的实质或更准确的提法是:无节制、开放式资源利用的灾难。防止这种公地悲剧的产生,除了要有明确、正确的取向、共识外,还必须制定规则、制度,严格而有效地监管,包括明确产权,而政府或相关部门出面形成的强制更为重要。个人在防止公地悲剧之中也并非无能为力,要充分发挥公民意识中的社会责任感,主动担当,落实对国家资源合理配置的支持和维护。

公鸡/先驱定律

"鸡鸣残月落""雄鸡一唱天下白",古时公鸡的司晨颇有用处,太阳每天都升起,虽然人的自身也有生物钟在起作用,虽然还有其他器具可以佐用,但习惯上把公鸡报晓这样一个宽泛的自然现象喻之譬之于社会生活,如《诗经》"风雨如晦,鸡鸣不已"等等。当然鸡的司晨报晓既不能太早也不能太迟,太早则扰人清梦,太迟则完全无用,自然而然的是:合者欢迎,反者见弃。

法国汉学家尼古拉与中国作家、画家朋友总结了这种"公鸡定律"并对其有所展开。他们从14世纪认为"地球是圆的"的意大利天文学家采科·达斯科、16世纪宣扬"地球绕着太阳转"的布鲁诺的悲惨遭遇说起,联系卓绝的达·芬奇,这位先知、天才、多面手的一生以隐藏在他许多假说、著作中的奇思妙想的实际价值,认为公鸡要叫得恰到好处,恰如其分。然而又好像一时没有说透、说到位,有不全面之处。

尼古拉与友人在参观法国巴黎的先贤祠后大有感悟。那里是一个安葬着法国伟人的墓室。200多年来,有伏尔泰、卢梭、雨果、左拉、居里夫妇、大仲马等几十位学者、科学家、文学家、艺术家、政治家入葬于此。这些人的贡献可以说彪炳千秋,从各个方面深刻影响和推进了人类社会的变革和发展,都是一批富有创造性的伟大人物,体现了真正的公鸡定律,发挥了先知先导先驱的作用。一人智短,多人智长,尼古拉他们互相补充、启发,统一了观点,提出:(1)先驱必须是有"长夜先觉"的公鸡;(2)先驱是敢于登高并大声地把先觉叫喊出来的公鸡;(3)先驱是选择"临晨才鸣"的合时宜的公鸡;(4)先驱是能够叫醒、启蒙万众"闻鸡起舞"去颠覆黑夜,迎来"天下白"的公鸡。伏尔泰、卢梭等就是如歌德所说的"结束一个旧时代,开创一个新世界"人物(公鸡)。为此,尼古拉把这些现象归纳合并称为:公鸡/先驱定律。

这里,介绍一下"弗雷德定律",其涉及心理学、管理学,亦见之于《魔鬼词典》等,其表述为:"今天是威风凛凛的公鸡,明天可能成为威风扫地的鸡毛掸子",隐喻、暗示万事的不确定性因素以及应具备危机感。

元无知

"元无知"是美国学者威廉·庞德斯通在其著作《知识大迁移》(副标题:移动时代知识的真正价值)一书中提到的,它指的是:你不知道自己不知道(的那种无知)。表述上有些绕口,补两个说法就更清晰了:(1)越是缺乏知识和技巧的人,越是意识不到他们缺乏知识和技巧,不知道自己的无知。(大卫·邓宁系康乃尔大学心理学教授;此亦称大卫—克鲁格效应)(2)"有一样东西你无法上谷歌搜索,那就是你不知自己应该搜索什么","互联网的问题不在于它使我们知道得更少或获得错误信息,而在于它让我们变得元无知——不知道自己不知道"。(庞德斯通)

人生有涯而学海无涯,说的是知识之多,难以穷尽。时至今日,我们和知识的关系更为尴尬:知识大爆炸,令我们每个人都是可以说知之不多,并且越来越无知,相对于人类整体所拥有的庞大的知识总量,我们一人一生能知晓、掌握的比例日趋其小,甚至都不能谈什么比例。另一方面互联网又使知识的获取变得越来越容易,"无知"也便成为不是什么大不了的事,好在可以在有需要的时候找得到、能用上。似乎也正是如此:一方面随着人们的持续上传,知识从四面八方向网络"云端"集聚;另一方面随着每个人随时随地的搜索,知识也从"云端"被我们信手拈来。好像天下太平,条条大道通罗马。

但是如果你连搜索什么都不知道、连是否需要去搜索、怎么搜索都不知道的话,诸多的无知,导致无从下手;又由于底层、基础性的知识或逻辑的缺失,我们有时候可能连问题也无从获得或提出,那就是一无所知,真正意义上的"元无知"了。能提出问题,以问题为导向,继而去找寻答案,本身就少不了一定的知识基础和动手能力。所以在今天,这种面对海量信息、面对信息的不确定性,一个人既不知道自己该输入什么,也提不出好的问题的状况,必须引起世人的重视,切实加以改变。

知识的无限和人力的有限是不争的事实,心有余而力不足是永远的遗憾,因为知识的绝对完整性和系统性是难以追求和抵达的。而且由于知识的更新及因知识的渗透、碰撞而产生的新知识、新学科层出不穷，所以我们必须调整自己的应对方针，要有自己的专业知识，也要懂一些事实性的知识；掌握良好的学习方法，广泛涉猎、关注各种各样的知识，面宽一点、杂一点、懂一点、博一点，以备不时之需；善于请教他人，听听、看看、问问，抓住线索，由浅入深；坚持吸收新鲜信息，跨界也好、无相关的也好，不断扩充自己，随时化解元无知的屏蔽。问题的提出，当然会有解决的方法，而且往往针对一个问题的解决方法不会只有一个、两个，所以我们要努力尝试，力求在元无知铺天盖地到来的时候，应对自如，把做学问、搞事业的日子过好。

庞德斯通的《知识大迁移》于2018年由浙江人民出版社出版，译者闫佳。另有《云中的头脑》一书于2017年出版，应该是同书不同名，好像《云中的头脑》的书名来得传神一些。

无知之幕

美国哲学家、伦理学家约翰·罗尔斯在他的《正义论》中提出了"无知之幕"一说。他指出：某些正义原则之所以正当，是因为它们可能会在一种平等的初始境况中得到人们的一致同意。他考虑到在原始状态下存在假想的签约者，如何能使得他们公正行事，可以运用"无知之幕"的理论：在人们商量给予一个社会或一个组织里的不同角色的成员正当对待时，最理想的方式是把在大家聚集到一个幕布下，约定好每个人都不知道自己在走出这个幕布后将在社会组织里处于什么样的角色；然后大家针对某一个角色，讨论应该如何对待他，无论是市长还是清洁工。因为每个人讨论的对待策略都是与自己相关的，由于不知道自己将要面对怎样的命运，一旦有偏颇、差池，如若走出幕布，自己也许会面对自己亲手埋下的祸患。

因为在原始状况下的人不知道自己在社会中的位置或所处的阶级地位，不知道自己的社会角色、性别和种族是什么，同样也不知道自己拥有的"天然资产"、天然资质和自然能力，出于理性、理智，需要公正客观地确定原则，希望现实情况会有利于那些处于最不利处境的人。

无知之幕意在创造人人平等的完全公平的博弈环境，在不知己不知彼的前提下，为了保障自身的安全就只能按照风险规避原则去设想一种任何人在任何情况下都不至于落入悲惨处境的社会制度。所以它与公正有关。罗尔斯认为只有在每个人都受到无社会差异的对待时，正义才会出现。而在客观上难以真正实现的时候，我们应该用自己的行为来保护社会中最为弱小的成员，力求公平正义地维护契约和利益。这里便又涉及"程序性正义原则"和"补偿性正义原则"，也与平等自由的原则、机会公正平等的原则和差别原则密切相关。可以说无知之幕是一种理论设想，在实践中难度颇大，但是其服务于上述诸多"原则"！

罗尔斯创作的《正义论》探讨当今时代、社会关于平等自由、公正机会、分配份额、差别原则等问题的解决方法，具有一定的意义和作用。尤其那些体现他的睿智和功底的论断、见识,如"每个人对于所有人所拥有的最广泛平等的基本自由体系相容的类似自由体系都有一种平等的权利","社会的和经济的不平等应这样安排,使它们在与正义的储存原则一致的情况下,适合于最少受惠者的最大利益,并且依系于在社会公平平等的条件下的职务和地位向所有人开放","不平等的能力和天赋不能成为不平等分配的理由,因为这些因素在很大程度上依赖于幸运的家庭,而对这些条件每个人是没有权力的","所有的社会基本善、自由和机会、收入和财富及自尊的基础——都应该被平等地分配,除非对一些或所有社会基本善的一种不平等分配有利于最不利者":值得体味、深悟! 罗尔斯向往的是人与人之间达到一种事实上的平等。

无缘社会

2010年日本NHK(日本放送协会)播出了一部纪录片,描述当今日本进入无缘社会的现状。许多日本人一是没朋友,"无社缘";二是和家庭关系疏远甚至崩裂,"无血缘";三是与家乡关系隔离断绝,"无地缘"。这三个"无"形成了无缘社会。

近年来日本的单身人士越来越多,约有16%的男性和7%的女性终身未婚;预计到2030年,此比例将分别升高至三分之一、四分之一。老人与家人同住的比例也渐趋下降,独居老人死在家中许久才被发现的事件,十年增加了1.2倍;每年甚至有3.2万名死者身份不明,无人认尸,死时身边也没有亲人在场,这种严酷的现实诞生了一个新词:无缘死。乡村中的年轻人纷纷到城市发展,到了城市又极少回乡,老家只剩老人与小孩,乡村没落,故乡的概念愈来愈淡薄。在城市中的年轻人不是没有朋友,而是没有真心诚意的真朋友;他们往往在陌生的网络世界交朋友,不认识不见面不知真假虚实,有的还会玩失踪,一下子失联就再也找不到;单位朋友无缘无深交,自顾自不多打交道,甚至根本没来往。

没有关联的社会,各不相干的社会,冷漠的人际,冰冷的城市;到处可见高龄、少子、失业、不婚的人们,甚至其中有一些人活着就没人与他们联系:他们没有工作、没有配偶、没有儿女,也不回乡;直到他们死了,没人知道,即使被发现,没人认领尸体,无法知道姓甚名谁。名为《无缘社会——无缘死的冲击》的纪录片如一石激起千层浪,引起政府、社会团体及有识之士的关注,纷纷对此提出建议或付诸行动,力图改变这种局面。

租赁亲人就是其中的一种做法。人员租赁公司出租父母儿女及各种家庭成员角色,由于需求方覆盖了各个年龄段,因此服务于此项业务或行业人员的年龄跨度也是其他行业所不能比拟的。在任何一家稍具规模的公司,你都可以轻松地找到一对让你满意的耄耋老人做父母,选一个几个月大的婴儿做孩子,至于三姑六婆、亲朋好友都能凑齐,全家福、合家欢分分钟!为了逃避催婚,更有租人成婚,过段时间再办"离婚",以应付场面。租赁亲人这种服务不可思议地在这个充满文化相对主义的国家和时代被接受,并得到了越来越多的日本人的理解和认可。也许,租赁家人能使三方得益,对于生活的和解,对于感情的修复,对于构建社会的和谐等都带来了明显的促进,可以说它就是无缘社会的一帖黏合剂。

不值得定律

关于不值得定律的最直观的表达是：不值得做的事情，就不值得做好。

这个定律反映出人们的一种心理，一个人如果从事的是一份自认为不值得的事业（事情），往往会持冷嘲热讽、敷衍了事的态度。不仅成功率低，即使成功，也不会觉得有多大的成就感。

被《福布斯》杂志誉为"领导学大师们的院长"的美国著名学者沃伦·班尼斯说过："最聪明的人是那些对无足轻重的事情无动于衷的人，但他们对较重要的事情总是很敏感，那些太专注于小事的人通常会变得对大事无能。"美国著名电视节目主持人沃尔特·克朗凯特则认为："任何值得一做的事情就是值得做好的事。"两位从不同的维度给了不值得定律以清晰的解释。

成就感是一个人取得成绩后产生的自我满足的感觉。因为人的价值观、世界观的不同，所以每个人对成绩的认同标准会有不同，与之相伴而存在的成就感也就各不相同。即便从事着同样的工作、各方面的待遇也都基本相同的两个人，也可能有一个人会有成就感，而另一个人对此不以为然。同样，两个成就完全不同的人会由于价值观的不同，而造成（出现）有成就（或高）的人丝毫感觉不到成就感，而没有什么成就的人却很有成就感。

挑战带有适当难度、富有挑战性的工作，了解其重要性，寄以期许，想要去干，经过自己的努力和他人的帮助去完成它；注重学习，善于提高，很好处理一切会遇上的问题，包括决策、激励、资源配置等等，合理使用资源和时间，把值得做的事情做好；剖析一下不值得做的事，原因何在，如何改变？如能改变改进，那么增加参与性、掌握更多的信息，投入其中，从根本上改变态度；只有自己喜欢的事，抱有热情，激励自己感染别人，你才能做好事情，并从中尝到成功的喜悦。这都是一事当前，应该或可以采取的应对、正确的态度和方法。

要搞清楚什么是不值得做的事，需要眼光来判断，慧眼辨识；这又与价值观、时效性相关。有正确的认知方能明白生活中的每件事不可能是都值得去做或不值得去做的。对于值得去做的事,必须去做;不值得去做的事,等同于不该做的事,坚决不去做,一旦让不值得做的事沾上手,必定会无效地耗费精力、资源和时间。要避免做着不值得做的事,还以为在做着正当、正确的事。总之要有正确的认知和识别能力。

人的能量、资源是有限的,时间也一样,你无法同时去做数件同等重要、难度又很大的事情,要有取舍、轻重缓急;但更不能将所有的事都视为不值得去做的事,饱食终日,无所事事,虚度光阴,空掷一生。人生一世,草木一秋,还是要活出点质量、精彩、意义来!

韦伯定律

韦伯定律与贝勃定律有异曲同工之妙。韦伯认为人之所以很容易感受到 1 公斤和 1.5 公斤的差异,而几乎不能感受到 50 公斤与 50.5 公斤的差异;这是因为可感受的最小的刺激变化量与原刺激强度的比值为常数,这一常数处于 2%—3% 之间。0.5 公斤只占 50 公斤的 1%,小于 2%—3%,所以 50 公斤与 50.5 公斤的重量差异难以被人觉察。而 0.5 公斤占了 1 公斤的 50%,远远超过阈值范围 2%—3%,所以我们能一下子感受到重量差异。韦伯发现的这个关于心理量与物理量之间的数量关系的定律被其学生费希纳称为韦伯定律,也被称为韦伯—费希纳定律。他生活在 19 世纪(1795—1878 年),是德国莱比锡大学教授,著名的生理学家、心理学家,是心理物理学的创始人。

贝勃定律另有叙及,此略。两者用在社会生活中说明事物的细微变化不会导致明显的不同,也就不易被人觉察或吸引注意力,所以人们对此容易适应;而一旦适应了某种定式就会对此习以为常;若要改变,必须花费比原先更大的刺激力。

韦伯定律在日常生活中得到了广泛的应用,反映在营销方面可以用来研究消费者对价格差异感受的程度或接受程度。当消费者面对某一商品价格的变化、调整或者不同价格时,会对这种差异感产生判断、选择。这种考察与商品的基础价格水平有关,消费者的感受更多地取决于相对价值,而不是绝对价值;也就是说他们对价格变化的感受更多的是取决于变化的百分比,而不是变化的绝对值。每个产品的价格都有上限、下限,将价格调整到价格的上、下限之外容易被消费者关注到;而在界限之内的小额、微调则不易为人关注,往上的微调比一下子提高许多容易被接受,而往下的调整则反过来,一次性大幅度的降价要比连续几次的微调、减价有效得多。如某一商品从 5 000 元价格调整为 5 050 元,不会有太多的关注,也就容易被接受;而如果某一商品从 5 000 元一下子降价 300 元甚至更多,就更能吸引消费者的眼球;当然还必定有"大减价""跳楼价"之类的广告促销。

消费是满足个人对美好生活需求的重要途径，懂得和运用韦伯定律可以帮助我们秉持理性，注重和享受与产品相关的其他各种服务。这里可以重温一下消费心理学理论方面的"凡勃论效应"：即商品价格定得越高，越能受到消费者的青睐。也许是物有所值；也许是消费者希望他人了解自己的富足和支付能力；也许是为着体现（更深层面）心理优势、实现自我满足；所以对商品的绝对值要警惕，不为单纯的消费取向所绑架。

瓦伦达心态

瓦伦达是美国一个著名的钢索表演艺术家，6岁就出道，开始走钢索，从来没有出过事故。一次演技团要为重要客人献技时，决定由他上场。瓦伦达了解此次演出的重要性，来观赏的都是美国的知名人物，确保成功的演出对自己而言、对演技团来说都是一次重要的机会，涉及名利、地位。为此他事前一直在琢磨、考虑全部的动作、细节。演出开始了，他没有使用保险绳，因为他有百分之百的把握不出错。但是意料不到的事情发生了，当他走到钢索的中间，仅仅做了两个难度并不大的动作之后，就从10米高的空中摔了下来，一命呜呼。

事后，他的妻子说："我知道这次一定要出事，因为他在出场前就不断地这样说：'这次太重要了，不能失败'；在以前的每次成功表演他只是想着走好钢索这件事的本身，不去管这件事可能带来的一切。瓦伦达太想成功，太不专注于事情本身，太患得患失了。如果他不去多想走钢索之外的事情，以他的经验和技能是不会出事的。"心理学家把这种为了达到一定的目的而总是抱以患得患失的心态命名为"瓦伦达心态"。

专心致志，心无旁骛地去做一件事，全力以赴，不受干扰地完成一个任务，千万不能有太多的患得患失的"瓦伦达心态"。因为在我们身边，包括我们自己，这种不健康的心态普遍存在，实在太有市场了；尤其在面临一些难度高、重要性大、性命相关的事情或时候。瓦伦达心态给人的教训太大了，痛定思痛，他们家族本身就很好地从中吸取教训，瓦伦达在美国被称为"飞人瓦伦达""钢丝之王"家族，他的孙子尼克·瓦伦达后来也取得了惊人的成就，在2013年、2014年先后完成穿越尼亚加拉大瀑布、横穿芝加哥湖畔三座50层楼的"死亡中表演"，打破吉尼斯纪录。

与瓦伦达心态较为相似的有一个叫做"目的颤抖"（又称为：穿针心理）的说法。德国的一位心理学家曾做过一个实验：在给小小的缝衣针穿线的时候，你越是全神贯注地努力，线越不容易穿入。在科学界这种现象即被称为"目的颤抖"，指谓目的性越强就越不容易成功。这种情形在生活中并不鲜见。从表现上看许多失手都是偶然的,其实有其必然性,因为人都有这样的一个弱点:当对某件事过于重视的时候,心理就会紧张,而一紧张,往往就会造成心跳加速,精力分散,动作失调等不良反应。很多人之所以在人生的关口失手,心理紧张和焦虑是重要原因之一。

淡定、从容、自如,忘掉压力,不要想得太多,切忌患得患失,才能坦然面对世界,把握人生。

木桶效应

　　木桶效应又称木桶定律,木桶原理,短板理论。它由美国著名管理学家劳伦斯·彼得提出。其要义:一只水桶的盛水多少,并不取决于桶壁上最高的那块木块,而恰恰取决于桶壁上最短的那块。

　　木桶效应因为形象,简单明了而且通俗,所以接受和传播都很快,作为一个社会、一个组织、一个企业以及个人都可以从中汲取有益养分。其亦可用于身体健康方面,当身体的某一部位或器官出了毛病乃至发展到了严重程度,最终损害健康,这就如同木桶中的短板。事业、学识甚至人生中的短处、不足、拖累亦如此这般。这一效应可以使我们得到启发,努力去寻找那块最短的木板,查漏补缺或者换掉,将其修缮一新;水桶的盛水量可以看作你或组织的最大能耐、成就、实力和竞争力。

　　因为木桶效应的作用,所以它从一个比喻发展成一个理论,被各领域、各层面所用,有多种诠释,也有反对的声音;其实就那么简单,木桶是用来盛水的容器,木桶的木板须一样高或足够高,只要存在高低不一样的现象,那盛的水就不够多、盛不满。

　　因为存在不够高的木板即存在短板,所以就需要补短板、换去短板,解决这个漏洞性质的不足,将这样的制约因素消除。劣势或不足的作用是强大的,看不到这一点或不明白这个道理,那么一个人或一个组织就必然受制于此;一件事坏了整个大局,一粒老鼠屎毁了一锅粥,可以说这是短板效应的再说明、补充说明。

　　短板之补也不是易事,要有长远考虑。就个人而言,职业生涯设计,家庭计划,各种目标、打算等等,有所考虑要比没有考虑要好;没有考虑,没有长期打算,那么可能就是一块短板。一块短板尚且坏事,那短板多了,不断地"短"下去,岂非步步受阻,一事无成!作为一个组织则要有长远的思维、战略视野和长期的规划,布好局、下好棋。尤其对关系到全局性、基础性、根本性的问题,及时有力地通盘考虑,从容应对,未雨绸缪,变被动为主动,避免因看不清形势、找不到短板又无长远考虑而带来和出现"近忧"式的困惑、困难、困境。

老实说,找短板也是件有较高难度的活,一叶障目或浮云遮眼,找不到、不愿找,拿着瑕疵当宝贝,抑或老子天下第一,那就很难去做补短板的事。恐怕还得有"吾日三省吾身",闭门思过之类的严格自律,认真刻苦当回事般地去找自己的不足,对症下药,从长远考虑,为目标的完成去补短板,只有这样才能事半功倍,得其所哉!

贝塔男人

"贝塔男人"诞生于十多年前,有过风行。这是相对于"阿尔法女人"而称呼的。所谓的"贝塔男人"往往情商很高,不再借势于以往的大男子主义,个性充满着敏感和感性,对居家及家务事宜更感兴趣,对待婚姻和伴侣也更用心、更体贴。可以说,选择了"贝塔男人"就意味着做饭和带孩子,以及对妻子的关切抚慰。

《纽约时报》开辟"贝塔男人"的专栏后,《泰晤士报》也设置了相类似的专栏,给热衷于此道的人们以关心和写照,让他们来交流心得、体会以及各自的观念,包括对过去的回忆,与现在的对比等等。

对此,社会是宽容了,生活的多样性给贝塔男人们生存和追求的权利。尽管适者生存、弱肉强食的法则并不鲜见,尽管男性遇到的往往是处理事业和家庭关系的难题。智利著名的社会学专家何塞·奥拉瓦里亚指出:"最近我注意到出现了一种小众流行趋势,30岁至40岁的男人离开了充满竞争的职场,转而步入另一个更加平和的、没有太多报酬的但却可以把更多的时间给孩子的世界。这些人往往是处在中产阶级(层)的艺术家、知识分子和专业人士。"而西班牙医学专家马科·德拉帕拉认为:"在生活中当'贝塔男人'很快乐,也充满乐趣,使男人回归到一个令人愉悦的空间,但是在工作中,这类男人就不得不在'阿尔法女人'的进攻面前节节败退。"

不仅仅是"阿尔法女人",进入21世纪,优秀或有理想的女性的生活以及择偶标准有了她们大致相同的标准:事业上要有所建树;住上一所满心喜欢的大房子;身边环绕几个令人羡慕的聪明、乖巧的孩子;还有最要紧的是找到一个称心如意的"贝塔男人"!

贝塔是希腊字母中的第二个字母,排在字母阿尔法后。贝塔男人与阿尔法女人对应,所以也有人把贝塔男人视为性格女性化的男人。不过,就其实际表现以及在社会上、在生活中受欢迎的程度看,和"上海男人"有点"搭"!

贝勃定律

著名的心理学家贝勃做过一个实验：一个人右手举着 300 克的砝码，这时在他的左手上 305 克的砝码，他并不会觉得有什么差别，直到左手砝码加至 306 克重时，他才会觉得有些重；如果右手举着 600 克的砝码，那么左手的砝码要达到 612 克时才能感觉到重了。也就是说，原来的砝码比较重，后来就必须加更大的量才能感觉到差别。这就是名声很大的贝勃定律。这个实验有人说是贝勃所作，但更多的只是以"有人做过"一笔带过，典出、发明人均不详。

贝勃定律说明人的心理都有一个逐渐适应的过程。一旦适应某种定式、定势，就会对此习以为常；如果要改变这种局面，必须花费比最初更大的刺激力。

诸多麻木不仁、见怪不怪的事例也可以说明一些问题。如认为多年的朋友不如此前了，冷淡、少交流，不太肯帮忙了，而偶遇某人，在彼此还不太熟悉的情况下，对方给出的一点小小的关怀、帮助，便觉得得到天大的珍宝似的感动不已。如任劳任怨地干活做事，却因为一点小小的瑕疵，被全盘否定，而一个平常很差劲的人偶尔做了件好事受到普遍一致的称赞。如亲人间的关切往往不如外人的一、两句话。如日日送花难获好评，从不送花偶然献花使人感激不尽等等。

此定律的应用广泛，可以活用，说法很多。如当人经历强烈的刺激后，再施予同等或一般的刺激，对他来说也就变得微不足道了。就心理感受来说，第一次的大刺激能冲淡第二次的小刺激。原本一元钱的报纸变成了四十元一份，那肯定会觉得无从接受；而原本一万元的电脑涨了一百元，就不会有什么大的反应。又如一般有经验的谈判专家都会在谈判临近结束时才提出一些关键的条件，而对方已被一开始得到的优厚条件所诱惑，也就不怎么在意后来的条件，容易过关。

其实在运用贝勃定律时往往存在自取所需的现象,而有些事情往往边界不清或存在理解上的差异,尤其是在如何理解对待第一次的大刺激后的疏忽,或必须加大分量、力度才能具有更大的刺激力方面;或可如此认为:以对逐步适应的现状引起变化的刺激力的判定,来看贝勃定律的作用。

生活和科学告诉我们,不但要有感觉,更要有理智。

日落条款

　　日落法则是指美联邦或州政府在通过特定法律时,同时设定一个有效期限,有效期过后,如不采取相应的立法措施,该法律便失效成为一纸空文。最早的日落规则以法律条款的形式出现,表现为日落条款(即落日条款),或曰日落法。它具有如下特征:有效期已经明确;有效期届满,法律不一定无效;因为明确了有效期可以解决预期及应对。

　　日落条款表示在法律或合约中订定部分或全部条文的终止生效日期。通常订定日落条款的目的是在该条文终止其效力前有缓冲期可先行准备及实施相关的配套措施。广义的日落条款:包括各种法律中以及合同中关于有效施行期限的规定;狭义的日落条款仅指各种法律规范性文件的有效施行期限的条款,只要期限一到,相应的法律法规自动失效,需要更新法规或者进行续期。

　　给法律加上有效时间是政府推行政务改革的举措之一,将时效性引入立法过程,在一定的时间内,对特定法律在社会实践中的施行效果和社会反响进行评估,进而决定是否予以改进、延期、还是作废。它有着很强悍的出典,所谓日落条款是一种形象的说法,指的是法律也有一定的制定周期,会像太阳一样下山;此观点源出美国前总统杰斐逊,他认为"地球应该属于活着的时代",所以包括宪法在内的一切法律都有一定的寿命(杰斐逊认为最长不能超过十九年),否则我们就失去了法律主宰者的意义。许多年过去了,自 1976 年美国科罗拉多州通过了第一个"日落法"后,日落条款在立法上的应用越来越广泛了,涉及领域广泛多见于刑法方面,其中一个重要原因是它较好地处理了法律的稳定性和灵活性的关系,通过自动失效促进法律的更新,从变化的社会、经济及时代出发,及时淘汰一些不合适、不必要的法律规范。

　　日落条款除了给法律设置有限期外,还被看作美国各级政府精简机构的瘦身利器,一些州政府成立专门机构,定期对所有的行政机构及部门进行效率评估,一些被评估为低效、无用的部门便会遭到撤销。日落条款体现了政务、法律诸方面的一种理性、动态、持续的发展，自然也带及、影响其他，如 WTO 规则中的日落条款；慈善事业中的日落条款；尤其后者：比尔·盖茨和巴菲特在 2010 年呼吁美国亿万富翁应在有生之年或谢世之后捐赠至少半数个人财富用于慈善事业，规定捐赠人应设定一个最后期限，届时他们或其继承人必须将资产直接支付给慈善机构，这或将改变整个慈善事业的面貌。

与日落条款相对应的有日出条款，其指的是法律或合约中订定部分或全部条文的开始生效日期。通常订定日出条款的目的是在该条文生效前有缓冲期可先行准备及实施相关的配套措施。

从众心理

从众心理是人受到群体压力而跟从群体选择的一种社会心理。它的产生既有人体自身的原因，也有历史、社会、现实的原因。

人不仅客观上存在缺乏安全感，还存在天生的惰性。在面对危险或不确定性时，往往不愿意去追求真相、寻找最优选择，而是采取从众的抉择，让自己安全，处于有利的状态。

美国心理学家所罗门·阿希在 1950 年做过一个简单的实验：请工作人员将不同长度的线条给受试者看，让其说出线条比起参照线条是更长、一样长还是短些。如果此人是独自坐在房间里，他会正确估计所有线条。现在有 7 个人走进房间，但受试者蒙在鼓里；那 7 个人相继说出一个错误答案，30%的受试者会说出与前面的人一样的错误答案。这个实验证明了团队压力如何压倒正常的人类思维。

从众是一种群体行为，个人独处之时，不易出现从众，在一个远离不同观点、具有高度凝聚力的群体中，人们在做决定时，会陷入一种群体思维之中。从众的表现和作用有所不同，如具有积极作用的从众心理及结果（效应）、如具有消极作用的从众心理及结果（效应），其所反映的心理活动，既有心服口服、心服口不服、也有违心从众；更有随大流、本身无所谓的。至于有好奇心、凑热闹、被迫、受利诱以及抱有法不责众的想法等的，综上所述尽可以解释种种不合理、不合情、不符合实际的奇怪现象。如秦时赵高的指鹿为马大行其道；如德国学者罗尔夫·多贝里所举"二战"时戈培尔在德国军队大败于斯大林格勒后，于 1943 年 2 月 18 日在柏林体育馆向精选而来的 1 500 人发表了长达两个多小时、极具煽动性的演说的事例：当时最为令人震惊是戈培尔说道：你们想要总体战（全面战争）吗？你们想让战争比我们所想象的更具总体性和彻底性吗?！他居然获得了全场雷鸣般的掌声。这是因为听众不了解实际战况以及从众心理的作用；设想若在私下单独匿名去问，或略微透点底的话，人们恐怕不会有如此的反响或共鸣。

至于因为旁人所引发的排队、抬头、跑步而带来的仿效以及根据从众心理（效应）带来的广告从众、舆情从众；在从众之中获取个人的匿名感（往往在违法违规、做错事时产生无所顾忌的想法、心态），还有那种失去存在感、淹没在人群中，不出头不发声的情况，都值得我们注意。

　　说到从众心理，还应该了解一下：从众效应，它也是一个心理学术语，指的是人们自觉不自觉地以多数人群体影响、包括引导或施加的压力、意见为准则，作出判断，形成印象的心理变化过程。也说一下羊群效应，其指的是羊群往往受头羊的带动，一哄而上蜂拥而去，全不顾前面有什么好处和祸害；比喻的是一种从众心理；盲从，往往会陷入骗局或者遭到失败，用在管理学上指谓一些企业的市场行为、现象。

双曲贴现

关于双曲贴现(又称非理性折现)的表述有多种,大体记录如下:

"双曲贴现指的是人们相较于延迟和复杂的结局,更倾向于简洁及时的";

"人们更愿意关注眼前的利益,哪怕未来的利益巨大而且可期待";

"随着时间长度的不同,我们作出的决定是不一致的","一个决定离现在越近,我们的感情利益就越多"(喜欢眼前的满足感);

人们倾向"避免从事一些需要在短期内付出成本但需要较长时间才能体现其收益的活动"。

1984年,经济学家马祖尔提出了双曲线贴现模型,来表述时间贴现,从中可以看到,随着时间推移,人们对收益的感知(即效用)是下降的,而且呈双曲线趋势。人们之所以不去做那些正确的事情,是因为它们的收益被时间扭曲了,不但收益和成本会被扭曲,风险也会被时间所扭曲。这方面的典型例子是:如果现在可以获得1 000元,但若能再等上一个月的话,就可以得到1 100元,怎么选择? 相信不少人会毫不犹豫地立刻领取1 000元。

另一个例子是美国斯坦福大学的心理学教授沃尔特·米舍尔曾经做过一个著名的"棉花糖试验":他集中了一群4岁的孩子,在每个人面前放了一块棉花糖,让他们选择要么立即吃掉,要么如果有人愿意等上15分钟,不吃这一块棉花糖的话能再得一块糖以作奖励。试验的结果,只有极少数人愿意等,享受延迟后的满足。更为惊人的是,多年后,米舍尔教授跟踪了试验对象发现,是否拥有延迟满足能力是他们事业能否成功的一个可靠的指示器。

再一个例子是中国"朝三暮四"的寓言:猴子们都希望先得到4个榛子,而不愿先得到3个榛子,其实每天分两次,总数量为7个并没有变化。

双曲贴现告诉我们,一个人的自控能力很重要,越能控制住自己、控制住冲动,就越能获取较大的收益、成功;一个人是否具备延迟满足的能力,将影响着他的事业和人生！成功在于坚持，目光长远，努力当下，不为眼前一些蝇头小利所迷惑，更不能孜孜以求、幻想短时间内个人利益最大化，并由此做出不上台面的错事、丑事、坏事。从这个角度讲双曲贴现是一个陷阱式的诱惑，要克服和防止这种思维。

不过，话说回来若延迟的时间过长，带来风险的可能性也要增加，那么选择抓住眼前的东西，"有比没有（可能）好"是否可行？另外，参照苏格拉底的摘"最大的麦穗"的说法，犹豫不决，下不了决心，最终落实的情况又怎么看？面对这种相反互悖的说法，恐怕只能看个人的修为、心态、底线了！

邓巴数字

人生少不了朋友,好的朋友要靠自己去找、去交;真心热诚地去找、去交一些净友、好友。澳大利亚著名心理学家,《幸福代码》的作者格林和贝尔托卢齐指出六种友人对自己是不可或缺的:比你更酷的友人(点亮生活,开阔眼界);随叫随到的友人(乐观开朗,真心相伴);榜样型友人(去浊扬清,提高自己);与自己朋友圈毫无交集的友人(客观中肯,推心置腹);讲大实话的友人(忠言逆耳,雪中送炭);比你更了解你自己的友人(经受考验,不离不弃)。也有人提出要有五个经典朋友:忘年之交,红粉知己,心情医生,远程朋友,同志你好。

当然,还有许多不同的表述;虽然有说十步之内必有芳草,但这往往是可遇而不可求的,一般不会让一个人都遇到的。所以要主动去寻找有共同点、有相似处、可交流、可交心的人,包括文友、战友、球友、酒友……如俗话所说:物以类聚,人以群分。甚至现在还有一说:基因相似容易成为好友,友谊扎根于人们的基因之中,好朋友之间的脱氧核糖核酸(DNA)有相同之处。

英国社会心理学家罗宾·邓巴认为,朋友群规模和群体大小具有一定的关联性,一个人至多和150人产生有意义的关系。这150个朋友也被称作"邓巴数字";能纳入这个数字范畴的人都与主体有明显的思维相似性。网络交往中的"点赞""评论"与更深层次的友谊不是同一回事;朋友、朋友的朋友,三度四度朋友间的疏密层次也不尽相同,友谊不只是拥有共同的兴趣或网络媒体的勾联点赞,而是与友谊引发的"化学反应"有关,涉及大脑结构基本相似等等。这种"化学反应"有时还会带来或胜过"血浓于水"的效果。

所以既要主动出击呼朋唤友,但又不必太过刻意,有意栽花花不发,无心插柳柳成荫。客观上朋友间也有"七年之痒"的说法,有人就提出过人们每七年会更换一半朋友;这种改变不单单基于个人选择,还受限于见面机会、交往氛围,也许还会因为通过老朋友结识了新朋友等。荷兰社会学家赫拉尔德·莫伦霍斯特对此有过研究,他对 1 007 个从 18 岁到 65 岁的人进行调查;七年后又对其中的 604 人进行回访。结果表明,个人的社交网络的规模一直保持稳定,但网络中有许多是新成员新面孔;七年后在一个特定对象的网络中,约 30% 的谈话伙伴的地位未变,而只有 48% 的人仍然是该网络的一员;不存在网络的萎缩,发现的只是改变、换人!

巴纳姆效应

"你需要别人喜欢并尊重你。

"你有自我批评的倾向。

"你有许多可以成为优势的能力没有发挥出来,同时你也有一些缺点,不过你一般可以克服。

"你与异性交往有些困难,尽管外表上显得很从容,其实你内心焦急不安。

"你有时怀疑自己所作的决定或所做的事是否正确。

"你喜欢生活有点变化,厌恶被人限制。

"你以自己能独立思考而自豪,别人的建议如果没有充分的证据你不会接受。

"你认为在别人面前过于坦率地表露自己是不明智的。

"你有时外向、亲切、好交际,而有时则内向、谨慎、沉默。

"你的有些抱负往往很不现实。"

以上引文庞杂、全面,既怎么样又怎么样,对号入座,是一项套在谁的头上都合适的帽子:生活中的你就是那么优秀、可接受!其实这是心理学家弗拉从星座与人格关系的描述中搜集出的内容、文字,许多语句适用于任何人。

泰勒·巴纳姆是美国上世纪著名的马戏团艺人,他的节目风靡一时,所到之处观者、拥趸如潮;他在评价自己的表演时说,他之所以很受欢迎是因为在节目中包含了每个人都喜欢的成分,所以他使得"每一分钟都有人上当受骗"。

在心理学方面有种现象,当人们用一些带有普遍、含糊不清、广泛性的形容词来描述一个人的时候,这种笼统的、贴标签式的人格描述往往会被认为十分准确地揭示了自己的特点,容易接受这种描述,认为自己就是这样的。在经过多位心理学家实验及证明,这种现象被美国心理学家保罗·米尔在 20 世纪 50 年代用巴纳姆的名字冠之为"巴纳姆效应";而由心理学家弗拉编写的从星座与人格关系中找来的那些语言文字亦被命名为"巴纳姆语句"。

在日常生活中,我们既不可能每时每刻去反省自己,也不可能总把自己放在局外人的地位来观察自己,借助外界信息来认识自己便成为一种可能或可信抑或可取的渠道。加之人的主观验证作用在对自己的评判时会产生影响,要相信一件事,我们总可以找到各种各样支持自己的证据,尤其在以"自我"为重为大为美为正确、总认为自己还有许多潜能待发挥的时候。考虑到人的相同相似基因的关系,每个人的情感、个性方面亦存在着许许多多的共性。特别是在人的情绪处于低落、失意时,失去对生活的控制感、安全感之际,心理上的依赖性需要大为增强,受外界信息暗示的作用更加明显。

正确认识自己,不为外界信息所迷惑,需要学会面对自己,提高收集信息和判断信息的能力,正确有效地对待生活的挫折和考验,虚心向社会、向他人学习,这样才能避免巴纳姆效应,做一个真正的自己。

比伦定律

一个人可以在成功中获得很多收益；但在遭遇失败之时也可以有所裨益，包括获得教训、转机，从这个意义上来说失败也是一种机会，往大里去套，概言之：失败乃是成功之母。

美国考皮尔公司前总裁 F·比伦认为：失败是一种机会。若是你在一年中不曾有过失败的记载，你就未曾勇于尝试各种应该把握的机会。这是著名的比伦定律。不曾有过失败，在一年之间或一个时间段如数月、半载或相对较长的一个时期内，常与成功相伴，一帆风顺，固然可喜，但那些隐寓在失败之间或稍纵即逝的机会就不会与你相遇。

挫折、错误以及失败可以提振人的斗志，走好前行的路，去取得更大更扎实的成功，收获更多想得到的东西。坦言失败不可视之为胆怯、没有出息，因为创业创新创造，可谓长路漫漫，困难困窘困顿无处不在。成败相依，祸福相倚，可以尝试，可以探索，可以试错，可因为失败而招致步履的踉跄、停顿，可以因为跌倒而一身伤一身泥，但更为紧要的是胜不骄败不馁，克服困难，从失败中总结出经验、智慧，提高自己的能力、战斗力。因为往往人在绝境和遇险的时候，会发挥出不寻常的能力。人没有了退路，就会产生一股"爆发力"，这种爆发力即为潜能。人的潜能是多方面的：体能、智能、宗教经验、情绪反应等等；而且由于各种条件、情景的限制，人所发挥的潜能（力）也只是本身具备的很小一部分！

害怕失败而犹豫，小心翼翼、缩手缩脚，不敢越雷池一步，不可取。大凡一个成功人士或成功人生以及一个成功的企业，大都经历过从失败到成功这样的历程。遭遇失败甚至惨败，不必痛不欲生，而需坦然面对，悉心总结，找出原因，寻找机会，采取正确的方法，朝着已定的方向，坚定不移。当然你也可以当逃兵，溃不成军，落荒而去，从此销声匿迹，那么你永远无缘于成功。

不畏艰难，不畏失败，顺应逆境，积蓄力量，逆境出建树！

布里丹毛驴效应

法国哲学家布里丹提出了一个有趣的事例:他养了一头小毛驴,每天向附近的农民购买草料来饲养。一天农民出于对哲学家并且是长期客户的敬重,额外多送了一堆草料。小毛驴站在两堆数量、质量和与它的距离完全相等的干草之间,极其为难。它虽然享有充分的选择自由,但由于两堆干草的品质相等,客观上无法分辨优劣,于是它左看看、右看看,始终无法下决心选择哪一堆。在长久的犹豫之后,竟然在无所适从、无法抉择中活活地饿死了! 这个事例即"布里丹毛驴效应"。

事实也许不存在,因为活人不会被尿憋死,饿极了的毛驴对眼前的食物不会无动于衷;这只是一种抽象的、寓言式的提炼、归纳,说明决策的重要性。倘若左右都不想放弃,不会、不懂决策,始终犹豫不决,迟疑不定,其结果无疑会很糟糕。

布里丹毛驴效应对决策者来说颇具教益。每个人、每个组织或团体在现实社会中经常会面临种种抉择;抉择关系到成败得失,所以不能掉以轻心、草率行事。可以在抉择、决策之前反复比照、权衡利弊,但不是优柔寡断、举棋不定,尤其在复杂的情况下,时间、条件都不允许我们犹豫再三;当机立断,果敢决策才是正确的应对。

决策可以说是个既简单又复杂的过程,关键要明确自己的目标。布里丹的小毛驴需要的是填饱自己的肚子,可以不必多作他想。一个人或组织的决策可能会复杂一些,它可以被当作或成为专门的学问。对一个人来说:决定我们人生的关键不在于所面对的环境,而在于我们决定要如何去面对。对一个组织来说:决策是为了达到一定的目标,从两个或多个可行的方案中选择一个合理方案的分析判断和抉择的过程。其可分为四个主要阶段:找出制定决策的理由;找到可行的行动方案;对诸行动方案进行评价和抉择;对于付诸实施的抉择进行评价。(赫伯特·西蒙)所以说正确、及时的决策难能可贵,它是多种能力的组合,具有复合性,需要一定的洞察能力、分析能力、直觉能力、创新能力、行动能力和意志力等等。

总之,分析问题要冷静,判断问题要准确,处理问题要果断;判断准了立即拍板,黏黏糊糊,会错失机会。不要忘了布里丹毛驴效应。

节约悖论

1936 年英国经济学家约翰·梅纳德·凯恩斯在他的《就业、利息和货币通论》一书中提出了著名的"节约悖论"。根据凯恩斯的国民收入决定理论,消费的变动会引起国民收入同方向变动,储蓄的变动会引起国民收入反方向变动。但根据储蓄变动引起国民收入反方向变动的理论,增加储蓄会减少国民收入,使经济衰退,是恶的;而减少储蓄会增加国民收入,使经济繁荣,是好的。这种矛盾现象被称为"节约悖论",也称为"节俭悖论""节约反论""节约的矛盾"。

凯恩斯认为在社会经济活动中,勤俭节约对个人及家庭来说是一种美德,然而对整个社会来说,节约就意味着减少支出,会造成厂商削减产量,解雇工人,从而减少收入,最终减少储蓄,造成有效需求不足,阻碍经济发展和产量、就业增加。在经济大萧条或不景气的情况下,消费或增加消费就是美德,是"好的";扩大储蓄就是恶行,是"恶的",甚至是"一个特别危险的自我毁灭过程"。

客观地说,在一般情况下,个人或家庭的收入一部分会用于消费,一部分会用于储蓄,而储蓄通过金融机构转到厂商手里,用于增加投资。这是一个方面。另外由于不景气或个人对预期有担忧,困于养老、教育、就医等的压力,会增加自己手中随时可支配的储蓄,包括现金。当然在一些特定的国家,社会福利情况较好的则可少予虑及。所以即便储蓄也要进行辩证的分析。

一个国家对国民收入无非是通过消费、出口、投资"三驾马车"来体现、来拉动;其实还有一个方面,具有很大推进作用的一块:政府购买。产品的质量优良,适应消费者不断渴望提高消费质量、品位等等的需求,供给侧到位,消费自然跟上。供不应求、畅销商品难觅甚至凭预约供应的那种以往的盛况令人激动,所以调整产品结构,培育消费热点,引导和制造这种情况也是厂商的一种热切的愿望(想)。

在一个运转正常的社会环境中,在经济陷入不景气的情况下,消费是刚性的,你的消费会变成别人的收入,别人再去消费或投资,形成一个良性的循环。所以要扩大消费、拉动消费,发挥消费的乘数效应;即便已呈消费疲软的现象,也应在政策扶持、舆论引导等方面加大力度,加大政府投入,增加财政支出,"上山下乡"货找人,给以补贴、奖励等等。毕竟消费制约生产。至于节约,包括储蓄,均既有"悖论"之说,也有发扬其长处、作用的要求,事实上要在看到其两重性的同时,正确处置,就节约而言须适度而为,以人们生活水平总体提高为着眼点;不能也不必去做极端、过分的事。

尼尔伦伯格原则

尼尔伦伯格原则是指：成功的谈判，双方都是胜利者（双赢）。杰勒德·尼尔伦伯格是美国南加州大学心理学博士、美国谈判协会创办人、美国谈判学会会长（1981年），曾为克林顿总统首席谈判顾问，被《华尔街日报》评为"全球八大智者"之一。他认为所谓谈判是"人们为了改变相互关系而交换意见、为了取得一致而相互磋商"的一种行为，是"影响各种人际关系、对参与各方产生持久利益"的一种过程。所以在宽泛的范围来看待、认识谈判，它不仅包括一切正式场合的谈判，而且可以引申到各种"协商"和"交涉"。他把自己于1968年出版的著作《谈判的艺术》视为：提出了一个处理各种人际关系、企业间关系和政府间关系的包罗万象的体系。

谈判的定义最为简单，只要人们是为了改变相互关系而交换观点，只要人们是为了取得一致而磋商协议，只要是为了满足人的需要，他们就是在进行谈判。任何问题都是可以谈判的。而不同的需要、不同的场合和不同的适用方法相结合，就会产生千变万化的谈判策略，而要做到"双赢"的尼尔伦伯格原则却是要下点功夫的。至少要把握三个要点：一、谈判要达成一个明智的协议；二、谈判方式必须有效率；三、谈判应该可以改进至少不会伤害谈判各方的关系。这样的谈判是一个双方协调、互动、达到共同目标的过程，其中要秉持：双方都赢，双方关心对方的目标；双方对事不对人；双方信任对方会守信用；双方都有希望能再合作的理念。当然会有许多方法和策略对谈判成功有促进作用，而最重要的是在不损害自身利益的前提下，可以拿出一些有利于对方的东西来。

如果在谈判中，太过张狂、太过贪心、太过专制，恃强凌弱，合则纳之，不合则废，总想自己得利、得势、得到，往往就会僵持甚至破裂，如同水火，势不两立。谈判的每一方，都有其希望得到满足的各种直接和间接的需要，考虑到对方的需要，谈判就可能取得成功；忽视这些需要，把谈判当作一场一方全赢、一方全输的博弈，是不会有好的结局的。

需要和对需要的满足是谈判的共同基础。知己知彼,自知知人,做足功课,理性、合作,有效开展谈判,方能渐入佳境。其中合作的意愿和努力必不可少,采取"合作的利己主义",把彼此相应的利益引入共同愿望的渠道,朝着共同的目标,追求共同的利益和需求,求大同存小异,才能靠近成功,最终获得双赢。无论个人之间、组织之间甚至国家之间,尽管层次悬殊,但它们之间的谈判却一样都需要照此去做,如此才能和谐、共进。

一场成功的谈判,每一方都是胜者。

弗洛斯特法则

　　规则意识很重要,讲规则,有规则,用规则,按规则办事,将其视若绳墨、尺矱,可以助事、成事,走向康庄大道。

　　先说说弗洛斯特法则:在筑墙之前应该知道把什么圈出去,把什么圈进来。这位美国著名思想家 W·P·弗洛斯特先生认为:要筑一堵墙,首先要明晰筑墙的范围,把那些真正属于自己的东西圈进来,予以收纳;把那些不属于自己的东西圈出去,却之墙外。实际上在做任何事情之前,都要有一个清晰明了的界定,什么能做,什么不能做;接受什么,拒绝什么;界限为何,底线为何;做人如此,做企业也同样如此。我们要知道自己的实际情况,适合做什么,不适合做什么;什么都要做,什么都要尝试;只看到好的一面、盲目跟风,剃头挑子一头热,往往会遭受挫折,带来损失或失败。

　　学业、事业,创业、守业,但凡一切与人有关的业务、事项,尤其是理财(股票)、企业管理(特别是战略定位、产品定位)等,都要识得弗洛斯特法则,并由其把控,该干什么,不该干什么,心中要有底;只有一开始就明确界限,到后来就不会做出令人后悔的事。仔细想想,过去、现在或在我们的周围,验证这个法则的例子还少吗!所以就如黑格尔说的那样:一个志在有大成就者,他必须如歌德所说:知道限制自己。反之,那些什么事都想做的人,其实什么事都不能做(做不成),而终归于失败。

　　说一下"规则意识"。事事有规矩,处处讲规矩,没有规矩不成方圆;有界限在那里,泾渭分明,无论于个人、社会,总归是好事。这方面欧洲人的规则意识值得钦佩、借鉴。如在巴黎乘公交车或坐地铁,你会发现在宽大明亮的车窗玻璃之间的细窄窗框上,大多镶嵌着一条金属告示牌,上面用简单的法文写着:"作为乘客,你可以在乘车时根据你自己的意愿选择开车窗或关车窗;但当乘客之间就开关窗产生分歧时,请以关窗为优先。"其实不止巴黎,也不止公交地铁,法国所有的公共交通工具,从蒙马特高地的观光缆车到城际高速列车,窗框上都有这种提示牌。规则、界限明明白白地放在那里,一切都照办,一切都好办,自然相安无事,皆大欢喜,这就是讲规矩的好处。联想在我们的生活中,就因关窗、开窗而引发的纠纷、矛盾有过多少,酿成祸事也常有见闻。

他们对于办事的规范、程序、步骤都有清晰甚至刻板的执着,探明细节,不留含糊。有位学者一次在家中请一对外国同行夫妇吃饺子,客人对调料汁极为赞赏,要学习并带回家去做。主人说:很简单,花椒大料水煮取汁,再加上陈醋、生抽、芝麻油即可。女客人是旅法英国人,著名的历史学家,她立即取出记事本问:花椒、大料各多少克? 加水多少? 煮沸后什么火候? 继续煮多少时间? 陈醋、生抽、芝麻油的比例是多少? 主人顿时语塞。其实这也证明了欧洲人的规则意识。

目标法则

美国的马克斯韦尔·莫尔兹在他的畅销书《人生的支柱》中说道:"每个人都是目标的追求者,一旦达到目标,第二天就必须为未来的第二个目标动身起程……人生就是要我们起跑、飞奔,不断规划未来,全力以赴。"

美国大佬、股神巴菲特很早就有这样的雄心大志,立下宏愿(属目标一类):钱可以让我独立,然后,我就可以用我的一生去做我想做的事情。为此他拟定了三步目标法:(1)清晰的目标;(2)用尽一切办法去完成;(3)在其过程中不断提升自己的认知,检验认知,吸取成功的经验,反思失败的教训。沃尔玛老板山姆·沃尔顿强调:我相信永远要有目标,而且永远要设置目标。所以在他创业的一生中,尝试新的可能性;总是在寻找非传统的供应商和货物来源;不满足于现状,尝试每一样新鲜玩意。这家于1962年成立于美国阿肯色州的商店于今发展为世界最大的连锁零售企业,在全球超过27个国家或地区开设了超过10 000家商场,下设69个品牌,全球员工总数230万,每周光顾沃尔玛的顾客达2亿人次;2019年《财富》世界500强排行榜发布,沃尔玛位列第一。可以说,梦想、目标、坚持使人成功,榜样如上。

所谓的目标法则就是指设定一个目标,一直坚持下去不动摇,不受干扰。成功人士都有一种能力,他们能在相同的时间里,完成比别人更多的工作,因为他们有明确的目标,清晰的计划,安排有序的日程,也就是遵从、实践了"目标越清楚,成就越显著"的规则,这使他们可以持续不断地对时间进行最有价值的利用,投入产出比不断趋高提振。

生活的重要目标之一是追求自我实现、快乐、幸福、满足感以及让自己感到兴奋的事与物。在思考、梦想、行动之先,必须拟定计划,计划就是目标,它定义了我们的期许和渴望。当然目标或计划要适合自己,不能不着边际,好高骛远。

目标的制定和管理要把握:明确性、衡量性、可接受性、实际性、时限性(此五性按英语每个词的第一个字母排列为：SMART）。要有核心目标，也要使目标具体化，包括目标、分解、期限、落实、清单、行动、检验等步骤、环节；要找到并消除实现目标的最大障碍，找到可以帮助我们达成目标的人；要切割分解目标，落实计划安排，分阶段分步骤，有时间节点，不拖拉延缓。因为成功就是这样过来的，持续不断地达成小目标，积小胜为大胜，冀望毕其功于一役既不现实也无可能。

尽管我们成不了前面提到过的巴菲特、山姆·沃尔顿那样的大人物，但是目标、计划可以使我们发展：成事、成功、成长。尽可能地释放出自己的潜能、进取心、判断力、想象力、执行力，即使在走向成功的路上遭险遇难，也要坚定信念，不改初衷，认定目标，愈挫愈勇，不到长城非好汉！

电车难题

电车难题的版本有多个。1967 年由英国哲学家菲利帕·福特首次提出：一个疯子把五个无辜的人绑在电车轨道上，一辆失控的电车朝他们驶来，片刻之后就要压碾他们。这时，你可以拉动一个拉杆，让电车开到另一条轨道上，然而问题在于，那个疯子在另一条电车轨道上也绑了一个人。你怎么办？见死不救，让五个人死亡？还是拉了拉杆，救了五人，让另外轨道上的一人去死？除上述说法之外，用得较多的另一个版本为：你站在天桥上，发现天桥下面的电车刹车失灵了，而前方轨道上有五个正在工作的人，他们毫不知情；而一个体格肥硕的路人正站在你的身边，你发现他的体重足以挡住电车，让电车出轨不至于撞上那五个人。你怎么选择？

电车难题源自伯纳德·威廉姆斯提出的枪决原住民问题：让与事无关者选择让已被判死刑的 20 人去死，还是由其动手杀 1 人而放过其他 19 人。

菲利帕·福特以及哈佛大学的迈克尔·桑德尔教授用"电车难题"批判的是伦理哲学中的主要理论，如英国哲学家边沁提倡的"功利主义哲学"所强调的"为最多人谋求最大的利益"。如果按功利主义的观点决策，应当是杀死一人拯救五个人，而功利主义的批判者认为：一旦拉了拉杆，你就成为不道德行为的同谋者，要为另一个死去的人负部分责任；生命无价，没有人有权力、也没有人有能力去比较五个人与一个人的价值。然而还有别的说法：身处如此环境便要求你有所决断，你的不作为将会是同样的不道德。总之，这时这里不存在完全的道德行为。

现多用电车难题作为例子来表示，现实生活中客观存在强迫 1 个人违背自己的道德准则，而往往处在一个没有完全符合道德做法的环境之中。

这的确是个难题，用于思想实验，或用于伦理方面都是。所以自其被提出后，就反复被应用，反复遇争论。不同的人，必然会作出不同的选择。道德不仅是个人的选择，还存在着群体的选择，这种个人与群体的道德的合理性应如何对待？尤其当个人身处极端环境的时候,并不存在能让所有人认同的道德、公理。

有人说遇此可用社会排序优先原则,其中孰先孰后的排序其实也体现了轻重之分;而亦可以把"电车难题"看作不存在轻重先后的选择,那只能形成共识(公识):不能无谓地或居高临下地评判。就如有学者提出的那样,如果认为应当拉动拉杆,那么拉动拉杆就是道德的;如果认为不应该拉动拉杆,那么不拉动拉杆就是道德的;如果社会的共识是把决定权交给当事人,让他根据当时具体情况灵活处置,那么,无论他怎么做,都是道德的。(作家钱宁)

当然,不要遇上这种要命的选择和取舍为好!

对话守则

捷克曾经风行过一份简明扼要的《对话守则》，由瓦茨拉夫·哈维尔等人撰写。全文如下：

（1）对话的目的是寻求真理，不是为了斗争；

（2）不做人身攻击；

（3）保持主题；

（4）辩论时要用证据；

（5）不要坚持错误不改；

（6）要分清对话与只准自己讲话的区别；

（7）对话要有记录；

（8）尽量理解对方。

这个《对话守则》具有充分理由的约束，虽然偏重于道德层面；它可以指导人的行事处世，而不仅仅专指对话。虽然你可以自己去做，但你却难以让人去做或做好（到）。因为其具有操作性、指导性，蕴含充沛的逻辑力量，所以流传开来，走出国门，漂洋过海，成为一种充满睿智的人生诠释，为大众所接受。

想想也真是的，对话不是斗争，输赢会有但不是必要的，对话中可以使人长进，求得共识。因为是对话，平等以待，便可以避免去作人身攻击。人身攻击你来我往，面红耳赤，恶语相向，一吐为快，甚至面目狰狞，置对方于死地而后快；尤其在互联网时代搞"人肉搜索""水军"群起而攻之的那一套更不足取。那样都于事无补。对话不可以跑题，满嘴跑火车，离题万里，违背主旨，只要占着话语权，让人无法应对置喙。以证据来证明观点，服务主题，说服对方，让其心悦诚服，这是对话的最佳方式和效果。不要固执己见，明明错了，死扛硬顶，僵持在那里，没有气量和风度。对话不是一方的权利，让人讲话天塌不下来，不让人讲话，道理也不是你的；以势压人，有效果但也有限。对话需要诚信，说话认账，不搞文过饰非甚至推倒重来，秋后算账;做到尽量理解对方,有善意,不揣摩,更不臆断、曲解他人。凡此种种,说说容易做起来难;所以简要的《对话守则》并不简单。

在生活中,在事业中,在社会上,开会、议事、对话,尤其是对话可以说天天碰上。世界之大决无一人可成之事业,所以少不了沟通、合作、共事,那就离不开对话。平等是对话的前提,即便有着上下级或伙伴等等的种种关系,也同样如此。盛气凌人,处事霸凌,恃强凌弱;口无遮拦,口不择言,口出狂言;或虚与委蛇,设圈套下绊子,陷人于困境及重挫,既不可取亦遭人唾弃。以《对话守则》来明识,既指导自己又识得他人;自己照着去做,也希望别人如此。有理不在声高,相互尊重,不在冲动的时候作重要的决定;若对话的另一方不投缘、不投机,说不到一块去或者蛮横不讲理,无法忍受,那么退避三舍,就此别过。

《对话守则》可以祛愚睿智,可以促进公开、公平、公正,可以作为人生的准则、座右铭。

撰写者哈维尔曾经是作家,也做过大官,于 2011 年去世。

代　沟

代沟是真实存在的,它指的是年轻一代与老一代在思想方法、价值观念、生活态度、兴趣爱好等诸多方面存在的心理距离和心理隔阂。美国人类学家玛格丽特·米德在 20 世纪 60 年代末提出了代沟的概念,并认为代沟从来就不是一个单纯的生物学概念,而是一个社会文化概念。共同经历重大的社会历史事件,分享类似的社会经验并因此形成相似的价值观、文化态度、审美情趣、生活方式的群体,才能称为同代人。而代沟代表了文化价值观、行为方式和生活方式的差异和隔膜。

代沟的产生有客观原因,根据"弗林效应",近一百年以来,全世界人的智商在变得越来越高。以美国为例,平均每年智商上升 0.3 个点,已经持续了五十年。如果一百年前的一个普通美国人穿越到今天,其智商比今天的美国普通人低 30 个点,基本上是弱智。而智商只是可以测试的指标,重要的是想用它来反映智力,特别是通用智力(简称"g");如果一个人做某件事挺不错,做其他事则不行,那他只是擅长做某件事而已;但如果他做什么都行,那么他就比较聪明,"g"值就高。弗林认为智商提升对应着人们抽象能力的提升。年龄层面上相差 50 岁、30 岁之距的人们,前者自然习惯具象,较少抽象;后者则习惯并熟练使用抽象思维。就生活环境而言,如今的年轻一代处在一个物质文化、消费文化和科技文化高度发达的社会,接触到的事物、信息、媒介不仅不同于以往,而且日新月异,网络、穿越、二次元、虚拟世界等等多元的社会、多样化的选择,差异和距离巨大又明显。我们曾经熟悉而喜爱的经典电影、文学作品在他们的眼中实在是太过幼稚,而他们热衷的东西我们也一时难以接受,"看不懂"!

这里既有代际的认知能力差别,又有经济文化生活基础不尽相同以及因经历不同而形成的代际记忆差异等等的原因。客观上,"每个特定时代的群体都要受到特定历史时期的总体态势和核心经验的激发和影响,不管欢喜与否,一个人总是和他的同辈人共享特定的信念、态度、看待世界的视野、社会价值、阐释模式等等"。

（德国学者阿莱达·阿斯曼）这个事实去不掉，改不了。所以无论于前于今于后，对于事实上存在的代沟、各代之间的问题需要尊重和理解，以及沟通，缩小矛盾，互相体谅，找到共同点，接纳、交流、融和、互补，尽可能相互欣赏，而避免相互指责、排斥，甚至互为丘壑、视若仇敌。

切切不可固执己见，有优越感，鄙视上一两代人，以为他人是弱智；而在下一两代人那里教育别人。同样对上一两代人要好一些，智商差异或生存环境的不同客观存在，是无法避免的；对下一两代人要尊重，不要去教他人怎么做人，他们的智商更高！即便有话也要好好说。

生物节律

生物钟已为大多数人所知晓，它又称：生理钟是生物体内的一种无形的"时钟"；实际上是生物体生命活动的一种周期性的内在的节律性，由生物体内的时间结构所决定。由生物钟引发的学说是一门跨学科科学：数学、物理学、生物学、医学保健学及劳动组织诸多领域都与其相关，而生物钟的中心概念是生物节律。

生物节律（亦称生物钟）是一种十分奇特的机制，它可以帮助人适应不断变化的情况。在日常生活中，人往往有时体力充沛，情绪饱满，精神焕发；而有时却又浑身疲乏，情绪低落，精神委顿。这两种情况会出现在同一人身上，要归结于对人的自我感觉影响最大的三个因素——体力、情绪和智力。而这三者的变化是有规律的，这个规律自人的诞生到离开世界没有丝毫变化，不受后天影响，这就是人的生物节律，也称"生物三节律"。

这种基本节律在 19 世纪末分别由德国科学家威廉·弗莱斯和奥地利心理学家赫尔曼·斯瓦波特提出来的。弗莱斯他研究解释了患病的症状在一些人身上出现要比另一些人晚的原因；赫尔曼·斯瓦波特则提出为什么一些梦、念头和恐惧出现的格局、情形似乎与人的生日相关，经过长期的临床观察，他揭开了其中的奥秘：在病人的病症、情感以及行为的起伏中，存在着一个以 23 天为周期的体力盛衰和以 28 天为周期的情绪波动。二十年后奥地利的阿尔弗雷特·泰尔其尔教授在研究数百名学生的考试成绩后，发现人的智力是以 33 天为周期，到了 20 世纪中叶，生物学家根据生物体存在周期性循环节律活动的事实，创造和提出了生物钟一词和学说。

有周期自然有运行的规则，也就有同一周期中的高潮、临界、低潮的三个阶段；充分利用生物节律周期，处高潮期时多学多做多争取出成绩，处低潮期和临界期时则注意调适，劳逸结合，如轮流学习不同的内容、知识、业务，提高工作和学习的效率；如把握一个有规律的睡眠时间表，这与生物钟有关，它控制着人的身体的激素、体温、饮食、消化和睡眠觉醒周期;根据天时地利人和的原则,该干什么干什么,干好什么,在最好的时机做适宜的事,无论学习、工作、生活、锻炼、治病、养生。

在生物钟、生物节律方面,除了知晓和用好它所带来或具有的"提示时间、提示事件、维持状态和禁止功能"四大功能外,还要着眼长远,坚持做到顺应、保养。

白熊效应

美国哈佛大学社会心理学家丹尼尔·魏格纳通过一个实验,提出了"白熊效应"。他要求参与实验的人尝试不要去想象一只白色的熊,结果参与的人们思维出现强烈的反弹,很快在脑海中浮现出一只白熊的形象。这个"白熊效应"又称白象效应、反弹效应。其实不管别人刻意地让你不要去想什么,越不准,越要试,越想忘掉,越记得牢。

魏格纳的"白熊效应"揭示了客观存在的现象及其内在:当人们在刻意转移注意力时,思维也开始出现无意识的"自主监视"作为,监视自己是否还在想不应该想的事情,使我们无法从根本上放弃对事物的关注。也就是说当我们被告之不要去做什么的时候,我们的注意力就已经成功地"扎根"、投注在了不要去做的事情上了。这方面的事例很多,如某人惨遭失败或严重挫折、投资泡汤、竞争失利,往往说失败是成功之母,应该奋起直追,重新再来,但总会有人沉溺于悲观悲伤之中,不能自拔。如一个失恋的人想努力忘却伤害了自己的人,但头脑中关于对方的形象却越发清晰,热恋时节的场景、片段历历在目,内心又苦又涩又恨又悔,滋味百般。如遭逢失眠,努力地不去想过去、现在、将来的诸多事,结果反而乱糟糟、众多记忆浮现在脑海之中,如同电影"蒙太奇"不断翻片,使得整个人平静不下来,益发兴奋,尽管"数羊"、调整呼吸,但终归不起作用。如失去亲人会使人产生无助和孤独感,感情脆弱,无所适从,不知如何安排自己的生活,也不知如何从悲怆中走出来,回忆、悲伤成了生活的大部分。尽管有别人的劝说,自己在清醒的时候也意识到如此这样不妥当,但事实上很难做到。越是不想、不愿回忆的痛苦,却越不能释怀,驱之不去,越发会去回想、记忆。

如何对待这种"白熊(白象)效应"?破解这种困境只能采取诸如顺其自然、转移视线焦点、接受新的事物、改变环境等等方法或途径。在旁人的帮忙下,在自己的努力下,把注意力投放到自己日常应该做的事情上来,既不要过多地沉湎往事,也不必刻意地迫使自己忘掉某些事情,过好正常的生活,尽可能地忘却不愉快甚至痛苦的回忆,让新事物、新感受进入自己的生活、工作中来。

"白熊效应"体现了"反弹",但不是"逆反心理",两者还是存在不同之处,虽然都是获得与原本告知相反的结果,但前者受众的主观是愿意接受、实行指令的;但由于思维、心理方面的原因,客观上无法做到,而后者则是受众自身抵触,不接受指令。

米其林效应

1889 年,年迈的法国人巴比尔·米其林将自己的农机厂交给长年跟着自己打下手的长孙爱德华·米其林;爱德华又找来兄弟安德鲁·米其林入伙,正式把工厂取名米其林公司。公司专事生产轮胎,从自行车轮胎到轿车轮胎,并创造了一个由许多轮胎组成的"米其林轮胎人——必比登",成为公司鲜明的象征。在长期不懈地经过科研、生产、市场诸多方面的努力,公司产品遍布全球,并在产品和服务方面屡屡创造第一,成为世界 500 强公司,2017 年销售收入约人民币 1 719 亿元。

1900 年米其林轮胎的创办人独辟蹊径,跨界创新,出版了一本供旅客在旅途中选择餐厅的指南,即《米其林指南》,以后每年翻新推出新的指南,此举居然产生了一个历史悠久的专门评点餐饮行业的法国权威鉴定机构。它的指南被美食家奉为至宝,被誉为欧洲的美食圣经。后来它开始每年为法国的餐馆评定星级。《米其林指南》一贯奉行极为严格的管理,如有四条原则:

(1)隐瞒身份亲临餐馆或者酒店用餐、住宿,品评打分;

(2)保证出现在指南上的任何一家的餐馆、酒店都经过精心挑选;

(3)由己方支付账单;

(4)每年更新指南,保证信息的确定性。

名声在外,趋之者众。在 20 世纪末叶,《米其林指南》对餐馆、酒家的评选范围从法国扩大到了整个欧洲,神秘的米其林监察员的足迹踏遍欧洲。如今《米其林指南》涉足美洲、亚洲。中国就有五个城市有入录《米其林指南》的餐馆,分别为香港、澳门、台北、上海及广州。名列《米其林指南》的餐馆至少要先获得"一副刀叉"的标记,从最高的五副到一副不等表明餐馆的舒适度,其根据硬件设施、服务、清洁程度和周围环境的维护来评定。有的餐馆前有一个米其林轮胎人头像,作为"必比登"推介,表明这家餐馆价廉物美。在此基础上的评选,才是米其林星级,从一颗星到三颗星,主要针对的是烹饪水准。一颗星表示是同类饮食风格中特别优秀的餐馆;

两颗星餐馆的厨艺非常高明,值得你绕道前往;三颗星的餐馆则有令人终生不忘的美味,值得你打"飞的"前去用餐;这样的餐馆须经过数年观察才能获此殊荣。

　　由轮胎公司所提供的服务而引出、形成厨艺界的权威评判(现如今三星餐馆就是厨艺界的最高荣誉),实在是靠着认真、公正、严格的服务,及把关才能做到并能保持长久;顾客至上,服务至上,不是说说而已的。《米其林指南》带给我们的思索可以很多、很多。

米格—25 效应

米格—25 喷气式战斗机是 20 世纪 60 年代苏联米高扬设计局研制的高空高速截击战斗机,是当时世界上首款最大飞行速度超过 3 马赫的战斗机;在升降、速度、应急反应等方面均为当时世界一流;该机的整体性能达到甚至超过美国等其他国家同期生产的战斗机。

1976 年,苏联功勋飞行员维克托·别连科驾驶了一架米格—25 叛逃日本。美国如获至宝,派出 200 名飞机制造、武器装备、电子、冶金和空气动力学等方面的专家,赶到日本,不顾苏联政府的强烈抗议,肢解了米格—25。令人吃惊的是该机根本没有应用什么神奇的高科技,飞机的材料、零部件都很普通,有些技术还很落后;飞机的主要机体居然是由笨重的钢材(70%不锈钢)制成,里面的电子管水平甚至比不上美国即将退役飞机上的电子管。但是这架飞机的整体组合做得非常好,也就是说苏联的工程师们用一堆个体性能一般的零部件组成了整体性能优秀的战机。

这种现象即被称之为米格—25 效应。当时的苏联因为生产工艺水平的限制,许多零部件的制作水准都差于美国。造成这种现象的原因是米格—25 在设计时从整体考虑,对各零部件进行了更为合理、更为协调的组合设计,因而产生了令人意想不到的效果。

个体未必最佳,却可以达到或产生整体最佳的效果;个体全部优秀或甚佳而往往有时却达不到理想或预期的效果。这说明内部结构的合理与否,对整体功能的发挥关系极大,结构、组合合理了,整体大于部分之和的效应(效果);内部结构不合理,整体的功能就会变小、变弱,甚至出现负值。只要能够整合好既有的资源、技术,同样能够达到优异的效果,飞机是这样的,人也是这样。

米格—25 效应告诉我们,无论是制造或管理还是其他什么,首先是要明确要求、目标、方向,严格管控各个环节、部位;重视和体现整体策划、构思、设计的重要性、有效性;抓好组装、集成的严谨、细致和合理性,以结果为导向,全程保质保量。在其整个过程中,适度简化程序,缩小管理半径;不浮夸、不讲排场,适用就好,无需一味的优秀叠加,合适的零部件、合适的位置、合适的人即可。

米格—25还告诉我们,牵头的人(包括设计者、管理者)很重要;头脑很重要,思路决定出路!

齐加尼克效应

齐加尼克效应指的是因工作压力导致的心理上的紧张状态。这种状态源自对某项未完成的工作不忍丢下而表现出更大热情的现象,欲罢不能。

齐加尼克是法国心理学家,他曾经做过一个实验:将自愿受试者分成两组,让他们去完成20项工作。在实验过程中,齐加尼克对其中一组的受试者进行干扰,使之无法继续工作而不能完成任务;对另一组则让他们顺利完成全部任务。实验得到了不同的结果,虽然所有受试者在接受任务时都显出一种紧张状态,但顺利完成任务者,紧张状态随之结束;而未能完成任务者,紧张状态持续存在,他们的思绪总被那些未完成的任务所困扰,心理上的紧张压力难以消弭。实验证明了一个人在接受一项工作时,会产生一定的紧张心理,只有任务完成,紧张才会解除。如果任务没有完成,则紧张持续不变,这就是齐加尼克效应的内在和由来。

时下,整个社会及人们的工作节奏加快,心理负荷加重,随着科学技术的发展和知识信息量的爆炸,挑战和工作带来的紧张状态持续存在、有增无减,压力客观存在。我们常说压力变动力,这只是指有限的(部分)良性压力,可以使人振作、振奋,增加工作的驱动力;更多存在的却是使我们感到自己无力控制的事物及其带来的压力。对于快节奏的工作处理不当或不能适应,便会产生紧迫感、压力感和焦虑感;带来头痛、头昏、失眠、记忆力衰退等状况,久而久之诱发身心疾病。所以有效及时缓解心理、精神、体力上的紧张状态是现代人尤其是都市人、"白领"阶层自我保健的一项重要内容。

美国医生鲁斯·门罗认为克服齐加尼克效应的诀窍在于找到一种方法,让人们感到自己拥有某种程度的控制力,采取一些貌似无意义的行为打破持续不断的齐加尼克效应的循环。此类手段有助于将压力导向可资利用的水平,在这个水平上,人们获得控制感,将不良压力转变为良性压力。做到松紧相间、张弛有度,尤其注重自我放松,通过自我暗示(由本人的认知、言语、思维等心理活动来调节和改变身心状态的心理过程），减负减压，调整调适。同时要提高工作效率，不拖拉，不打疲劳仗，分清主次，明确阶段目标或者采取番茄工作法等。在平时加强体育锻炼，培养兴趣爱好，用好闲暇时间，采取一切有效的休息方式，松绑松弛，换心情换活法。

其实齐加尼克效应可以适度存在，让人保持一定的压力、热情，在工作和学习中，激发好奇心，制造悬念，培养兴趣、爱好，拓宽思路，活跃思维，留有想象空间；发扬钻研精神，养成好的做法和习惯。事物具有两面性，效应往往也如此；运用之妙，存乎一心，要的是恰如其分，恰到好处；而不是弄巧成拙，适得其反。

齐加尼克效应与紫格尼克效应有相似之处，各得其妙。

共　情

共情也被称为神入、同理心，又译作同感、投情等，由美国心理学家卡尔·罗杰斯(1902—1987年)提出。他指出："共情是指体验他人内心世界的能力。"作为人本主义心理学的创始人、曾经的美国心理学会主席的他，长期从事心理咨询和治疗的实践、研究，主张"以当事人为中心"的心理治疗方法，强调人具有自我调整以恢复心理健康的能力。

共情通常是在人与人交往中发生的一种积极的感觉力量，可分广义、狭义两种，广义是指所有人际场合中产生的设身处地为他人着想的能力；狭义指的是人与人的交流。广义从狭义引发而来。共情的特点是：把我当作你，设身处地，将心比心，感同身受。当事人(一般指咨询师、被求助者)借助求助者的言行，深入对方内心去体验他的情感、思维；借助知识和经验，把握求助者的体验与他的经历和人格之间的联系，更好地理解问题的实质；运用自己的咨询技巧，把自己的共情传达给求助者，以影响对方并取得反馈。共情也称同理心，同理心的发生有四个过程：(1)倾听自己的感受；(2)表达它；(3)体会他人的感受；(4)并与之共鸣。其实过程可以有先后，但要求及效果必须让求助者感到被理解、被接纳，感到愉快、满足，积极投入交流；而绝不能让求助者觉得不被理解，没受关心，失望，受到伤害，被批评，停止表达，影响自我探索；而自我探索是求助者进步、成长、获益的重要一环。在整个过程中当事人要对求助者的特点、文化背景、基本情况尽可能了解掌握；运用躯体语言，如目光、表情、姿势、动作、声音、语调，适度、择机、因人而异地把握角色、进入角色、转换角色，验证修正，取得互动的良好效果。

共情不等于简单的说教、廉价的共情、无底线的比惨，需要的是：觉察、接纳、传递。学会换位思考，学会倾听，表达尊重(包括尊重对方个性及能力，接纳对方信念及选择、决定，善意理解对方的观点及行为，公允和缓地表达自己的不同观点，不作价值判断)等等。只有这样才算体现了共情能力，即真正设身处地体验他人处境，从而达到感受和理解他人情感的能力。共情能力意味着超过自身的自恋去理解别人的自恋。

共情也不等同于同情。真正站在对方的角度去思考和体会对方的内心世界，认同和理解对方的内心与感受，促进人际关系的联系、和谐。生活中少不了共情，共情有助于发展：爱心、利他、宽容、合作、尊重、善解人意等人格品质。共情能力是情商的重要组成部分，在丹尼尔·戈尔曼（"情商之父"，《情商》一书作者，此书销出一千万册）的眼中：共情，是情商的核心力量，也是人类天生的能力。

关于共情的理论由罗杰斯阐发，却越来越多地出现在现代精神分析学者的著作中，不管是人性观还是心理失调的理论以及治疗方法似乎都极为对立的两个理论流派，却在对共情的理解和实用上，逐步趋于一致。共情似乎为现代精神分析与人本主义的融合搭起了一座桥梁。至于广义的共情传扬和运用更为宽泛，涉及人生、社会及各个领域，由美国学者亚瑟·乔拉米卡利和凯瑟琳·柯茜所著的《共情的力量》，则从诚实、谦逊、接纳、宽容、感恩、信念、希望和宽恕等八个方面来解读了共情的力量和技巧，给人以厚重的知识滋养。

还可以说说共情的阴暗面或缺乏共情能力对生活、人生的糟糕影响。"黑暗三角人格"就是其中一种，其特点为：（1）自恋、自私、虚荣，以自我为中心；（2）权术主义，表现为喜欢冷酷地欺骗和操纵；（3）反社会人格，表现为情绪冷漠而缺少变化，有强烈的进攻性，知过而不思悔改，无羞耻心，动机大多受偶然动机、情绪冲动所驱使，缺乏计划。在这种人格的掌控下，就容易出现"共情腐蚀"。共情腐蚀的一个原因便在于人产生了激烈的情绪，比如强烈的愤恨、复仇的欲望、盲目的怒火，或是保护的冲动；这些可以说是稍纵即逝的情绪。从理论上说由它们引起的共情腐蚀也是可逆的，然而更为可怕的或说更要提防的是某些心理特征，恶亦可以被认作共情腐蚀。从这点上看，共情腐蚀带来和包括了种种的恶行、恶德、丑恶、罪恶，那种把其他人当作物品、以物品来对待，是一个人对另外一个人所做的最糟糕的事情之一，因为你忽略了他的主观体验、想法和感受。应该说这方面的事例古今中外是很多的。

列文定理

"那些犹豫着迟迟不能作出计划的人,通常是因为对自己的能力没有把握。"这是法国管理学家 P·列文提出的"列文定理"。

所谓计划指的是谋划如何使用我们的时间、资源和精力,以便实现我们期望的事物。它与需要、目标、决策等密切相关。计划使我们的思想和行动具体化,期望做什么,什么时候做好,谁去做什么事以及如何去做。对于任何一个组织、企业而言,计划是现实的开端。

当然作计划需要瞻前顾后看现在,但对于一味犹犹豫豫、迟疑不决,作不出决断、下不了决心制定计划、执行计划的要作原因分析:是能力关系还是信息资料情况不明,抑或怕犯错、走弯路,还是其他别的什么。

决策者需要多少信息才算够用,很难给出一个具体的指数、标准,太少固然不行,但任何时候总也不会得到 100%所需的资料;在大部分相关资料到手之日,你也许就会发现自己只能听凭收益递减规律的摆布了。至于能力它是一个可以通过锻炼、实践提高的客观实在之物,提高是一个过程,认定方向,学习、借鉴、历练,总结、扬弃,积累经验,开阔眼界,提升格局;另外还可以借助他人的智慧,"外脑",当断则断。犯错受挫走弯路是一个人或组织、企业在成长中的必经之途;错误的决定或计划总比没有计划、决定要来得好。犯了错的话可以弄清楚情况,找出原因,汲取教训,重新行动。避免那种脑子是清楚的,但简单问题复杂化,忧虑、疑虑、焦虑,行动迟缓,或不想动、不愿动,僵硬麻木,过过小日子的想法。至于看不清形势、趋势,根本缺少应对能力的则又另当别论了。

作为掌舵人分析问题要冷静,判断问题要准确,处理问题要果断。判断准了立即拍板;黏黏糊糊,必定丧失机会。有杰出的计划才能有杰出的执行。如若没能力去筹划、决策,等着他的是一事无成,丧失机遇,与成功无缘,在以后的日子里如果不能奋起直追的话,那只能去后悔了。

说到列文定理,可以再说说韦奇定理,这是出自美国洛杉矶加州大学经济学家伊渥·韦奇的一则定理:即使你已有了主见,但如果有 10 个朋友看法与你相反,你就很难不动摇。两个定理,一个下不了决心,一个是(可能)会动摇。决策往往需要情况明了,有自信,既然已下决心,就不能让别人的意见左右你。当周围的人为你作种种考虑,当然可以视为在给你创造各种条件,而你必须持有完全属于自己的看法、想法,坚持自己的主张、主见。因为决断不是由多数人来作出的,多数人的意见要听,但作出决断的只能是你自己。这里既要避免刚愎自用又要防止盲目从众,做到不固执己见、不听不进、容不下建议、意见,又要不被众说纷纭所干扰、影响,招致动摇、放弃。吸纳、改进、完善目标,以自信、定力、决心,坚持下去,才是正道。

没有能力,没有行动而后悔,与已有决断,又遭放弃、带来后悔,一样可惜。

权威效应

说话的人如果地位够高，有十足的威信、威望，普遍受人尊敬、敬重，那么他所说的话就会顶用，不说一言九鼎，至少让人重视，并且相信，当一回事；这种情况就是权威效应。

美国有一位心理学家做过一个实验，他在给某大学心理学系的学生们讲课时，向学生介绍了一位从外校请来的德语老师，说这位德语老师是从德国来的著名的化学家。而这位名叫施米特的博士、化学家煞有介事地拿出一个装有蒸馏水的瓶子，说这是他新发现的一种化学物质，有点气味，请在座的学生闻到气味时就举手。结果多数学生都举起了手。对于本来就没有气味的蒸馏水，为什么多数学生都认为有气味而举手呢？这其中就显示了上面（文首）所说的一种普遍存在的社会心理现象——"权威效应"。

权威效应又被称为"权威暗示效应"，其中所寓之意乃是人们相信权威，"人贵言重"，认为他的正确，附和跟从会带来安全感，增加不出差错的保险系数。而在借助权威的名声、势力去推动、强化或拔高某种事物的过程中，权威效应应用得好与差，可以说反差很大。在社会或单位（系统）中，如通过权威的运用，可以统一众多个别者的行动或保持一种稳定有序的状态，也可以带动、协调去达到某个目的，还可以去引导、改变下属的工作态度和行为，起到远比硬性命令更佳的效果。

然而倘若用在反面或有意利用其特殊的效应，那么轻信带来迷信，盲从造成盲目。轻者如上述冒牌的德国著名化学家及其试验。如美国著名心理学家西奥妮举过一个例子：有人告诉你说，你在这个年龄段需要大量服用某种营养素而对健康有益；如果这个人只是个普通人，你对他的话一定会产生怀疑。但这个人若号称国际营养学会的高级研究员，在这个头衔光环的作用下，你难免会对他深信不疑。亦如同广告，频频面对权威人士、著名人物的现身、代言、称赞，往往就会毫不犹豫地接受，成为拥趸，心甘情愿地掏腰包。抑或在作文、辩论中引用权威的言语作为依据，轻易地压倒对方使人信服。重者则可以是指鹿为马,蒙蔽和镇住众人,以售其奸;这方面的例子有很多。违背事物的客观存在,强行以权威地位,或明言或暗示去影响、改变人们的认识,进行强迫性的控制,一手遮天,既不可取,也是不可能长期如此。对此我们必须有所警惕。

只要有权威存在,就会有权威效应。对其持以正确性、合理性的认识至关重要。千万要避免盲从权威而失去自己独立判断能力的局面出现。

成就需要

　　"成就需要理论"这个词组容易引起歧义，就其结构而言，它不是主谓宾格式，"成就需要"只是"理论"的定语，意思为：人们关于成就所需要的理论。其由美国社会心理学家戴维·麦克利兰提出。麦克利兰此人颇不简单，他曾获耶鲁大学心理学哲学博士学位，先后在哈佛、波士顿等大学任教授。早期的他对社会动机问题感兴趣，发展了期望学说；他又创制了测量成功的技术，并对成就动机进行了深入的研究，在前人的基础上，注重研究人的高层次需求与社会性的动机，强调要用系统的、客观的、有效的方法进行研究，并在 20 世纪 50 年代提出了成就需要理论，该理论包括成就需要、亲和需要、权力需要三个方面。他是当代研究动机的权威心理学家，尤以三种需要理论而著名。

　　戴维·麦克利兰认为在生存需要基本得到满足的前提下，人的最主要的需要有成就需要、亲和需要、权力需要三种。这三种需要在人们的需要结构中有主次之分，作为人们的主要求在满足了之后往往会要求更多更大的满足，也就是说拥有权力者更加追求权力，拥有亲情者更加追求亲情，而拥有成就者更加追求成就。其中成就需要及其高低对人、团体和社会的成长、发展起着至关重要的作用；成就需要高的人一般都具有关心事业成败，愿意承担责任，有明确奋斗目标，喜欢创造性工作，不怕疲劳等等的特点。成就需要可以通过教育培训来提高。

　　成就需要包含：争取成功，追求优越感，希望做得最好的需要。其中但凡具有高成就型人的行事原因都具有较强的成就方面的需要。正是这种需要使他们常常考虑如何把事情干得更好，力求达到完美的地步。他们追求的是人的心理满足而不是过多的由成就本身带来的报酬；这些人是达到高度自我实现的人。成就需要既非先天的遗传也非生理需要，而是由人在社会交往中学习而来的。这在客观事实上会存在差异，这种差异就个体而言，与年龄、性别、能力、性格、经验等主观因素及工作性质等客观因素有关；就群体而言，与社会文化、社会经济发展水平、家庭教育等因素有关。

麦克利兰对影响成就需要的因素进行了分析,对具有高度成功动机的人进行了心理测评,认为可以通过训练和教育来培养这种高成就需要。通过培训、教育,培养和提高个人的成就动机,为人的成就动机的发挥创造条件,由此取得较好的组织效绩,既可以发挥个人的潜能,又可以为社会作出更大贡献。

三种需要中的权力需要是指影响或控制他人且不受他人控制的需要;亲和需要是指建立友好亲密的人际关系,寻求被他人喜爱和接纳的需要。这里不再展开。

扩展和建构

　　积极情绪的"扩展和建构"效应是美国北卡大学的心理学教授芭芭拉·弗雷德里克森所强调的。积极情绪是积极心理学的一个重要范畴（该心理学是促进个体、组织和团队兴旺的关键，着眼于增进健康和幸福）。它反映了一个人的热情、活跃和警惕的程度；以及与环境愉快接触的水平，具体有着热情、能量水平、警觉度、兴趣、喜悦、决心等等成分；也可以按程度分为轻松、安静、满足、安心、愉快等；它是一种综合的复杂心理现象。

　　人人喜欢积极情绪，生活或被笼罩在快乐、安心的氛围之中，远离往往由外因内因、因人因事而对"应激性"产生的诸如忧愁、悲伤、愤怒、紧张、焦虑、痛苦、恐惧、憎恨等等的坏情绪。然而这是一个讲究科学的过程：积极情绪的体验反映了个体的幸福，而且有利于个体的成长和发展。在积极情绪之下，人的注意力范围变得更广、想象力变得更活跃，可以拓展个体瞬间的思维，能够捕捉到情绪低落时注意不到的信息，想出情绪低落时想不到的点子。积极情绪还可以让人更愿意和他人交往乃至合作，构建个体长久的物理资源、智力资源、社会资源，带来新的人脉，打开人生新的可能性或书写新篇章。所以关于积极情绪的扩展和建构这两个核心功能切切不可忽略或分割。

　　相对消极情绪，积极情绪的持续时间往往偏短，效果也相对弱；而消极情绪往往让人感到坏事比好事带来的情绪反应更强烈，这在心理学上被认定为：消极情绪偏见。而且有学者研究认为一件坏事至少要有两件好事才能驱逐掉程度相仿的由坏事带来的坏心情，大多数人在正常情况下的积极情绪和消极情绪之比亦为2∶1，而且感觉亦平淡。所以保持和提升自己的积极情绪，必须做到扩大、强化它的"瞬间拓展功能"和"长期建构功能"。

　　让自己在积极情绪的中发展、成长，还有一些有效的方法。如日本著名作家村上春树在其随笔集《兰格汉斯岛的午后》中所提出的"小确幸"——确切而微小的幸福。它指的是心中隐约期待的小事刚刚好发生在你身上时带来的微小而确实的幸福和满足。这种快乐的简单、简单的快乐往往只持续在几秒时间或一天之内,稍纵即逝的美好,充实内心,带来愉悦。在村上春树看来:如果没有小确幸,人生只不过像干巴巴的沙漠而已。此说一出,迅即在日本、中国以及东亚其他地区走红。想想也对,调整心态和眼界,让诸如此类的小确幸组团结队,源源而来,营造和增强个体的幸福,何乐而不为! 幸福恰如山似海,自然"不辞抔土""不弃细流"。

吉德林法则

　　把难题清清楚楚地写出来，便已解决了一半；只有先认清问题，才能很好地解决问题。这是由美国通用汽车公司管理顾问查尔斯·吉德林所提出的一个观点，也就是所谓的"吉德林法则"。爱因斯坦也以自己独特的思路、经历以及惊人的智慧说过：解决问题不过是数学和实验的技巧罢了，发现问题才具有实质意义。

　　无论是一个组织、公司，还是个人，总会遇上问题、困难，如何面对，如何及时有效地解决，前提是要看清找准问题、困难的症结所在；关键点找到了，那么就容易找到解决的方法，对症下药，即便有些差池，就再努力一把，"虽不中亦不远"。从这个意义上来说，遇上难题，甚至危机也不可怕，危险是一个现实，其中隐藏着机会，应对得当，转变危局，反败为胜，就是赢得新的机会，继续得到发展。所以大事难事临头，问题困难傍身，不能被吓倒，自暴自弃，应勇敢面对，战而胜之，增加历练，无论对组织、公司还是个人都是件大好事，"事非经过不知难"，同样，事非经过难以成长。

　　举两个例子。

　　(1) 斯坦门茨被福特公司请去维修一个电机，因为电机坏了，汽车生产流水线停工；许多技术人员、工程师对此束手无策。斯坦门茨围绕电机，观察、摸索、查看，动手又动脑，最后在一个位置上画了一条线说：这里少一圈线圈。重新更换好线圈后，电机恢复了运转。经理很高兴地问他，要多少报酬。斯坦门茨开口道：1万美元。当时即在一百多年前，福特公司顶尖的工程师每月工资也没多少；见经理面露难色，斯坦门茨写了一纸条：画一条线，1美元；知道在哪里画线，9 999美元。事情上交了，识货的总裁福特先生爽快地支付了费用，还高薪聘请斯坦门茨。把问题写出点明说清是需要功底的，斯坦门茨就是证明。本事离不开经验、技能、眼光、学识和智慧，并且还需要不断学习、提高；旧的问题解决了，新的问题会产生，面对新难题新情况，不学习行吗？

（2）美国著名的效率专家艾维·李来到伯利恒钢铁公司总裁查尔斯·施瓦布先生的办公室，艾维想要和施瓦布谈一笔生意："如果我和你手下的每位主管面谈15分钟来提高他的效率以及你的销售量，你是否愿意雇用我？""要花多少钱？""有效才给钱，你尽可以在三个月的时间里考虑是否送给我1张你认为值得的支票。"一问一答，简单明了，不愧是效率专家。胸有成竹的艾维开始了与主管们的谈话，都是15分钟。在这段时间里，他聆听、交流、指出问题、提出要求，明确整改问题的方法。三个月过去了，施瓦布看到谈话带来的成效，给了艾维1张面额为35 000美元的支票。从细节入手，做有心人，尽可能掌握高超的技术、技能，就有话语权。一个解决难题，搞定麻烦事的人不会孤寂被冷落。没有三两三，不敢上梁山，手持金刚钻，揽下瓷器活，走遍天下都不怕。

未雨绸缪，防患于未然，有足够的思想准备，技术（能力）的支撑；方式方法对头，主动地去发现问题、思考问题、解决问题，才能立于不败之地。而快速发现问题，快速反应，及时解决，便能赢得时间、赢得竞争、赢得先机。

吃的法则

　　人离不开吃,中国有句老话:人是铁,饭是钢。其实这也不是太老的话,总归在人类认识了铁和钢之后的事、才有的说法! 不过说明了吃的重要性,以铁与钢之比喻人与饭之轻重,精辟透彻。从人类的洪荒之初觅食到食物丰富了之后的择食,实在是一部科学史,演绎进化,令人惊讶。然而时至今日,出于各各不同的地位、立场或者嗜好、偏爱,在吃的问题上可以说众说纷纭,莫衷一是;其实无论中外古今,极而言之,舌尖之下无至味,甚至千人千味,有多少人就可以有多少味,吃的名堂实在太多、太大!

　　美国著名饮食专家、作家迈克尔·波伦同时还是加州大学伯克利分校的新闻学教授,他的出名却在关于饮食的研究方面,他出版了《饮食觉醒系列》,分别有《吃的法则》《杂食者的两难》《为食物辩护》。因为作品多次获奖,被评为:全球百位影响力人物;被称为:"食物之神"。在《吃的法则》(书的副标题:经典日常饮食手册)一书中,他针对如今社会关于吃的问题已经变成十分复杂的现象:我们能听到或受到无穷多的指教和干预;不同专家的不同意见;食物包装中、广告宣扬中的许多我们所不了解的成分、说法……到底听谁的,怎么办? 他对此进行了大量的调查研究,还在博客中向读者征求他们听父母和其他人说到的饮食法则,一下子竟收到了2 500条建议、建言。他概括出了83条简洁易记、令人印象深刻的吃的法则,给了人们既醒脑又"醒"胃、既健脑又健胃的一整套有效的吃的指南。

　　恐怕是虑及人们被那么多的法则吓倒,波伦的高度提炼是:"吃食物;别吃太多;主要吃植物。"当然吃食物,但他所指的是不要吃由工业化生产出来的"可食用的像是食物的东西",他的对应性说法或针对性是:"只吃人烹制的食物""只吃会腐败的食物",因为工业化生产出来的食物不容易坏!

　　他提供的关于吃的法则可以让人脑洞大开,也可能会带给人们一点思索或些许疑惑,但基于一种基本的生活态度、理念,属于赠人玫瑰性质。"与食物建立更愉悦、更健康的亲密关系",看到这样的话(出发点),就什么都可以理解了。为此他让你回归自然、传统,他让你做个主宰食物的明白人,甚至他让你可以成为一个关于吃的专家。就记住一些法则吧:"不吃你的曾祖母不认识的食物","吃真实的食物","不吃含五种以上成分的食物","不吃宣称有保健功能的食物","不要食用要求戴白帽进入的场地生产出来的食品","接近农田,吃得健康","植物为主,主要吃叶菜","一条腿(蘑菇和植物)好于两条腿(禽类),两条腿好于四条腿(牛猪等哺乳动物)","把肉当成调味品或解馋美食","进餐要跟烹调所花的时间一样长","进食止于未饱时","牛奶是食品,不是饮料","水是最佳的饮料","早餐如国王,中餐如王子,晚餐如乞丐","向法国人、日本人、意大利人、希腊人学吃饭。"最后引一句:"偶尔破一次戒!"

日本人对吃、对饮食也十分讲究,而且带来的与长寿的关系令人惊奇。1985 年起日本提出并强调"一天吃 30 种食材"。由澳大利亚悉尼大学的专家萨曼莎·索伦带人专门考察研究了日本冲绳人的饮食特点,总结出了"冲绳法则",即:10 份碳水化合物和 1 份蛋白质。

至于地中海式饮食模式亦可一提,其由美国哈佛大学营养科主任、美国科学院院士沃尔特·维莱特医学博士于 20 世纪 90 年代中期提出。它以意大利南部、希腊大部分地区,尤其是克利特岛的居民膳食结构为基础,并辅以规律的体育锻炼;其特点为简单、清淡,富含营养,多蔬菜、水果、豆类、鱼、海鲜、橄榄油、坚果类以及谷物。

优于常人

美国社会学家费斯汀格在 20 世纪 50 年代提出了社会比较理论，被称为"经典的社会比较理论"。该理论认为人体内存在一种评价自己观点和能力的驱力；当缺乏用来评价的客观源的时候，个体就通过与其他人的比较来评价自己，这个过程就是社会比较。

斯文森做过一项研究，他发现 90％的司机认为自己的驾驶能力要好于一般的司机；甚至那些曾经出过交通事故的司机与未出过交通事故的司机比起来，在个人能力上更加自信。也有研究发现：人们在报告自己在完成一些比较常见、简单的任务时，自己的能力要优于一般的人，如在与他人很好的相处方面，关于对鼠标的操作方面等等。同样在对自己优点的评价方面，如能力、智力、诚信度、独创性等，大多数人都认为自己优于平均水平；而对于自己缺点的评价，大多数人都认为自己低于平均水平。

社会比较普遍存在于人们的现实生活之中，但是，客观存在的就是在这种比较过程中存在着系统的偏差。以至于"几乎在任何一个关于个人和社会的令人愉悦的方面……大多数人认为他们要好于一般人"，这段话便是西方社会心理学教科书中的规范表述。

这种认知偏差就是"优于常人"效应。其产生的原因很多，有学者总结，如自我提升理论（人们乐意用积极的眼光和角度去看待自己，这种积极的错觉可以使人能够更好应对现实生活中的各种挫折，甚至提高心理健康水平），如权重差异理论（当个体将自身的能力、成就、经历某些事件的可能性、在合作中的贡献以及在竞争中获胜的几率等方面与常人进行比较时，个体总是以自我为中心、过多考虑比较目的〔自身〕的能力，成就和在合作中的贡献等；而很少考虑甚至忽略比较对象的同一方面），如信息差异理论（在社会比较的过程中，个体相对比较对象而言，拥有更多的关于自身的信息，对自身能力、表现等能有更准确的评价）。

优于常人效应是一种积极错觉，它使我们感觉自己与众不同，也体现了乐观的心态，包括过高估计自己经历一些常见事件的可能性，对自己的未来持有不切实际的乐观。所以我们需要客观、辩证地对待它。

与优于常人相反的是"差于常人"，当任务复杂或成功的几率极小时，人们往往认为自己（的能力等）要差于一般人。

印加效应

印加帝国产生、强盛及灭亡于公元 1243 年至 1532 年之间,整整 300 年!它代表的印加文明系南美洲古代印第安人文明,与玛雅文明、阿兹特克文明合称为美洲(或印第安)三大古文明。印加帝国于 15 世纪起势力强盛,疆界以今秘鲁和玻利维亚为中心,北抵哥伦比亚和厄瓜多尔,南达智利中部和阿根廷北部,首都在秘鲁南部的库斯特。印加是其最高统治者的尊号,意为太阳之子、神的化身,拥有至高无上的权力,独揽国家一切包括经济、政治、军事及宗教大权。印加帝国鼎盛之时,人口达 1 000 多万,拥有一支 20 万人训练有素的军队,在农业、纺织业、手工业、建筑业、通讯交通、法律、数学、美术、工艺、天文历法、医疗医药以及宗教等等方面创造了独特的文明并有卓越的建树。

1531 年,老国王瓦伊纳·卡帕克死后,其长子瓦斯卡尔与异母弟阿塔瓦尔帕为争夺王位而发生内战,双方伤亡巨大,虽然后者获取了王位,但又逢瘟疫流行,民不聊生,国家元气大伤。西班牙殖民主义者 F·皮萨罗带了一支仅 168 人的军队入侵印加帝国。曾经拥有 20 万人的军队的国家因为出兵需要层层报批获准而一时陷入困境,皮萨罗的军队如入无人之境。擒贼先擒王,皮萨罗诱捕并处死了国王阿塔瓦尔帕;等到印加大军赶到,国王已被捕,群龙无首,乱成一团,几十名西班牙的骑兵神威鹰扬,围堵击杀,仅一次战斗中被杀死的印加士兵不下 7 000 人,而西班牙人的损失极小。

根据上述史实,有人总结出了印加效应:它的灭亡的根本原因在于管理方式的错误,在这种管理现状一旦改变时,就会发生集体失能症,给组织带来毁灭性的打击。

印加被视为"有史以来世界上最集权的国家之一"。没有分权,没有层级,把不属于自己的事揽过来,管了许多不该管的事,必然造成自己的事没管好,其他的事也管不了;而且不该管、管不了的事越来越多,焦头烂额,问题成堆的乱象必定日趋严重。权力高度集中、过分集中,必然会造成效率、主动性积极性机动性的减弱降低;无权不揽,遇事则乱,乱象纷呈,其败必然!

法国数学家格拉丘纳斯说过:直接向一位行政首长汇报的下属每增加一人,会导致可能存在关系的总数极大增加。在管理上的分级分权,授权负责,能级管理,制度管理,不是可有可无的;其重要性、必要性犹如组织存在一样;印加效应要记取。

乔哈里视窗

"认识你自己"(苏格拉底)、"知人者智,自知者明"(老子),古今中外,有如此认识并将其发现、发展成为理论、学说的大有人在。美国心理学家乔瑟夫·勒夫和哈里·英格拉姆就提出了比较完整的"乔哈里视窗"理论。该理论指出人有四个自我。

第一:公开的自我,即你自己和他人都知道的"我"。例如你的姓名、家庭情况、大部分经历和爱好等具有开放性;在人际交往上,共同的开放性越大,沟通愈容易、愈少误会。第二:秘密的自我,即别人不知道,只有自己知道的自"我"。例如你的某些经历、希望、心愿、秘密以及好恶等。真诚的人也需要有秘密,有所隐藏,完全透明、没有秘密的人是心智不成熟的;在沟通中适度透露秘密,亦容易和益于沟通。第三:盲目的自我,即别人知道,自己却不知道的"我"。例如性格上的弱点和坏习惯,你的某些处事方式,别人对你的感受,某些自己不知道、别人却了解的盲点。沟通单向而闭塞,听到的全是阿谀奉承的话,或没有肚量接受批评、真话;在沟通中要知道固有盲区存在,尽量缩小盲区。第四:未知的自我,即别人不知道,自己也不知道的"我"。例如某人自己身上隐藏的疾病,尚未挖掘的潜能。通过一些必然、偶然的机遇,可以更好地认识别人,认识自己。

这四点也可以简化为:(1)我知他知;(2)我知他不知;(3)我不知他知;(4)我不知他也不知。

乔哈里视窗又被称为"自我意识的发现——反馈模型"是一种关于沟通的技巧和理论。从自我概念出发,强调:多说、多问,避免说得多,问得少;克服问得多,说得少;做到多介绍自己,也通过多了解别人,更好互动。通过这些情感、经验、观点、态度、技能、目的、动机等的交流,以利于提高增强信息沟通、人际关系、团队发展、组织动力以及组织间关系。

努力自我完善,增强自我了解,要学会对盲目的自我,尤其是不完美的自我,也包括对不完美的世界在接受的前提下,相信自己,提高自己,能干事,干好事,尽心尽责,让能力和成绩说话,争取别人更大更多的认可、认同;尽力在与他人保持认知同频中得到更多优秀的反馈,广结善缘。也要允许有误会、有冲突,对事不对人,及时沟通,不做过头事,不说过头话,设身处地,换位思考,要有"宰相肚里能撑船"的雅量和大度。还要学会欣赏、肯定对方,对他人的长处、优点,包括日常表现出来的良好习惯,要加以善意的肯定,要虚心接受并感激他人对自己的沟通、反馈、帮助,提高同情心和亲近感。

这里需要提醒或记住的是:提高自己,增加自知力,要改善与他人的关系;别人的回应(帮助)应是助力,最关键的是要改变自己!

行动与习惯

威廉·詹姆斯有一段名言,引用者众多,其为:"播下一个行动,收获一种习惯;播下一个习惯,收获一种性格;播下一种性格,收获一种命运。"因为太有名了,所以不断被冠之于其他著名人物头上。其实这段话后面还有:"良好的行为习惯并不是天生的,完全可以通过后天来培养,习惯是一种多么顽强的力量啊!它可以主宰人的一生,因此从小就应该建立一种好习惯,通过教育,通过陶冶,直到我们终身受益。"

根据詹姆斯的这些话以后又演绎出诸如:思路决定出路、性格决定命运、态度决定一切、细节决定成败之类的格言、名句。

诚如爱因斯坦说的那样:"智力上的成就在很大程度上依赖于性格上的伟大,这点往往超出人们通常的认识。"由此可见性格对于一个人的各个方面,包括学识、事业、成功都是不可或缺的。而性格的培养、养成却是渐进式的,尤其离不开习惯。那么怎样尽快养成好的习惯? 关于这点亦有个说法,据传也是出自威廉·詹姆斯之口:"形成或改变一个习惯只需要 21 天。"但好像不确切,既没有找到出处,也不符合詹姆斯所说的:要通过教育、通过陶冶,从小建立一个好的习惯的那样;不过这个说法流传亦广,甚至形成了一种"共识"!

什么是习惯,习惯的形成和特点及其评判又如何? 英国伦敦大学的心理学家费莉帕·勒理及其同事,曾招募 96 名参与者,让他们每天重复一项与健康相关的活动,持续 84 天,看有多少人可以形成习惯。研究发现平均来看全部参与者需要66 天的时间来形成习惯。根据詹姆斯"行为必须不间断地重复才能变成习惯"的说法,怎么看,如何定? 养成习惯的内在、外在体现又如何裁定? 即便在养成习惯后,在早期、中期、后期的停歇、间断又怎么办? 其实还是要讲坚持,不论日期;从小养成长久秉持,持续发挥作用,才能形成性格,才会决定命运。

威廉·詹姆斯(1842—1910),美国心理学之父;美国本土第一位哲学家和思想家,也是一位教育家;实用主义创导者。曾两度当选美国心理学会主席,被评为影响美国100位人物之一。他的名著《心理学原理》探索整理归纳,提出:感觉、知觉、大脑功能、习惯、意识、自我、注意、记忆、思维、情绪等十章,大致确定了此后百余年来的心理学研究的范畴,建立了科学心理学的完整体系。他突出的贡献在于:反对结构主义意识元素分析研究;首创意识流理论;首创情绪理论;主张心理学研究方法多元化;提出关于自我的立论而奠定了现代讨论自我观念的基础。他的名言很多,仅录如下以飨读者:

你对生活撒谎,生活一定会还给你,没有侥幸;

改变你的想法,你就能改变你的生活;

人可以借由改变态度,改变生命;

人性中最深刻的本能就是对被欣赏的渴望;

最高的善,是以最小的成本(牺牲)换取最大的需求;

人成人之后,常常为生计奔波,生命中的例行程序越来越多,岁月也就跟着变得空空如也,早年认识世界时的劲头大都不复存在;

以现状接受所有意外,而后第一步要做的就是克服不幸的结果;

宽宏精神是一切事物中最伟大的。

詹姆斯的贡献很大且地位很高,不可撼动。在约翰·杜威(美国著名哲学家,实用主义集大成者)眼中:"我认为,他也就是他这个时代和任何国家里最为伟大的心理学家——也许是一切时代里最为伟大的心理学家。"

多加一盎司定律

"多加一盎司"是美国著名投资专家约翰·坦普尔顿提出的一个重要原理。他经过长期系统、大量的观察研究,认为只要"多加一盎司",往往就会使结果大不一样,所取得的成就及实质内容等方面,截然相反。盎司是英美制重量单位,一盎司为 28 克,仅仅相当于十六分之一磅,可以说微乎其微,不足挂齿。然而在商界、艺术界、体育界,在个人、单位、团体,在任何时候、任何事情、任何领域,只要坚持多作点努力,"多加一盎司",哪怕一时间或对某件事来说无甚作用,但持之以恒,便会天差地别!

约翰·坦普尔顿本人亦身体力行。在大学求学时代,他力践"多加一盎司",将其运用在自己的学习、生活中,成绩优秀几近 100%;大三时就进入美国大学生联谊会,并被选为耶鲁分会的主席,得到罗兹奖学金。

约翰·坦普尔顿认为:取得中等成就的人与取得突出成就的人几乎同样投入,做了同样多的工作;他们努力的差别亦很小,只是"一盎司"。但差距、结果就不一般了:称职与优秀,骨干与精英,满意与完美。秉持此心,持久践行,终成福报。

早一点,多一点,好一点,辛苦一点,努力一点!养成习惯,自愿自发自然,众人心中一杆秤,自然功夫不负有心人。人的内在与外在在自律自勉自强中高度和谐,当然好事连连,顺遂通达。只要"多加一盎司"!

坚持及运用多加一盎司的理念、定律,对于自己的工作,对于所处的境况,对于目前的生活等都会带来一种持续的促进、改变。管理者要重视自身的学习,因为涉及管理的职务、教育和训练的方法很多;经营者则必须有自己专业的独到之处,除此之外,还要关注新事物、新东西,注重自我进修;任何岗位的个人都需要多多研读有关知识,以增强自己的实力,以求站稳、图成、发展。总之,要记住多加一盎司。

只不过不知"多加一盎司"这个定律的首创者是谁?约翰·坦普尔顿作为提倡者、践行人,又是一个著名的投资专家,亦不知这个定律给他的专业性质的投资理财带来什么样的丰厚回报？据查约翰·坦普尔顿(1912—2008)是著名全球最大邓普顿共同基金集团创始人，从200万美元到220亿美元惊人发展被福布斯评为"历史上最成功的基金经理之一""全球投资之父"；《纽约时报》认定其为"20世纪全球十大顶尖基金经理人"。约翰·坦普尔顿后来还总结了一套成功有效的投资法则，被当作投资的至宝。有了钱后的约翰·坦普尔顿放弃了美国公民的身份，常年居住在巴哈马，成为英国公民，所以也有的称其为英国著名投资家。

华盛顿合作规律

写过一个"莫斯科规则"之后,看到"华盛顿合作规律"便想着也不能放过,虽然内容不搭,但看着那两个地名,就觉得很有意思。所谓的"华盛顿合作规律"是说:一个人敷衍了事,两个人互相推诿,三个人永无成事之日。此规律有点类同我们的"三个和尚没水吃"的故事,但稍有不同的是,它说明或要表达的是人与人之间的复杂、难处;人与人的合作不光光是人的相聚、人力的相加,1+1不一定是2。

华盛顿合作规律所讲述的情形,其前提是不想干事,又钩心斗角。一个人可以干、又可以干好的事,但却敷衍了事,得过且过;两个人了,那么另一个人也是如此思想、作派,那只会推诿指责,因为双方都不想出力,都不想负责,都希望事情让别人去干;然而事情总得有人去干,就如日子总要过下去一样,也就只好添丁加人,可来的人又是充充数、混混日子,于是各怀鬼胎,不动手不动脑,不出力不走心,反而大家提防、挑刺、破坏,所以定然永远办不成事。内中原因不仅仅是懒,而且心地阴暗、不善良,想坐享其成,却又拖后腿,根本不想做事,也根本做不成事。

人的劣根性,包括偷懒、惰性是客观存在的,问题是要认识它,管住它。在一个人的环境中,任你怎么去想、怎么去干、怎么去玩;人多了,无论想、干、玩就要有个说法,讲规范,有规则,办事做人过日子少不了规矩。这种规则、规矩可以是约定俗成的,可以是明文订立的,靠约束靠制度靠管理靠契约精神,放任自流永远不行。

文化的发展有其规律性,各民族的文化发展既有其共性又有自己的特性。不知道华盛顿合作规律由谁概括、首倡(提),也不知它于何时提出,但各处大洋彼岸,我们的"三个和尚没水吃"与其居然有如此的相似之处(当然我们的故事肯定要早出现得多),而彼时的中美交流不会如同今天一般,不可能存在照搬、抄袭、改头换面、仿效之类。两者都表现出了对人性在某一阶段或某件事情上的那种自私、不合作的心态的刻画。一个和尚挑水吃,两个和尚抬水吃,三个和尚没水吃,相比美国的华盛顿合作规律的那种情况,好像还是中国的和尚好一些,还是能干点事;只不过人多了，又没人主事，大家就混了，不是那种一来就混的情状；没有压力，没有责任，没人监督，三个和尚大家"脚碰脚"，事态就严重了。不过发展下去会有两种可能，到了实在没水了的地步，就抽签抓阄，轮上的人去挑水或抬水；还有一个办法可以告状，由高一级的和尚出现指定或作出安排。

华盛顿合作规律中反映出来的内耗，情况要劣于三个和尚的故事，但其中都有一个合作的问题，没有合作的基础、合作的诚意和精神，人数增加，人力相加，带来的却是负面的作用，离心背向，力量去了反面；或表面唯唯诺诺，实际滥竽充数一般，出工不出力。那么，如何合作，合作也要靠规则，团队、群体和组织中的每个人都得明确彼此的关系、责任、权利和义务，并加强管理，包括监督、奖惩，还必须具备自觉性、主动性。如果缺少这种基础和制度，就如同九龙治水，哪怕再有更多的龙来了，也于事无补、无功可奏、可成。

这样的例子很多，如大家熟悉的拔河中的人数增加不等于力量增加；又如"邦尼人力定律"所说的"一个人一分钟可以挖一个洞，60个人一秒钟挖不了一个洞"那样，人多不等于力量大，简单的叠加未必有效（当然邦尼人力定律是取其意而极言之，若60个人挖一个洞，凑聚在一起，施展不开；挖洞又于什么位置、多大多深？而且只有一秒钟。这种例子，有点莫名其妙了）。

研究华盛顿合作规律，看到它的弊处，破解这个难题，可以说上许多，简言之：如果这样，不如不合作，如此内耗、牵制甚至破坏，不如散伙，重新去找一些志同道合的、可以为着共同目标奋斗的伙伴。然而这种情况不会绝迹，关键要有好办法，靠制度去治理，从一开始就管住它。

好人综合征

"好人综合征"又称"讨好他人综合征",或谓"取悦症":指谓那些对别人特别亲切和善、特别好说话,有求必应,想方设法帮助别人,毫不利己专门利人,并以此为荣的一类人的一种心理疾病。对他们来说,当好人不仅是一种习惯或行为方式,更是一种与他人建立特殊人际关系的方式。

美国资深执业临床心理医生和管理顾问、畅销书作家哈丽雅特·布莱克在其著作《取悦症:不懂拒绝的老好人》一书中,从各个角度对人们欲做好人及好人所做的好事,进行了全面的心理分析并提供了治疗方法。其认为:取悦症是一种强迫的甚至成瘾的行为模式,更是一种有害的心理疾病;它源自自身对个体价值的信心匮缺,努力想让自己以外的每个人都满意,甚至牺牲自己的健康、快乐来取悦别人。这种情况一旦成为心理定势,必然严重降低行为者的判断力和自控力;并且你的取悦他人、与人为善的结果可能会让人利用你。

取悦行为可以分为三种类型:认知型、习惯型、情感逃避型。具体的表现:需要并争取每个人都喜欢我(让人喜欢,宁愿自亏也要付出);强迫自己直到成瘾的行为模式(让人认可,帮忙出力不出恶声);为了逃避令人害怕和不安情绪所致(让人满意,害怕愤怒、冲突的情感)。

生活中,要做好人,以好人标准苛刻自己,是很累的·对他人的请求,总是不好意思拒绝,结果便难为了自己;下意识或无意识地强迫自己去做好事,总想获得他人对自己的肯定和赞赏;你耗尽自己但总有那么些人反而得寸进尺,习以为常,甚至以你之善,逞彼之奸。诸如此类的现象可以有很多。为了始终保持好人形象,你尽力不表现出愤怒和不悦,不管这种反应、感情有多么正当;而且你会避免批评他人,以免被人批评,把对抗和愤怒看作危险的情感体验。

把他人放在第一位,事情多到做不完。此类好人除了心理上有毛病外,这种情况在实际生活中也许更多地见诸事业平庸者身上,努力工作却成就有限、口碑平平。由于能力不足，欲获取认可便异化为以做好人好事来讨人喜欢来作补偿。所以不必太过于重视他人或社会对自己的评价。

与人相处，总有一个：谁可以接受，为谁可以付出的设定或处置。帮不帮，值不值；帮得了、帮不了？答应还是拒绝，是与朋友一起解决问题，还是帮朋友解决问题？或婉转地推荐他人代己或明确提供其他资源。要避免一心一意为取悦他人而万般委屈自己而身心疲惫之类的心态和行为。

要做一个好人，而好人自有标准；千万别去做布莱克所说那种不顾一切的取悦型的滥好人！

沟通技巧

社会交往中的与人沟通、打交道、作交流是门大学问，时时事事处处可以体现得或失，受欢迎或遭冷漠。认真、诚实、平常心，以本色应对，不卑不亢，既不情怯腼腆，也不哗众取宠，使自己走得出去，发得了声，做得成事，功力往往就在些许细微处。

美国人际沟通专家莉尔·朗兹在其《再也不怕与人打交道》一书中谈到若干沟通技巧，值得借鉴。

尊重而不过分热情。因为尊重，会拉近彼此间的距离，调整和提高各自在人际交往中的状态和积极程度。不阿谀，不夸张，不矜持，不冷淡，本色、稳健，热情度既不太高也不太低，形成双方之间一种相互能感受到的心理平衡及同等程度的交流欲望。让对方先开口，据实调整自己的应对策略。

顾及他人感受。书中列举面试：态度和蔼，开门见山，让人感到亲切、可接受；但要注意首尾一致，不能一热一冷。驾驭好自己的情况，周围环境，当前局面以及他人感受，努力使之平和、平衡；使处在弱势被动地位的应试者消除焦虑情绪，提振信心，从容流利作答，自信安心地离去，享有并保持良好的感受，无论是否入职，心情是愉悦的。

别忽略告别印象。人们总是对第一印象深刻，其实对最后一次的印象也同样深刻。德国心理学家冯·雷斯托夫就提出过一个"孤立效应"，证明在一长串事物中，最后的印象最深刻。所以要准备好最后一项工作，留下好的印象，不做功亏一篑的事。

跳转话题。跳转话题往往是必须的，冷场、僵持之时尤甚。说它简单也对，你可以从一个话题中寻找突破口，将适当的内容加以重复或解释，并把它联系、接上你想说的话题；要具备这种素质和能力，但是当别人都在认真讨论某事时，千万不要转换话题。

别喧宾夺主。不顾场合,不分主次,夸夸其谈,好表现自己是不恰当的。人们往往会错误地定位自己的临时角色,这种情况会发生在社交场合和生活中;做人为事贵有自知之明,不是自己唱主角的戏,千万不要喧宾夺主。

背后夸人。有心或有意识地背后夸人会获取非常好的效果,前提是真心真诚。有没有比听到赞美更好的事? 当然有,那就是听到别人在背后称赞你。

面对质问。首先应感谢对方提出问题,化解对方高涨的问罪情绪;然后用自信的语调解释自己的原因,澄清各种误解或谣言。

账单我付。热闹的抢付账单,有时可能就是某一方在"演戏"。你诚心买单,可以比对方提前到餐厅预先付款,或在就餐中去洗手间时把单子买掉。

如此这般,方法多种多样,各有巧妙;殊途同归,为的是搭建一个和谐友爱的平台。

库兹韦尔定律

人工智能、电脑超过人脑是美国学者雷蒙德·库兹韦尔(谷歌工程总监、奇点大学创始人、校长)在摩尔定律的基础上推演、扩展出来的。他认为自从人类出现以来,所有技术发展都以指数增长;也就是说一开始技术发展缓慢,一旦信息和经验积累到一定程度,技术便以指数的形式快速增长。他进一步指出:技术力量正在以指数级的速度迅速向外扩充,人类正处于加速变化的浪尖上,这超过了我们历史上的任何时刻。更多的、更加超乎我们想象的极端事物将会出现。这说明什么——到那个时候,一个刚出生的小孩相当于我们现在的一个大学毕业生,届时贫困、疾病和我们所依赖的能源之类的话题都将成为过去式。这就是库兹韦尔定律(也称加速循环定律)。

正是根据这一曲线的推断理论,库兹韦尔在 20 世纪 80 年代预言:人工智能计算机将在 1998 年战胜人类的国际象棋冠军。时间到了 1997 年预言坐实:俄罗斯的卡斯帕罗夫这位国际象棋冠军以一胜二负三平的战绩败北。他也曾预言:到 2027 年,用 1 000 美元可以买到超越 1 个人(脑力)的电脑;到 2050 年 1 000 美元的价格就可以买到超过全部人类大脑智能的计算机。也就是说届时只要花 1 台电冰箱的价钱购买的计算机的计算能力就超过人类智能的总和。这一方面是计算机的运算能力的加速提高,另一方面是制造成本的急速下降。

库兹韦尔认为一种技术一旦成为信息技术,就会遵循"加速循环定律",生物医学、信息传输及大脑研究这三大领域就是例证;接下去会是 3D 打印技术,假以时日,可以用 3D 打印技术打印衣服、食物！2016 年他提出:"现在信息技术正在加倍地产生力量","以每年 2 倍的速度在提升,十年内累计成 1 000 倍的力量"。他甚至还提出人的"长生不老",用纳米机器人代替人的心脏等等,真正的匪夷所思,实实在在的骇人听闻！

他的著作《奇点临近》更为惊世骇俗。所谓"奇点"原为天体物理学的一个术语,指"时空中的一个普通物理规则不适用的点",库兹韦尔把奇点当作一个绝佳的"隐喻"。当智能机器人的能力跨越过临界点之后,人类的知识单元、链接数目、思考能力将旋即步入令人眩晕的加速喷发状态——一切传统的和习以为常的认识、理念、常识将统统不复存在,而智能装置、新的人机复合体将进入"苏醒"状态。库兹韦尔笔下的奇点指的是人类与其他物种(物体)的相互融合,如电脑智能与人脑智能兼容的那种奇妙时刻。2019年美国的一位78岁的作家安德鲁·卡普兰同意借助人工智能技术和数字助理设备,创造一个虚拟的自己,作为首个"数字人"在云端上实现"永生",即便在他的肉身去世很久之后,未来的人们也还可以通过网络语音平台向他提问,听他讲故事,或得到他的建议。由此种种,库兹韦尔预测道:2030年计算机将在智能上超过人脑;2045年"奇点"将出现,届时"严格生物意义上的"人类将不复存在,那一刻储存在云端的"仿生大脑新皮质"与人类的大脑皮质将实现"对接",人将获得永生,世界则开启一个新的文明时代!

呜呼! 天旋地转,固有的事物统统被颠覆了,又一个"开天辟地"! 当然也有对此不信的人,也有将信将疑的人,但是看着库兹韦尔以及其他那么些科学家、先行者那么理直气壮,而且拥有着大量的数据和严密推理的支持,及那么多的粉丝、拥趸,令人一时却也难以否定他的推断和预言。让我们拭目以待吧!

改变生活

作为著名的励志演说家和培训师,齐格·齐格勒的经历不平凡:二战老兵,成功的销售大师,风光无限的畅销书作家……不凡的经历和学识,使他厚积薄发,思绪如不息的源泉,他的那20多本著作,充满睿智,其中的理论、观念激励了无数的人们。他于2012年11月28日去世,当天美国的《福布斯》杂志网站上发表了他关于能够"改变生活"的十句金玉良言。

具体如下:

(1) 有梦想就能实现。

(2) 决定高度的是态度,而非才华。

(3) 适当的目标是成功的一半。

(4) 如果你抱着找朋友的心态,你会发现朋友很少;如果你抱着做朋友的心态,你会发现朋友无所不在。

(5) 抱最好的希望,做最坏的打算,将结果为己所用。

(6) 人们买东西不是出于理性,而是出于感性。

(7) 从来没有哪座雕像是为纪念批评者而立。

(8) 人们常说,积极性不能持久。洗澡也是如此——因此我们建议日日为之。

(9) 如果你帮助足够多的人得到他们想要的,你就会得到你生命中全部想要的。

(10) 要记住,失败是对事不对人的。

条条是真理,无懈可击。也许某条某句可以在他处或归属于他人名下、笔下得以见闻,但连贯辑录在一起的十条,却含义不一样。它们之间可以没有关系,也可以找出其中的关联性,或偏正或补充,使之完整、臻善,对于我们的为人做事搞学问、立足社会都有很大的帮助。如:"有梦想就能实现",加上那句"适当的目标是成功的一半",两者联系起来说明梦想不能脱离现实,好高骛远,"客里空",那就不一定能够成功。适当的目标,适合自己的发展,包括内心、外部条件,长计划、短安排,有一份职业的或创业的计划书,一个台阶一个台阶地跃上去,化几步为一大步地前进;但不能一步登天。目标选准、选对了,成功的可能性就大,有了保障。即便如此,只要是经过、通过自己双手去做的事,就要按照"抱最好的希望,做最坏的打算"的要求去搏击、去努力。

又如:购物出自感性,失败是对事不对人,以做朋友的心态、行动去找朋友,雕像不为批评者塑立等等充满了理性的光芒和辩证的力量。帮助他人尽可能多一些、尽可能诚心实意,虽然说不图回报,施恩不必报,但永远是因果相连,招祥纳吉,诚不我欺;不要过于愤世嫉俗,做"愤青""喷子",那样无济于事,只会坏了心态,伤及健康。

修炼是持久的,学习是长期的,改变自己更是永远不会嫌晚的。十条箴言取得若干,哪怕一条、两条,时时对照,贯彻于日常,那必然会有成果。所以你必得保持清醒的头脑和炽热的动能,让改变生活的积极性恰如"洗澡"一般,"日日为之"!

怀特定律

美国社会学家怀特所创的"怀特定律"为："领导在群体外的声望有助于巩固他在群体中的地位，而他在群体中的地位又提高他在外界的威望。"

这段话看似绕口，其实说明了一个朴实的道理：一个领导在本部门、本单位、本系统的威望、威信大而高，反映到外部就会提升他的美誉度、号召力；同样，一个领导在外部名声、声誉高隆，反映到他的系统内部也就会增加他的威信、地位。反之同样，外部的恶名声传入，内部的坏形象外溢，都会带来负面的坏影响。群体内外不是割裂、割绝的。这些道理、包括怀特定律对每个领导或想在原本岗位、职级上向更上更高前进一步的人来说，不可不知，不可忽略。

领导权威由其职务（权力）和信任（威信）组成。领导权威体现能力、威望、影响力，其中职务权力是开展领导活动的必备条件、前提；信任权威是实践、施行领导能力、功能的基础，两者同为条件，缺一不可。只有扎实开展切实有效的工作，勤勉地修炼内功，在各个方面积极履行作为一个领导者应尽的权利、义务，以身作则，克己奉公，团结带领下属，做到心往一处想、劲往一处使，才能不断完成任务，达成目标，开创新的局面。实至名归，才能扬名远近，这是首先要做的。至于在外部的名声口碑，往往依赖内部的作为、成绩，或可以虑及甚至谋划，但一般不可能投入超过在内部的努力、精力的，那种搞华而不实的形象工程，图猎虚名，热衷虚荣，最终起不到或无助于提高领导在系统内部地位的作用。

内部员工群众的信任与否是个重要方面，口口相传，宣扬开去，无论好坏，都必然影响外部，包括领导自身的领导或更高层面的臧否和舆论、评判。所以领导必须注重联系群众，客观公正地对待员工，关心他们的生产、生活，赏罚分明，不搞亲亲疏疏、拉帮结派、任人唯亲那一套，要有清醒正确的自我意识，身正影不歪，敢于纠正自己的不足，严格自律，作出表率，公生明，廉生威。在此基础上搞好并促进人际关系，着眼全局处中心地位而协调各方，处理好各种利益关系，包括上下级、同僚同事及其他部门、单位、系统等等。内部与外部是本与枝,树与叶的关系,强本才能荣枝,本职本分做好了,扬名立万,才会近悦远来,得其所哉。

注意:怀特定律和怀特效应是两回事,后者指的是一种错觉现象,其改变了视觉学的面貌,为澳洲塔斯马尼亚高级教育学院的迈克尔·怀特于1979年发现、提出。

时间管理

　　时间管理是指通过事先规划和运用一定的技巧、方法和工具实现对时间的灵活以及有效运用，从而实现个人或组织的既定目标的过程。

　　围绕"灵活""有效""实现目标"这几个要点，可以说对时间的应用方法、方式无限多、精彩纷呈；而且因人而异、因事而异。如用便条、备忘录、日程表、定计划、列清单；运用计算机、电脑、智能硬件、小程序管理等工具；采用番茄法、时间四象限法、GTO（包括收集、整理、组织、回顾和行动）等方式。彼得·德鲁克认为：有效的时间管理主要是记录自己的时间，以认清时间耗在什么地方；管住自己的时间，认清减少非生产性工作的时间；集中自己的时间，由零星到化整，成为连续性的时间段。有效的时间管理就是要把所有的可利用的时间尽可能投放到最需要的地方，其关键在于制定合适的时间计划和设置事情的先后顺序。

　　美国总统德怀特·艾森豪威尔肯定是个大忙人，日理万机；时间对他的重要性或许不是一般人可以想象的，而他却处置有方，从容应对。他开发了"矩阵"，将时间管理分为四组：需要先做的——重要紧急的任务；需要安排的——重要不紧急的任务；需要委派的——不重要但紧急的任务；不需要做的——不重要也不紧急的任务。其类同于时间的四象限之方法，但对从政者、上位者的启发、示范效应不会小：你看看，高高在上的大总统都这么干！

　　还可以说说博恩·崔西（美国著名职业培训师、潜能训练大师、畅销书作家）的那本书《吃掉那只青蛙》，他在书中指出在时间管理上首先要有：决心、自律和坚定不移的素质，并提供了 21 个行之有效的办法，以期帮助读者克服拖沓的习惯，以最短的时间做最多的事，包括优先处理更重要、更困难任务。如面对要吃掉的两只活的青蛙，你无法逃避，那么就硬下心来，或不假思索地先吃掉那只"丑"的，作为最重要的一项任务完成以后，再完成另一项，那就是接着吃掉另一只青蛙。他把要办的事分为若干等次，逐项消化。21 个办法包括：准备、计划、专注重要的、讲效率、做功课、挖掘潜能、给自己压力、先难后易、有紧迫感、全力以赴等等。

综合关于如何有效运用时间或对时间进行管理的方方面面,有几点可以提点一下:(1)要事为先。把最重要的事情放在第一位,集中精力去完成它。学一点统筹法,同时兼及(不影响首要之事)其他,讲求效率,在适当的时段做合适的事。(2)记录时间。给每个任务设置一个时限,对时间的支出了然于胸,花在哪里,有什么效果;对不合理的时间支出,白白流逝的时间,改变其流向,进行纠正。(3)克服拖延。拖拉、拖延及拖延症的表现很多,如松松垮垮,凡事不上心,进取心不足,没有时间观念,态度消极悲观,沉湎于拖延带来的放松、舒坦的愉悦感;惰性也许是人的一种本能,把今天的事放置到明天、以后,无论大事、小事,日积月累,积重难返,影响个人或组织的目标达成,影响个人和组织的发展,所以必须予以重视,采取有效对策,从认知、情绪和行动等方面入手,克服并拒绝拖延。(4)用好零星时间。也不必想着把它统统整成大段成块的时间,只是不要随意打发掉,做一些可以做的事,也可以是有益的,也可以是"无用功",放松调节情绪,联系、联络,与人沟通。

提供名人的几段话以飨读者:

如果你没有计划,你就打算失败。(富兰克林)

没计划的行动是一切失败的原因。(彼得·德鲁克)

有效的管理者不是从他们的任务开始,而是从他们的时间开始。(杜拉克)

时间不等人

"时间不等人"是阿根廷《生活》月刊 2003 年一篇文章的一句结束语,它可以给人们许多启迪。文章说:有一家银行每天早晨会在你的账户中存入 86 400 美元(一天的全部时间:86 400 秒);每天晚上会抹去余额,没花掉的剩余部分既不能积累也不能取出来。银行在清理你的账户,其实就是在说明你有多少时间没有加以利用;没有用的,没有用完,遭受损失的自然是当事人本身。不能积累,不能透支,不能取现,不能倒算;那只能珍惜这个时间成本、生命成本,把它用在正道上,把每天的时间实实在在地花费在健康、幸福、快乐以及取得成功方面。

一年的价值是多少? 一个月的价值、一周的价值、一天的价值、一个小时的价值、一分钟的价值、一秒钟的价值又是多少? 你尽可以去问问各种曾经遭遇、被这些年、月、日甚至时、分、秒撞过腰的人,甚至包括你自己本人,其损失、其后果、其懊恼、其追悔又都是些什么?! 不必往大的方面说,举几个生动、深刻的例子即可:想知道一分钟的价值,可以去问一下误了飞机、火车的旅客(或又因此肇事违规犯法者);想了解一秒钟的价值,可以去问一下差点出事故的人;想搞清千分之一秒的价值,奥运会银牌的运动员可以给你很好的答案。

珍惜 86 400 秒,过好每一天,时间这个财富就会体现并具有更大的价值。要让你和你所爱的人过得充实、富裕、快乐、健康,就必须知道时间不等人,而且更要知道勤奋延年。美国的心理学博士雷米经研究发现:最忙碌、最紧张的人寿限通常比普遍人高出 29%。他还发现,外出工作的妇女比家庭妇女患病率低,不工作的人比有工作的人健康情况差。在美国有过一个统计:失业率每增加 1%,死亡率增加 2%。这些都证明一切皆有成本,工作勤奋会带来回报,至少是有益的,甚至让人健康、长寿!

还有一个有趣的观察问题的维度:收入增加等于睡眠减少。对于工薪阶层来说,收入提高并不一定增加他们的工作时间,但一定会导致休闲娱乐时间的增加,这就使睡眠时间减少,这也说明了为什么高收入地区娱乐业特别发达。睡眠时间具有一定的强制性、收缩性,因此高收入者可以把它挪作他用,企业家和职业经理人以及无业者、芸芸众生在睡眠时间上就存在差别:前者时间少,后者甚至可以整天赖在床上。这也是一种对待时间的态度,针对这种情况,也可以是另外一篇文章的标题,十分醒目:你穷你先睡!

时间管理四象限法则

美国著名的管理学家史蒂芬·柯维提出的时间管理四象限法则是关于时间管理的一个理论。所谓时间管理是指通过事先规划和运用一定的技巧、方法和工具实现对时间的灵活及有效运用,从而实现个人或组织的既定目标的过程。而柯维的四象限法则即按照重要和紧急两个不同的程度进行划分,基本上可以分为四个"象限":既紧急又重要;重要但不紧急;紧急但不重要;既不紧急也不重要。

什么是象限,它指的是平面直角坐标系中的横轴和纵轴所划分的四个区域,每一个区域叫作一个象限。右上的称为第一象限,左上的称为第二象限,左下称为第三象限,右下称为第四象限(此划依呈逆时针顺序),坐标轴上的点不属于任何象限。象限原意是四分之一圆等分的意思;象限即直角坐标系,创立者为法国数学家、哲学家笛卡儿。将象限引入时间管理,形象具体,简洁明了。

把所面对的、要做的事根据自己的工作性质、范围、价值观,按照事情的截止时间进行梳理并予以归类,将之纳入不同的象限分别采取不同的处理原则和方式。象限以紧急、不紧急、重要、不重要的排列,从右上方逆时针运转组合成四个象限。对于第一象限的事要看到并认识其重要性、紧迫感,优先解决当场办、抓紧办;对于第二象限的事要有预见性,加强计划性,有所准备,做足功课,未雨绸缪,打有准备之仗;对于第三象限的事要考虑到突发性、临时性,有取舍,巧安排,敢授权,放手放心让别人去做;对第四象限的事少做不做,大可持避免、忽略的姿态,或偶尔为之。对待"四象"之内的事,尽管可采取不同的方法,但重要的却是应该尽量把主要的精力和时间集中于处理那些重要但又不紧急的工作上(第二象限),在时间上抓紧,就不至于拖到后来变成既重要又紧急的事。人生面对的既重要又紧急的事宜似乎也不会太多,然而如果经常面对诸多的无法回避也不能拖延的事项,沉重的压力会伤害人的健康,影响人的心绪,又会导致顾此失彼,焦头烂额,事倍功半,陷入窘境。不必想着把所有事情都做完,手头上的事情也未必都重要、都紧急;可以列出清单,分轻重缓急,排序相替,每天做先要做的事,一件干完再干一件;计划时间,计划人生,走得顺遂,走向成功。

时间的重要性不言而喻,它如同人生账户中的存款,按照秒、分、钟、日、周、旬、月、季、年不断流逝。人们需要管理自己的时间,如同对金钱、知识、健康的管理一样,使之成为卓有成效的业绩载体。时间又是人的生命的外在体现,生命宝贵,时间无价,每个人的时间是自己最基础、最直接的资源,你的有限的时间怎么用,花在哪里,干些什么? 管好时间,花时间在最值得的地方,是人生是否成功的关键。

少壮不努力,老大徒伤悲。与其后悔,何不抓紧当初;与其后悔,何不改变现状;与其后悔,何不重塑,哪怕点点滴滴! 人生总会有遗憾,但不如抓住当下,扎扎实实,一步一个脚印。

财务自由

财务自由是引自西方投资理财中的一个概念,特指无需为生活开销而努力为钱工作的状态,一个人的资产产生的被动收入至少要等于或超过他的日常开支,如此这般,就可以称为财务自由。公式:财务自由=被动收入>花销。

不必为钱而工作,保持财产性收入的净现金流入,保持有一定量的净资产;财务自由的美好之处在于人不再需要用时间换钱,而用不完的钱反过来带给他们旁人无法享受的自由,这种自由包括心灵自由、时间自由,可谓真正的有钱有闲。

有不少人包括权威人士都在估计、盘算有多少钱能够称得上达到了财务自由。英国人胡润认为2017年的中国一线城市,财务自由的门槛到了2.9亿元,二线城市需1.7亿元。真不知他怎么算的、算了哪些东西?!而多年前,作家冯唐说:如果有了房子,再有1千万现金够了。还有一个相对靠谱的说法:须有可供投资的资金,除去房产、汽车等家庭必备开支之后的数值,个人财务自由至少要拥有可供投资的6百万元(人民币)。美国人威廉·班根(麻省理工学院学者)曾经提出过一个"4%原则"。近年来,美国流行一种生活运动"Fire运动",即:财务独立,提早退休;提倡逃离费心、费时的工作和消费主义,过简单的生活。根据4%原则,当你攒够一年生活费的25倍后,你就可以退休了。班根说:只要退休第一年提取的退休金不超过本金的4.2%,之后每年根据通货膨胀率微调,到过世时,退休金也花不完。

根据标准普尔家庭资产图口径,为达到家庭资产稳健增长,生财理财,家庭可支配资金应着眼着力四方面的配置:家庭日常支出,占10%;防止意外发生,占20%;取得高额收益支出,占30%;长期生活保障支出,占40%。这是一个流向,那么还是要有本源!先有了支出才会有收益,如高额收益支出、长期生活保障支出。当然在争取财务自由的过程中,要有这样全面的考虑。

苏茜·欧曼是美国最著名的注册个人理财规划师(CFP),被誉为"个人理财发电站"的理财专家,与巴菲特、格林斯潘齐名,亦被《最佳投资》杂志选为全球30位最有影响力的"权力经纪人"之一（该称号赋予那些对共同基金行业和对金钱的定义有巨大影响的人士）。她从一个咖啡馆的女侍者到最著名金融公司的职业经纪人、畅销书作家、亿万富翁的历程，证明了财务自由的必要和可能、途径和方法，她对财务自由有着自己独特的认识。她认为可以通过工作取得报酬，通过继承得到财产，通过投资得到财富，而后者更重要。在她的《九步达到财务自由》一书中，她强调指出：尊重你自己和你的金钱；敞开接受你应该拥有的一切；理解金钱循环上的潮起潮落；财务自由的最高境界是拥有一种富足的心态，真实的财富与金钱毫无关系！

其实，财务自由对绝大多数的人来说可望而不可即，能够做到的只是少数，所以切不可抱有不切实际的企图和想法，投机取巧，急功近利，毕其功于一役，或坑蒙拐骗，铤而走险。努力向着：有自己拿得出的技能，打铁自身硬，有核心竞争力；学会自我教育和更新；找到自己的兴趣；以良好的心态、心智管好自己的欲望；稳定收入（尤其家庭的财产性收入）来源；时间自由、身心健康等等的方向前进，争取有一个适合自己的财务自由。

佛　　系

　　时下的热词"佛系男子"源自日本。2014年3月日本畅销女性杂志《non-no》报道了日本男性工作、恋爱、生活态度的变化；并将时尚类型的男子命名为"佛系男"。该类型男子有七个特征：对自己感兴趣的事情非常执着；对主动接近自己的异性不知所措；对上进的异性有好感；重视时间的利用效率；秉持自己独特的世界观；对埋头工作的自己感到自豪；喜欢关注自己缺点的异性。此番提出的佛系男，与在2000年由日本作家深泽真纪提出的"草食男"有很大的区别，草食男较为消极与隐世，他们没有太大的人生目标，对异性也没有什么兴趣，更不喜欢通过工作来出人头地，一心专注于自己的爱好。

　　2017年，"佛系男子"一词铺天盖地，迅速刷爆朋友圈，火遍网络、书刊，作为一种文化现象，是看破红尘、按照自己的生活方式生活的一种生活状态和人生态度。在中国的具体描述中佛系男子有着如下形象：佛系男子他们外表看上去和普通人一样，但内心往往具有以下特点：自己的兴趣爱好永远放在第一位；基本上所有的事情都想（要）按照自己喜欢的方式和节奏去做；总是嫌谈恋爱太麻烦，不想在上面费神费时间，也不想交什么女朋友；就单纯喜欢自己一个人，和女生在一起会感觉很累。而所谓"佛系"指的是不争不抢、不求输赢、不苛求、不在乎、不计较、看淡一切，随遇而安，于是作为通用的一个标签，用武之地颇大。

　　因为过热，所以衍生出了诸如：佛系青年、佛系男子、佛系女子、佛系子女、佛系父母、佛系生活、佛系追星、佛系学生、佛系乘客、佛系恋爱、佛系购物、佛系饮食等一系列词语。其中如佛系购物表现为：在网上购物时，不差评、不晒图，不与卖家较劲，不和快递较劲，对购买的东西保持一种淡定的心态，即便东西不好也不急躁，大不了扔了以后不再在这家买就是了。如对佛系职员的解释是：对工作丧失热情，前已不见通路，后亦不见归途，索性放下执念，不喜不悲，不怒不嗔。老板骂我，我说哦知道了；老板表扬我，我说哦谢谢；工作量剧增时，我说哦好的。心境处于躺平状态,活成一个大写的"哦"。

有人说年轻人以"佛系"自嘲、调侃,体现的是一种求之不得、干脆降低人生期待的无奈,反映的是一种不可取的消极生活态度。也有人说佛系的流行体现了年轻人对锱铢必较、非理性争执的反感,对和谐的生活秩序的向往。这些可能有点道理,不过需要搞清楚的是,原本意义上的佛:佛者,觉也;指脱离生死、觉悟圆满的人;也指觉悟者的意识。佛又指的是佛教,宣扬"舍弃欲望,破除执着"的思想。也许就因为对佛教的这般那般的理解,才把这种过着什么都行、不大走心、看淡一切的活法的人称之为佛系了。而所谓系则表示群体,这样的话便可以说佛系与佛教又没太大的关系。应该说我们这里的佛系与日本的佛系是有一定的差别,虽然大家的名称中都有"佛系"两字,但实质更接近日本之前较为消极的"草食男"(草食青年)。

可以看到佛系青年(男子)的产生有压力太大、心理焦虑的原因,有对疲劳、无奈、失落等不尽如人意的现实状况的逃避;其实他们并非没有欲望、目标、追求,以佛系自喻,将其作为逃避的代名词或栖息地,是不可取的。面对一切说什么不怨不怒,不争不抢,凡事随便、随意、随心、随缘,也都是似是而非的,你能入定、真正的清心寡欲,万事眼前过、不往心中去?!佛系的一些说法、提法也许有助于避免功利主义或使人平静、冷静下来,但一味追求那么多的"不",会丧失志向,随波逐流,消极悲观,那是失败的人生。

人生一世,可以轰轰烈烈,可以平平淡淡,有奋斗目标、理想、追求是应该的;有底线、有操守、有取舍也是可以的。奋发有为,随遇而安同样可以成为一个人的阶段性的选择或标识。该干什么干什么,什么时候该做什么做什么;干就要干好,体现作用、作为;当然干累了,可以歇一歇,整休一番。想一下如果大家都"佛系"了,那社会会怎样?世界又会怎样?当然这不会出现!

作弊心理

作弊是一种社会性的多见病，尤其在那些需要被认可或得到某些成功的时候。美国宾夕法尼亚大学的神经科专家安简·查特吉博士这样认为："当你设定某些环境、把自己投射为一些不公平现象的受害者时，就特别容易为自己的作弊行为找到正当的理由。"

关于在考试中存在的作弊众所周知，从古到今，变化多端。这方面的例子层出不穷，现在甚至出现了考试经济，利用考试来发财，包括售卖、使用先进的设备，盗窃、泄露考卷考题，替考等等。

好人变坏、老人变坏已经是见多不怪的社会现象，它常常起于或见诸一起微小的违法行为；随后不断增加，下意识地追求满足额外的利益。在许多时候当事人往往并未意识到由于这种种的追求捷径：快速利己，促使自己在真的开始作弊时作出的一个故意的决定。

与各种各样的抉择相伴的是长期收益和短期收益的交战，张力存在于更道德的选择和不那么道德的选择。其中还有来自外部的因素影响选择指针以及天平的指向。

在小事情上的作弊进而发展到一种故意的欺骗或欺诈，往往就不会是一念之差了，而是不以为羞耻的一种存心而为。有研究认为很多人作弊是因为一些很私人的原因，这种原因往往与情绪有关。而作弊的最大的驱动力亦可能来自一种深层次的不公平感。当人们开始参与竞争和他人进行比较时，很快会得知其他人的潜在优势，如来自富裕家庭、官二代、校友关系，与某些人经常相聚……当面对具有这种优势的职场对手时，多占一些他人的功劳便变得容易去做，理所当然，还以为这样似乎是很公平的。由于时间压力的加大和生活成本的增加，获胜会让人变得更加的不诚实；而加入一个团队也会引发更多的人协作，共同作弊。并且作弊行为、作弊方式随着社会及技术等等的发展、发达也在发生变化。

一旦作弊开始,人们会很自然地把它归咎于别人、归咎于社会。"当涉及一些负面特征时,我们往往会高估其他人跟自己的共同点。"(美国康奈尔大学心理学家大卫·邓宁)也就是可以这样认为,一个抄捷径、走偏门的人常常是在开始作弊后,会认定每个人都在作弊,并把自己的成功视作自己的能力,而不是他们所依赖其他东西的结果。

就公平而言,作弊不可取;就人生而言,作弊也是大病之一,它至少是一种道德的缺失,不讲诚信。防微杜渐,谨小慎微,在这里是用得上的,如果以为偶尔为之,无伤大雅,那么就可能会沾染上身,并以种种理由自圆、自谅,最终带来后果。如同说谎一样,撒下一个谎,恐怕就会要以更多的谎去圆、去补,导致神疲力乏心累,紧张兮兮,日子不好过。

吞钩现象

　　奥地利著名学者阿尔弗雷德·阿德勒(1870—1937)是杰出的精神病学家、人本主义心理学先驱、个体心理学的创始人;其曾追随弗洛伊德,后因学术分歧而分道扬镳。他认为每个人的人格都是由各种动机、特质、兴趣、价值所构成的统一整体;意识是人格的中心。而弗洛伊德把人格分成本我、自我和超我;无意识是人格的中心。阿德勒著述颇丰,对西方心理学的发展具有重要意义。

　　他喜欢钓鱼,在垂钓中发现了一个现象:鱼儿在咬钩之后,通常因为刺痛而挣扎,越挣扎越疼痛,越疼痛越疯狂,鱼钩就越发深陷、无力摆脱。他把这个现象称为"吞钩现象",并且运用于心理学范畴。这是一个很有趣味的概括,也折射出他学术的造诣。他认为人的烦恼固然多,如有着工作和学习以及竞争等等的压力,然而所有的烦恼都是人际关系的烦恼。一个社会人,免不了会存在过失和错误,这些过失和错误解决了、放下了便好;倘若很深、很疼,就如同鱼钩,被咬上后会令人负痛挣扎,直至扎入心灵难以摆脱,这就是人的心理方面的吞钩现象。

　　这种吞钩现象使人不能正确对待错误和过失,屈辱和失落,不能正确对待自己和旁人,会持续产生,造成严重的后果、影响;我们应该避免由此出现破坏和改变人性、人心的结果。也是阿德勒说的:应付生活中的各种问题的勇气,能说明一个人是如何定义生活的意义。

　　提出问题是为了解决问题。吞钩作为一种社会现象含义宽广;有广义、狭义之分。哪怕有过走麦城、失街亭之类的挫折、过失、错误,也不能沉溺在痛苦和懊悔之中,不能折磨和拖累自己,更不能掩盖、粉饰、混过去。要忍痛下决心割尾巴,放下颜面,释放包袱,走新的过五关、斩六将之路。错误和挫折教训了我们,使我们变得聪明和坚强起来,所以要有足够的勇气去直面人生,有毅力去改变这种吞钩现象;这是先从广义角度讲。

　　狭义方面,钩上有饵,易诱人上当,尤其是各式美味的香饵(可以囊括一切),对于缺少防范心理的人们,尤其是在岗在职大权在握的"公仆"来说,无疑是一帖闻之香气扑鼻、食之七孔流血的毒剂。要经得起诱惑、管得住自己。中国汉代张衡的《归田赋》有云:"仰天纤缴,俯钓长流;触矢而毙,贪饵吞钩。"切勿被"围猎"、被蛊惑,吞钩中矢,自毁一生。

邻避效应

　　"邻避效应"在经济社会的发展中越来越多地被提及,也越来越多地起到重要的作用,在发达国家和发展中国家,包括相当多的城市、地区亦越发被重视。"邻避"是由英文音译过来的词,英文的意思是不要在我家后院;引申为不要在我家后院搞事情。

　　在现实生活中,邻避效应是指公众因为担心、厌恶诸如垃圾处理厂、发电厂、殡仪馆、化工厂之类对人身体健康、环境质量和资产价值等等带来负面影响的项目,强烈反对"建在我家后院",由此产生激烈的反对,甚至群众性的抗争。

　　事关人人的那些公益性、服务全社会的设施(诸如上述)谁都离不开,也不会有人认为不重要,虽然必不可少,什么地方都可以造可以建,就是要离我远一些,不能在我家后院,不能在我家附近。对于人们的这种心结,必须正视,只能疏导,不能莽撞,针尖对麦芒必然遭挫,进而影响局部或某一地区的生产、生活,造成:宣布上马——群众抗议——紧急叫停的现象。正确的运作应该是:首先要有科学的决策,平衡各方的利益,合理布局;防止仓促上马、违规违法开工建设、规划建设信息不透明和不公开、环境评估和风险评估走过场等;落实公众对地方重大公共事务的知情、表达、监督和参与权;主动与所在地区及周围公众的沟通,听取意见,合理处置,包括利益补偿机制,落实多元的矛盾纠纷化解机制,等等。

　　对症下药,是什么问题解决什么问题,在实践中总结提高改进,学习借鉴化解邻避效应方面的好思路、做法,成熟成功的管理、经验,这才是在整个过程取信于民、争取双赢,确保避免"邻避效应"发生的好办法。

　　说白了,邻避效应中最关键的还是信任问题,公开、公正、科普、沟通、宣传、舆论、参与、监督,这些一个都不能少。可以讲一个"登门槛效应",此说由美国社会心理学家弗里德曼和弗雷瑟从1966年所做的"无压力的屈从——登门槛"的实验中提出。他们让大学生登门拜访一些家庭主妇,请她们在一份有关安全驾驶的请愿书上签名,这个要求无伤大雅,受访的家庭都照办了。两周后,大学生们对两组对象进行拜访,第一组是之前去过的,另一组是没有受访过的、大学生们提出同一个要求:在她们的后院里竖一块既大又丑的警示交通安全的广告牌。第一组主妇中有多于70%的人接受了这个无理要求;而第二组的主妇中,只有17%的人接受了这个要求。实验证明,每个人都有保持形象一致的愿望,一旦他们表现出了善良、友好、合作的一面,就宁愿多付出一点代价也要维持形象。这种"登门槛效应"或许能对邻避效应的避免和化解会带来启发和帮助吧!

近因效应

在心理学上有一个近因效应,即印象的形成主要取决于后来出现的刺激,或越是新近发生的事情就越会给人留下深刻的印象,并让人联系起相关的事情。心理学将这一现象解释为:认知对于主观概率的影响。主观概率是一个统计学概念,即人们主观上对某种事件发生的可能性的估计。相对客观概率,主观概率非常容易受到心理因素的影响。

换句话说,与首因效应相反,近因效应指在总体印象形成过程中,新近获得的信息比原来获得的信息影响更大的现象。近因效应一般不如首因效应明显和普遍。在印象形成过程中,当不断有足够引人注意的新信息,或者原来的印象已经淡忘时,新近获得的信息就会有较大的作用,故产生近因效应。例如介绍一个人,先讲他的优点,接下来"但是",讲了许多缺点,那么,后续的那些话("但文")对印象形成产生的效果就属于近因效应。

近因效应于 1957 年由美国心理学家卢钦斯提出,经过他的实验证明,在有两个或两个以上意义不同的刺激物依次出现的场合,印象的形成的决定因素是后来新出现的刺激物。以后在 1960 年,心理学家 J·怀斯特亦有实验证明:当沟通者提出两个以上不同的论据(刺激物)时,则取决于认知者的价值观念,首因效应和近因效应依附于主体价值选择和评价。若提出的论据间隔了较长时间,那么近因效应发生的概率更大。而且其他学者的研究证明:认知结构简单的人容易出现近因效应,认知结构复杂的人容易出现首因效应。而认知者在与熟人交往时,近因效应起较大作用,与陌生人交往时,首因效应起较大作用。

这种"末尾项目的记忆效果优于先前或中间部分项目"的现象优劣共存,值得我们关注。好的方面或事情、事件可以使我们不断认识一个人,而因为一时一事或肯定或否定先前的或影响整体的印象,是不可取的,往往会带来片面、失误。

在交往中也常会因为一时情绪不佳或处事、处境的不顺,甚至一句话伤了多年的和气、交情而给人以差的印象,以至冲淡甚至颠覆以往的感观、评价,对于这种情况、负面的近因效应,我们必须要有清醒的认识,不能受其牵制或左右,乃至蒙蔽受惑。

坐向效应

素以创新闻名的美国文化达人皮克斯经史蒂夫·乔布斯的投资,后又与迪士尼合作,三十多年来硕果累累,如《顽皮跳跳灯》《棋局》《玩具总动员》《超人总动员》《头脑特工队》等等,叫好又叫座。皮克斯有一个显著的特点就是大家可以不拘一格,充分表达自己的意见,可以不务正业,坚持有质量的娱乐。

一次,公司的高管们发现日常开会时习惯于面对面坐成长长两排的做法有诸多不便,时不时导致并影响会议的效果、创意及意见的发表。他们认为在创意面前,职位和级别毫无意义,但在不知不觉中,却放任桌子以及由桌子衍生出的席次牌惯例影响大家:你坐得离中心位置越近就越重要,你坐得离中心地带越远就越发有局外人的感觉,你的发言也越少。这样与会者明显分为几个档次,中心位置的人为一级,坐在桌子两头的是二级,连桌边位置都轮不上的是第三级;这种隔断客观上影响了与会者的热情和投入。于是,他们改变了这种做法,用圆桌、方桌换掉了长桌,沟通更流畅,交流互动更加融洽了。

同样的例子还有,美国有位评论型电视节目制作人对自己的节目往往引不起足够的重视感到苦恼:明明请来的都是名人、大咖,却总是在辩论、对话中缺乏高潮,气势不足,场面不够火爆。他请教心理学家,专家给出了建议:改变一下座位的横排方式,由以往的横排而坐改成两人相对而坐。结果一下子改变了以往的局面,每一次节目都能引发热烈的气氛和激烈的论战;不久,这档节目便成为受众人欢迎的节目。

方桌,尤其中国的方桌又被称做八仙桌,方正、大气,具有极其稳重的阵势,带给人们以安定安全的感觉和舒展自如的感受。而圆桌忽略或并不强调(强化)高下尊卑、上位下座之类;人数亦可随意,桌面的直径调整变化容量即可增减;人坐其中显示了人与人之间的平等。所以即便在今天,相当的一些谈判或会议还在采取圆桌的方式,强调平等、对话、协商。说起来远了,据说这种"圆桌式"的会议或洽谈起源于一千多年前的英国亚瑟王,他让自己的骑士和罗马主教大人围坐圆桌,骑士与君主、主教之间不排位次,平等沟通,共商国是。

坐向看似简单,但里面隐藏好多奥秘,怎么坐、坐哪里? 这里面就有一个"坐向效应"。

狄德罗效应

有一个关于消费的故事,法国启蒙哲学家、先驱人物狄德罗一次收到一件质地精良、做工讲究的睡袍,他穿上它后在书房里走来走去,总觉得有不适感,而且越来越强烈。他发现屋内的地毯太老旧,色彩、针脚粗鄙,家具风格、样式也与身上的睡袍不搭、不配。为了改变这种情形,狄德罗出手了,采购置换,一连串的动作,把家里重新装修,换上新的家具、装饰物,于是与睡袍对称了,感觉过得去了。但是静下心来想想:这算怎么回事,自己居然被一件睡袍胁迫(挟持)了! 这个故事被美国哈佛大学经济学家朱丽叶·施罗尔定义为"狄德罗效应"。

消费的理性和非理性,买买买和断离舍是一对矛盾,至于一不痛快即逛商场,动辄花钱,以冲动购物带来的愉悦满足自己;以及看到打折促销或认为便宜的就想要收入囊中,不管家中有没有、用得上用不上,或者别人家有了、朋友同事先后都置办了,于是也要跟进……其实这些大可不必,于生活无益。

必要的消费,有需要的更换,量力而行,无可非议;但那种冲动性、炫耀性、非理性的消费关键在于我们是否有定力。人性的复杂、社会的影响、舆论(广告)的导向,告诉我们做对事情总是不易的,头脑要清醒,正确对待自己的需求。人的行为包括消费往往是互相关联的,当你改变其中一点或做法,相应的其他行为也会随之改变;不受惑、不被"绑架"、不做一时爽快过后懊悔的事。

当然就整个经济发展了,人的生活富裕而言,消费的层次自然会上去,有能力有需求或着眼改善生活的消费是正当的,如买了新房,带动的不止是上游的房地产业,还有装潢装修,硬核部分和软装部分,家具家电等等。这种连贯连锁的消费对社会经济发展是有益的。所以在一定程度上,汽车、家电的"上山下乡"、淘汰低质量高能耗的汽车、家电以及设备,形成一种健康的排浪式、滚动性的消费态势也是符合实际的。

处理好消费的辩证关系、合理消费是一个日常的又是长期的课题。带着理性、带着喜欢、带着新鲜好奇,同时荷包又丰满、承受得了,那么不妨如心随意,毕竟生活在当代,总不能做个苦行僧吧!

纳什均衡

纳什均衡理论要花点时间去理解,虽然有人说其以严密的数学语言和简明的文字定义了纳什均衡;对此褒贬不一。贬之者:不知所云,"黑暗中的教唆,无知中的误判,猎奇中的杂耍……";褒之者:纳什均衡理论奠定了现代主流博弈理论和经济理论的根本基础。"已成为范式的中心";"是对博弈理论的高度原创性和重要的贡献,它发展了本身很有意义的几人有限非合作博弈的概念和性质"(美国数学家,普林斯顿大学教授阿尔伯特·塔克)。"发现纳什均衡的意义可以和生命科学中发现 DNA 的双螺旋结构相媲美。"(美国经济学家罗杰·B·梅尔森)纳什本人据此在 1994 年获诺贝尔经济学奖。

1950 年,纳什提出了他的平衡理论,又称非合作博弈均衡,此为博弈论的一个重要术语;表述有所侧重。诸如:反映的是,每个参与人的策略是对其他参与人策略的最优反应;包含了任意人数局中人和任意偏好的一种通用解概念;对于每个参与者来说,只要其他人不改变策略,他就无法改善自己的状况;如果两个博弈当事人的策略组合分别构成各自支配性策略,即为纳什均衡;一个策略组合被称为纳什均衡,每个博弈者的均衡策略却是为了达到自己期望收益最大值,与此同时,其他所有博弈者也都遵循这样的策略;纳什均衡在全局来看不见得理性,不是看起来的最优解,但对每个人来说它的确是在别人不可控时自己的最优解。

因为关系到博弈,所以纳什均衡应用广阔,涉及多个领域,甚至整个社会,可以说无处不在。可以举若干例子或事实,如著名的"囚徒困境"博弈就是数学家阿尔伯林·塔克作为客座教授在斯坦福大学所讲述的一个故事。两个贼联手因犯事、私入民宅而被捕入狱,被分别关押后,最符合自己利益的是坦白交代,于是为了自己的利益最大化,两人都选择了坦白,结果都被判刑八年。但如果有一个人没有坦白而是抵赖,则以妨碍公务罪(因有证据表明真有罪)再加刑两年获刑十年。而另一个因坦白有功被减刑八年立刻释放。如果两人都抵赖则会因证据不足而不能判两人的偷窃罪,但可以私入民宅罪名均获刑一年。这证明了纳什均衡中的追求最大值,于己最优反应,在他人不可控的情况下力图自己的最优解的定义。又如在酒吧里,几个单身汉聚在一起,见进来几名女子,其中有 1 人貌美出众,单身汉们情不自禁要前去搭讪,追求那位美女,但是最好的结果难道不是谁也得不到她吗? 这样一来,谁都没有在此番竞争中落败。几个单身汉调整了自己最初的目标,结果大家都是胜利者,策略组合起了作用。

人们原本期待纳什继续有新的见解、学术成就面世,但因为其身体等原因好像也没有;可惜的是他不幸于 2015 年 5 月 22 日与妻子一起遭遇车祸而逝世,享年 86 岁。

空　耳

　　"空耳"源自日语词汇"そらみみ"（soramimi）的汉字写法，意为"幻听""听错"或假装"没听见"的意思。作为一种流行的文化现象，其产生自 20 世纪 90 年代日本电视综艺节目的《田森俱乐部》推出的"空耳时间"环节，在这个环节中，人们把外文歌的某些歌词故意听成日语，从而产生幽默、戏谑、搞笑的效果。随着节目的热播，"空耳"这种故意听错及发挥的形式便广为流传。现在专指一种将原歌曲中的歌词，故意用另一种语言，取其与原语言相似的语音，写出与原本歌词不同甚至毫无相关的新"歌词"，以达到恶搞或双关目的的文字游戏。

　　空耳在网络文化中，在青少年之间颇为流行。它与同为日本人开发的"弹幕"极佳的双向激发，更是大行其道、盛况连连。

　　言语不通，用自己的母语将他方语言（发音）音译出来，由来已久，如将"英语"一词说成"阴沟里去"。而空耳则是故意把一种语言听成另一种语言类似的字句的文字游戏，或将一种语言的影片或音乐以自己熟悉的语言谐音重写内容，取得好玩、反讽、恶搞的效果。这种情况始于日本，流传遍布了东南亚甚至更广。因为空耳由音译加上特别想象，有意无意给出一种新的诠释，其内容与原先的无关，它借助于发音、音译，可以对整段、整句的内容进行改编，也可以挑出细节、情节来发挥。

　　如日本动画片《聪明的一休》片头曲："好き……愛してる"被空耳为："咯叽咯叽……阿姨洗痰盂"，至于日本的"愛してる"（我爱你）除了前述，还被空耳为：阿姨洗铁路、阿姨（俺姨）是条驴。韩剧《大长今》主题曲则被空耳成"武大郎挨猪打"。

　　如刘德华演唱的经典歌曲《谢谢你的爱》被用作四川话翻唱，玩笑开大了，歌词"多情暂且保留几分"居然空耳成为："多情暂且爆刘继芬"或"多情暂且抱刘继芬"，影响之大、反响之烈，使"爆（抱）刘继芬"成为网络条目，视频播放量达 13 648 万次之多。至于周杰伦那些"含糊不清"的唱词便成为空耳的重灾区，著名的有"窗外的麻雀在电线杆上多嘴"变成了"爽歪的麻雀在电线杆上裸睡"。萧敬腾的"夜太美"

变为"野台妹";张敬轩"乘电车跨过大海"成了"成碟青瓜过大海"(《樱花树下》)。

　　与此种现象相类似的便是改写成语了,这是一种介于音译与填词间的游戏或模仿,明明音准句通的句子(成语)被在同一种语言中重写内容;此风早已有之,于今更为蔓延。古时的"忘八端"(即孝悌忠信礼义廉耻)成为"王八蛋";"无度不丈夫"成了"无毒不丈夫"。现时滥用成语已成势头,"脍炙人口"成为"快治人口"(用于消炎药广告),"随心所欲"成为"随心所浴"(用于热水器广告),"十全十美"成为"食全食美"等等,至于胡乱改写、恶搞低俗的也不在少数,对此则应该引起注意,语言的健康也不是件小事。

京瓷哲学

南野秀一是稻盛和夫的小伙伴,属于追随其后的人物。他家中有棵柿子树,每到时节便会邀请稻盛和夫去他家摘柿子吃;稻盛和夫不怎么去。有一次南野秀一又郑重其事地发出邀请,并言明:我爷爷也请你去。于是稻盛和夫和一些朋友到南野秀一的家。大家看到硕果累累的柿子树十分高兴,搬梯子、找篮子,边摘边吃,很快把一树柿子摘了个干干净净。第二天,稻盛和夫刚到学校就被老师叫到办公室,原来南野秀一的爷爷看到柿子树被摘得光秃秃的,十分生气便到学校告了状。稻盛和夫不服气,认为是他们再三邀请我去的,见学生振振有词,老师就说了:"南野秀一邀请你去他家摘柿子本来是一片好心,但把满树的柿子都摘光,你可曾考虑过他的感受、他爷爷的感受? 如果你能学会站在他人的角度去思考,你就会明白,你是滥用了南野秀一的盛情。"

稻盛和夫是当代日本著名企业家,又是位哲学家。他在 27 岁时创办京都陶瓷株式会社(简称京瓷),52 岁时创办第二电信(Kool),双双位列世界 500 强。

老师关于"站在他人的角度去思考"的教诲在当时对他的触动很大,在以后的日子里,包括创业中他奉此为准则、圭臬,时时自问、自答,坚持"自利则生,利他则久",形成了自己的人生哲学、经营哲学,也就是所谓的"京瓷哲学"。

由一个点拨,生发开去,处处事事时时,对工作对人生进行不断的自问自答。"不违反社会的一般道德标准,要符合做人的道理,随时以'何为正确的做人准则'"为标准行事处世为人。稻盛和夫创业伊始就重视企业制度、企业文化建设,他认为企业要明确目的,统一方向,有自己的经营理念、宗旨及行为规范,有公司自身的基本的思维方式和哲学。他"努力把谋求公司生存过程中的每一天所学到的东西进行归纳总结",就这样形成了著名的"京瓷哲学"。

敬天爱人是京瓷哲学的主旨,这里的"天"就是按事物的客观规律办事;他认为:人格第一,勇气第二,能力第三。在企业经营管理方面他提出了十二条原则:

(1)明确事业的目的和意义;(2)设立具体目标;(3)胸中怀有强烈的愿望;(4)付出不逊于任何人的努力;(5)追求销售最大化和经费最小化;(6)定价为经营之本;(7)经营取决于坚强的意志;(8)燃起斗志;(9)拿出勇气做事;(10)不断从事创造性的工作;(11)要以关怀坦诚之心待人;(12)始终抱有乐观、向上的心态,抱有梦想和希望,以诚挚之心处世。在经营方面他还有包括"现金本位经营原则、提高核算原则"在内的会计原则。在人生观方面,他提出并诠释了"六项精进":(1)付出不亚于任何人的努力(前已有过);(2)要谦虚,不要骄傲;(3)要每天反省;(4)活着,就要感恩;(5)积善行,思利他;(6)忘却感性的烦恼。

稻盛和夫不愧为哲学家,有激情又冷静,很会总结、提炼,充满理论光辉、思想火花,那些充满了哲理、智慧的论断值得我们深思、仿效,并且可以日臻其善、渐入佳境!

波特定理

　　波特定理由英国行为学家 L·W·波特提出,很简单,但对于业界、对于系统、对于组织居上位者有警示意义。波特定理为:总盯住下属的失误,是一个领导者的最大失误。批评人之前先把他的优点提出来,这样就铺平了批评的道路。

　　过于关注员工的失误(错误),尤其是一些不上台面的;无涉根本性的错误完全无需大动干戈,不必好像是眼睛里容不下灰尘一般。既然盯住了自然是大肆排斥,厉色严辞,攻其一点不及其余,严重挫伤员工(部下)的积极性、创造性包括自尊心,而且在这种高压下、在凌厉的攻讦下,极易使处于劣势、下位的部属产生对抗情绪,引发离心倾向。事情的发展或流程往往是,下级在受到批评时,恼火但又无处发泄,只是记住了开头的一些话,其他就不在意了。因为突如其来总归会有反馈,于是忙于寻找理由,怎样为开头受到的批评进行辩驳;倘若针尖对麦芒,一句来一句去,恐怕不舒心、窝火的还是上位者。

　　管理学中有 X 和 Y 理论。分别为:X 理论认为人是向恶的,管理应该以惩罚为主,通过严惩来达到规范员工行为的效果,使员工在制度的规范约束下,集中精力工作,提高工作效率。管理学中 Y 理论则认为人是向善的,所以管理应以激励为主,通过激励来达到激发员工的工作热情,提高工作效率的目的。

　　其实无论 X 或 Y 理论,在管理中不可能偏执一面,严与宽、恶与善都会碰头,该什么是什么,是什么说什么,要有两手,要有机结合,针对问题寻找应对,一味奉行好人主义,一味高举大棒,都是不可取的。慈不掌兵是一说,有道理;居高临下恶声恶气、训斥打骂也不会得人心,如若下属们面上诺诺,实际离心离德,必将诸事无成。

　　对于员工的不足、错误要批评,但要宽容、宽宏,与人为善,设身处地,批评的同时不忘铺垫,先赞扬或肯定一些成绩、优点,再和缓提出不足,有针对地给予批评,避免伤害其自尊心、自信心。一个懂得顾及部下颜面的管理者不但人品不坏,而且会有福报。批评还要讲究方式方法,要有艺术性、操作性,以效果为要,艺术性、操作性服从服务于管用见效,不能事不分巨细,不分场合,不分青红皂白,倾盆大雨,借题发挥;而且对于不同性格的人,或外向、或内向、或敏感、或直爽,都需采取不一样的沟通方法。所以说批评要有针对性,有准星不脱靶;要有时效性,陈年烂谷子的事不必再提;要有诚意诚信之心,毕竟不是冤家仇雠,是你的部下,在为你打工、创造效益。至于在生活中、在职场中,可能避免不了会遇上一些偏执冤家、对头,或曾经的朋友、同学、同事、邻居,一味死盯你,找你的毛病,盯住你的失误揭发揭露、予以痛斥等等,对于这些那又另当别论了。

软　瘾

　　"软瘾"是美国心理学家提出的新名词。由朱迪丝·赖特最先用此词描述如下情况："这些习惯好像没有什么危害，一旦我们过度沉溺其中，在获取短暂的快乐之后，它更多的是在榨取我们的时间、精力，麻痹真实的情感，使我们远离自己真正想要的东西。"

　　所谓软瘾是指那些强迫性的习惯、行为或重复性的情绪，不同于毒品、药物、酒精的一种无法自拔的沉迷。在满足表面上的情绪释放，或满足或减压的同时，但忽视、阻塞了内心的真正需要。看起来极其平常、正常：如总会那么不自觉地打开购物页面，哪怕什么都不买，也要机械地、反复地浏览；如明明没有要看的电视节目，人也已倦，但手握遥控器直到深更半夜；如手机不离手，信息、微信翻看、发送不断；如瓜子、薯片之类的小食品不管肚子已饱，就是不断地往嘴里塞……这些都是软瘾的具体表征。社会压力加大和安全感的缺乏，使染上软瘾的人越来越多，种种表面和暂时的满足、快感过后，实质上却被榨取或浪费了大量的精力、财力；事后或许会有后悔或惊醒，但当时却难以摆脱。这是一种现代情绪病。

　　软瘾和爱好不能相混淆。如果一个人在活动中感受到愉悦、有活力，那必定是你在学习、在成长或在消除不良情绪，在调整自我，这是爱好或激情的体现。而一旦某个行为、习惯给正常生活、生存带来负面影响，其至头昏脑涨，还无法控制不能停下来，那就是有问题的迹象了。据调查91％的美国人患有软瘾，简直骇人听闻！而其中拖延、过度看电视名列榜首；而与网络相关的各种强迫性的行为（动作），如频繁看、发微信，时时以手机为伴的亦大有人在；相当数量的美国人在网络使用方面存在问题，其心理病状为戒断缺乏能力、渴望更多的上网时间、忽略家人朋友，不上网的时候情绪低落、敏感易怒，生理上表现出眼睛疲劳、睡眠不足以及腕管综合征。软瘾在侵蚀人的健康，在影响生活，给工作学习、人际关系以及经济生活带来各种程度的不良后果。

认识和战胜软瘾,需要我们自我反省,对症下药,分清什么情况、什么问题,采取各种具有针对性的有效办法,积极地制定计划,有步骤地去改变自己。虽然每个人的生活环境、心理状态不同,但毕竟生活充满了丰富多彩的活动,不需要用软瘾来填补空虚和空白。

也有人不认可软瘾的概念及其存在,以为在压力或负面情绪下,人们选择购物或者其他行为,"节目"虚度光阴可以释放紧张情绪,进而提高免疫系统的工作效率;这种趋利避害的选择是人的本能行为,无可厚非,不足以大做文章。当然这是一种明显的不同意见、截然相反的态度及取向。

幸福观

幸福,人人在追求。什么是幸福,规范一点、文气一些的说法是指一个人得到满足而产生的喜悦,并希望一直保持现状的心理情绪。此外其他的说法、表述颇多,诸如:

幸福是人的精神(意识)对自我进行觉知时的满意状态。

幸福是指在一定的温饱和安全条件的基础上、在社会生态环境下,拥有能产生幸福感的要素、判断、动力的生活和生活状态。

幸福的定义为:在生存基础上的存在,在良好社会生态环境下的发展,在各幸福体内实现的相互满足和相互认同(同等的尊重、信任)的生活。

幸福是一种主观感受,但又与客观因素密切相关,它的发展变化表现为本体的特殊性,但它又在社会成长中遵循着普遍的客观规律,它既受内部因素影响,又受外部因素制约,涉及自然、社会、心理等方方面面。

幸福存在于差异化中,差异化的存在,不仅是合情合理的,而且是一个大学问,从人类认知学角度看,它就是产生幸福感的源泉。

精神的快乐即为幸福。

辑录若干名人对幸福的理解、阐述或定义:

"人类的一切努力的目的在于获得幸福。"(欧文)

"幸福不在于拥有金钱,而在于获得成就时的喜悦以及创造力的激情。"(罗斯福)

"每个人可能的最大幸福是在全体人所实现的最大幸福之中。"(左拉)

"有愿望才会幸福。"(席勒)

"使时间充实就是幸福。"(爱默生)

"幸福是一种持续的快乐。"(莱布尼茨)

"任何人都是自己幸福的工匠。"(梭罗)

"对大多数人来说，他们认定自己有多幸福，就有多幸福。"(林肯)

"所谓的快乐和幸福是指身体免遭痛苦和心灵不受干扰两个方面。"(伊壁鸠鲁)

"健康是为我们的事业和我们的福利所必需的，没有健康，就不可能有什么福利，有什么幸福。"(洛克)

"幸福不是取决于我们生活中发生了什么事——它取决于如何看发生的事。"(佚名)

"与其说人生的幸福来自偶尔发生的鸿运，不如说来自每天都有的小实惠。"(富兰克林)

"醉心于某种癖好的人是幸福。"(萧伯纳)

"幸福存在于一个人真正的工作中。"(奥理略)

幸福说到底就是好的满足。幸福一般可划分为四个维度：满足、快乐、投入、意义。将浅层次的快乐转化为深远的满足感和持久的幸福感是一件益处更大的事情。对于幸福的诠释涉及了哲学、心理学、社会学、经济学、文化等多个领域、学科。

"你幸福吗?"这个问题曾经一度风靡，对此可以说一万个人会有一万个不同的回答。古今中外，对幸福的认可、认定、认识的标准和体会亦可以说千人千面，包罗万象，但无论怎样，安全感、舒适感、生活环境的优渥与否，物质、精神方面的满足如何，这些都是必要的前提；当然会有程度上的不同或主体感官体验的差异。概括地说，它是人们对生活总体以及主要生活领域的满意度，是人们所体味到的快乐感，是人们由于潜能实现而获得的价值感。

从大的幸福事件到小的幸福事情(小确幸)，都是人们所体验的快乐感受，从物质到精神，从客观到主观，从意愿到感受，无论拥有、等待、感动、收获、付出、分享、关爱；健康、平安、一杯茶一壶酒一餐饭；功成名就、淡泊宁静或追风逐浪、卧雪眠云；无论比较后的满足、奉献后的欣慰、忘我后的体味，我们都可以将之归为幸福！

幸福不会从天降，幸福必须靠自己的努力，需要天时地利人和。费尔巴哈说过："你的第一责任是使你自己幸福。"目标选准，合理期望；自利利人，己达达人。自己幸福了，要帮助别人，独乐乐不如众乐乐。"幸福越与人共享，它的价值越增加。"(森村诚一)甚至还可以"把别人的幸福当作自己的幸福，把鲜花奉献给别人，把棘刺留给自己"。(巴尔德斯)

奈飞文化

美国的帕蒂·麦考德曾在全球领先的互联网电视网络、流媒体巨头奈飞公司担任过多年的高管CHO。奈飞公司成立于1997年,联合创始人兼首席执行官为里德·哈斯廷斯。该公司2002年上市,2019年市值为1 320多亿美元。以后她成立了自己的帕蒂·麦考德咨询公司,为全球各地的公司提供咨询服务、培训人才等。她所著的《奈飞文化手册》系统介绍了奈飞企业的文化准则,从多个角度揭示了奈飞对传统企业的文化理念的冲击、更新和颠覆,值得一读再读。

帕蒂·麦考德归纳、提炼了八条奈飞文化准则,分别为:(1)只招成年人。因为是成年人,独立人格,心智成熟,自律自强,有执行力,所以容易激发积极性,他们热切渴望的奖励就是成功。人往高处走,每个人希望与高绩效者合作,在他们一旦有了出类拔萃的成就时,不要让规章和制度限制那些高绩效者。(2)要让每个人都理解公司业务。为此要坚持双向沟通,注入好奇心,认识到员工的无知是管理者的失职。(3)坦诚才能获得真正高效的反馈。在企业内部的人际关系上强调人前人后言行一致,学会给出受欢迎的批评;坦承成绩更坦承问题,践行透明文化,让错误无处遁形。(4)只有事实,才能捍卫观点。坚持你的观点,用事实为它辩护,用数据对观点进行检验。(5)现在就开始组建你未来需要的团队,站在六个月后的未来审视你现在的团队;企业在不同的阶段,需要不同的员工,你没必要在一家公司待一辈子。(6)员工与岗位高度匹配。不是每个岗位都需要爱因斯坦,简历之外更能看出匹配度,找到合适的人,永远在招聘。(7)按照员工带来的价值付薪。薪酬只与绩效有关,不要让员工在不得不离开时才获得应有的薪水。(8)离开时要好好说再见。高敬业度不代表高绩效;员工主动离开要弄清楚原因,即便有离开的会让人牵肠挂肚、让人怀念。

帕蒂·麦考德认为对于那些最成功的组织来说,身在其中的每一个人、每一支团队都理解世事难料,一切都在变化中,而且要享受这种变化。她还认为:"我不会说应对快速变化带来的挑战，在某种程度上或对某些人来说是一件容易的事；但好消息是，我们发现向人们反复灌输一套核心行为，然后给予他们足够的空间来践行这些行为，或者确切地说要求他们来践行这些行为，可以让团队变得异常富于活力和积极主动，这样的团队是让你获得成功的最好驱动因素。"

采用渐进式适应的方法，开发一套新的工作方法：勇于尝试新鲜事物，敢于犯错，不惧重新出发，最终收获成果；创造一种独特的文化，支持与时俱进和高绩效；这就是帕蒂·麦考德写书的初衷和目的。可以毫不夸张地说，《奈飞文化手册》是关于创业的指南、打造高绩效企业文化的指导，亦可成为成功人生的基础和参照。

拉弗曲线

美国经济学家阿瑟·拉弗是个"供应学派"的代表人物,他在 20 世纪 70 年代提出拉弗曲线。在 1974 年的某天,时任南加州商学院的阿瑟·拉弗为了说服当时美国总统福特的助理切尼,让他明白只有通过减税才能让美国经济摆脱"滞胀"的困境,即兴在华盛顿的一家餐馆的餐巾纸上画了一条抛物线,他解释道:税收不是随着税率的增高而在增长,当税率高过一定的点后,税收的总额不仅不会增加,反而会下降。因为决定税收的因素不仅在税率的高低,还要看课税的基础(税基)即经济主体收入的大小,过高的税率会削弱经济主体的积极性,微利甚至无利,企业就会心灰意冷,关门或减产,从而削弱税基,最终导致税收总额减少。这个理论得到当时同桌的《华尔街日报》副主编贾德·万尼斯基的激赏,他广为宣扬,很快得到社会各界的认同,这就是著名的拉弗曲线,又被戏称为:餐桌曲线。

拉弗辩证地说明了政府税收与税率之间的关系,同时生动形象、又不复杂。当税率在一定的限度以下时,提高税率能增加政府的税收收入;但超过这一限度时,再提高税率反而导致政府税收收入减少,因为较高税率会抑制经济增长,使税基缩小,税收收入下降;反之,减税可以刺激经济增长,扩大税基,增加税收收入。

拉弗的运道不错,他与里根总统投缘。当他还是斯坦福大学的研究生时,就预言里根会在加州州长竞选中获胜;后来他成为里根的好友。1981 年里根入主白宫,拉弗担任了里根的经济顾问。在一次他给里根及高官们上课讲到"税率高于某一值时,人们就不愿意工作"时,得到响应,里根总统兴奋地站起来说:"对,就是这样,'二战'时期的战时收入附加税曾高达 90%,我们拍四部电影就达到了这一税率范围,再拍第五部电影就赚不到钱了,于是就不工作到国外去旅游了。"里根采纳了拉弗的理论,在其任内政府征收个人所得税水平由 70% 降为 28%、公司所得税由 48% 降至 24%,经济出现了繁荣和跃升。

拉弗曲线有其合理性、针对性,有用,也有效;但也被指有不足或局限。但既然符合实际所以值得我们择其善而行之。其实类似的理念由来已久。中国古代的管仲就说过"取民有度";指出要制定适当的税收标准作为治国安民的政策。司马迁说过:对于经济活动,国家应:"故善者因之,其次利导之,其次教诲之,其次整齐之,最下者与之争"(见《货殖列传序》)。政策好了,不与民争利,经济繁荣了,国家收入自然提高。孔子学生有若在回答鲁哀公提出的发生饥荒而政府没钱救济怎么办时,有若说:把税赋降低到10%。鲁哀公不解:20%的税收都不够用,10%怎么行?! 有若又说:等天下老百姓富足了,国家就不用担心饥荒了。美国经济学家奥沙利文把孔子学生有若的这个说法称为"孔子曲线",孔子及其学生的智慧在不同的领域得到认可、应用。

青年震荡

　　20世纪60年代,经历了"二战"后的青年人对父母一辈的传统价值观出现了排斥和反思,社会喧嚣动荡,年轻人的文化追求改变着时尚、音乐和评论界。时任美国《时装》杂志的编辑戴安娜·弗里兰便用"青年震荡"来形容当时的这种社会状况。随着时代的发展,社会文化及青年的追求持续对服装、时尚、音乐、电影等发挥着作用,歌星、舞星、体育明星以及"朋克"之类的"街头英雄"风头十足。因为经济衰退,因为不景气,因为政治因素,因为文化传播及流行,对上述诸类的影响持续,反反复复,周转绵延,强烈地体现不同的时段、时期、时代的特点,反映着青年人的作用和影响力。

　　"青年震荡"在近些年又被重提、重视起来,随着多国、多地区的政治、经济、社会发展,尤其在选举等的关键时刻,青年影响频频发力,并呈现出效果。2017年6月在英国大选中此词的使用率大大增高,越来越多的青年希望发挥作用,尤其在18岁至31岁区间的年轻选民大量参与投票,支持自己信任的人;工党获胜后被媒体称为:"青年赢得这场选举。"在韩国总统朴槿惠的倒台过程中,赞成对她实行弹劾的人中有9成是20岁至40岁的人!

　　"青年震荡"就是指这种由年轻人的行为或者影响力带来的重大的文化、政治或者社会变化。2017年12月,"青年震荡"被评为《牛津词典》同一年度的词语。《牛津词典》每一年都会发起评选,在争论中选出最能代表当年风气的一个词,选词反映了人们及社会的眼光、风气、关注度、潮流以及当时的文化现象。有人就分析认为:随着"后真相时代"(人们只相信自己愿意相信的东西)的到来,"大数据"(信息量越大作出的决策越合理,当你拥有的数据大到一个量级的时候,根据这些数据就有可能找到最优的决策)的面世及作用,"青年震荡"被用来形容年轻人参加选举的状况,说明原本已经对选举制度和社会发展漠不关心的年轻人重燃对选举和参与社会的兴趣,青年参加选举,推进社会变革的行为和影响大幅猛增,如在英国

2017年剧增为401％！英国国家公民服务机构的CEO麦克·莱纳斯认为：尽管未来有诸多挑战，但多数青年都是积极乐观的，他们正在学习新的技能，计划新的社会行动，来建设更好的社会。有人亦称此为一代青年的觉醒。当然也有人不这么想、这么看，认为这是社会的动乱，在社会分化、变动中存在的不确定性。

《牛津词典》总裁卡斯帕·格拉斯沃尔这样解释：我们基于证据和语言兴趣，选出"青年震荡"一词，对我而言，最重要的是在我们的语言反映出日渐加深的不安和疲惫之际，这是一个少有的带有积极语调的政治词汇。这里也附带提及当年选词中的热词：反法西斯、玻璃心男子、户外运动风、污点材料、独角兽风、奶昔鸭、新闻推销，等等。

青蛙现象

青蛙现象也称青蛙效应,由来已久,出处也多。一说起源于德国生物学家们提出的"温水煮蛙":如果把青蛙放在沸水里,它会立即跳出来逃生,当你把它放在冷水里慢慢加温,青蛙不会觉察,最终被烫死。一说为19世纪末,美国康奈尔大学曾进行过一次著名的青蛙试验,他们先把青蛙放在沸水中,青蛙反应灵敏并迅速跳出,半小时后将同一只青蛙放入冷水中慢慢将水加热,青蛙并无反应,待水很热时,青蛙的四肢无力,欲跳不能,最后被煮死。

人们把这种缓缓而至,于自我感觉良好之际,处于一时习而不察的逐渐变化之中,致最终酿成严重后果的现象称为青蛙现象。

时至今日,说这个现象(效应)的人多,重做这个实验的美国人也不少。据美国俄克拉荷马州大学的维克多·哈奇森等在又一次实验后说:煮熟青蛙是一个城市传说。他发现的事实情况是:如果青蛙被放入冷水中并逐渐加温,当它对温度略感不适时,会立即跳走,除非容器的深度使其无法逃脱。

一个寓言式的现象、效应已经成立,所以也就没有必要去究其来源或实验的真假、正确与否,去争去辩。其所指谓的、想要说明的,大家能够理解、明白及体会即行。

它告诉我们,青蛙现象普遍存在于社会生活、经济政治、企业管理、气候环境、人生境遇诸多方面,我们可以有足够的事实、事例来证明、说明这样的情况,以详述"青蛙现象真相""青蛙效应大全"。

其实,透过表象看实质的话,青蛙现象告诫人们:要居安思危,防微杜渐。舒适的环境固然令人愉悦,但也会孕育危险;已经习惯的生活方式,也许就是会带来危险的生活方式。软刀子割肉,糖衣炮弹杀人,就是这个效应的通俗说法。生于忧患,死于安乐;潜移默化,滑向反面,巨变即隐匿在不自知不自觉之中,就会造成"死于安乐"。坚持并善于警醒自惕,见微知著,才能未雨绸缪,防患于未然,立于不败之地。

所以在现实世界、现实社会必须在头脑清醒时擦亮眼睛,睁大眼睛,在变动不居、永继前行的时代,看到变化、迎接变化,打破一成不变,不甘心淘汰,百尺竿头,与时俱进。

刺猬效应

　　心理学中有一个效应被称为刺猬效应,是指刺猬在天冷时彼此靠拢取暖,但保持一定距离,以免互相刺伤的现象。这源自叔本华,他在文集《附录和补遗》中说的是:人就像寒冬里的刺猬,互相靠得太近,会觉得刺痛;彼此离得太远,却又会感觉寒冷。

　　刺猬效应强调人际交往中的心理距离效应。在人与人的交往中,无论家人、朋友、同学、同事、上下级,其间都有一个关于距离的把握问题。如胶似漆,形影不离,亲密无间,虽是亲密关系的理想状态和外在表象,但实际并非如此;假以时日,热闹劲头过去,炽热归于平淡,差异和缺点凸显,往往会给亲密无间带来修正。一定的空间、适当的心理距离会使人感到自在舒适,过远或过近的距离会使人产生压抑、厌恶和疏离等感觉。即使在父母、子女及孙辈之间也都有距离观,如家庭系统理论的创始人默里·鲍文所说:家庭内存在两股力量:一是寻求归属,即融合;另一个是寻求个体化,即分化。理想状态的家庭关系应处于这两股力量的平衡状态;正如刺猬效应一样,既亲近又有合适的距离。

　　由父母、夫妇、亲子、同胞组成的各自的亚系统都有一定的运行方式和距离,如有了第二个孩子后形成的同胞亚系统,孩子们就会在他们之间的互动中学会支持、合作、保护、竞争、反击和协调,适宜才好,各自有空间,不包管不放任。

　　"保持一定的距离"是法国戴高乐的座右铭,其中的"一定"由关系远近、亲疏如何来确定,合理而不乖张,清晰而又模糊。美国心理学家爱德华·霍尔研究发现,"心理距离效应"反映在人与人之间具体距离把握中可以分成四大区域:亲密距离(15 厘米之内);个人距离(46—76 厘米);社交距离(1.2—2.1 米);公众距离(3.7—7.6 米)。这太实在了,太管用了!

　　同学、同事、朋友,上下级甚至陌生人的相遇相处,均须注意保持一种疏密有间、时疏时密的关系,不远不近、不昵不訾的合作。在距离方面,生人、熟人,也都有相适宜的交往距离,教育学就强调,教育者与受教育者日常相处只有保持适当的距离,才能取得良好的教学(育)效果。一米线指的则是陌生人相距的尺码,若此则彼此就会没有压力,感觉轻松自如;贴近、贴身容易使人感到(受)压迫感、感到威胁;了解"空间侵犯",妥当设置相互交往时空间距离的远近,既体现了交往双方的亲近、喜欢、友好与否,也包括了内在、外部的协调。正确的距离是交往的重要条件或前提。

此效应用于其他领域,均有客观性和功效性,当然在实际生活及社会交往中,距离可以有弹性,可以据实调节。根据具体的情形,双方关系,性格特征,语境氛围,心境态度,等等,去作出调整。

苛希纳定律

西方管理学中有一条著名的苛希纳定律:实际管理人员比最佳人数多时,工作时间不但不会减少,反而会随之增加,而工作成本亦要成倍增加。按照这一定律,如果实际管理人员比最佳人数多2倍,工作时间就要多2倍,工作成本就要多4倍;如果实际管理人员比最佳人数多3倍,工作时间就要多3倍,工作成本就要多6倍。

在管理上并非人多就好,一个萝卜一个坑,适宜最好;有时候管理人员多了,七人八主意,人多生事,工作效率反而会差。其实对一个组织来说也同样如此,适当的部门设置、恰当的人员配备,可以最大限度地消除扯皮、人浮于事的现象,减少无用的工作时间,降低成本、提高效率,取得效益的最大化。

在一个充满竞争的环境中,一个企业面对劳动力成本不断提高,科研投入需求越来越多,设备更新的速度加快,新技术新技能的引入、市场销售及市场份额占有的竞争日趋激烈,应该说只能挖掘节省成本的金矿。这体现在各个方面,包括保有和运用高效的管理团队,最佳的人员规模和组织规模,用最小的工作成本换取最高效的工作效率,用最少的人但又是最精锐的人做最多的事,精简机构,削除冗员,克服诸多设置不合理的现象,如此这般,才能适应变化,立足、站稳,才能保持竞争力,发展强大。

企业的竞争,归根结底体现在人才方面的竞争,选准人才,用好人才,培养和留住人才,始终是一篇大文章、一个永恒的课题。加强管理,加强对管理者层面的管理,识别和奖掖有效的管理。用好的员工,把合适的人放在合适的岗位,体现责、权、利一致的原则,尽可能地发挥大家的积极性和潜能,扩大企业的生产,杜绝浪费,完善经营管理,使企业立于不败之地。

这里好像又可以联系上"责任担当"和"责任分散"这一对关系。作为老板,要选好用好人,作为员工要尽心尽力尽职尽责,越是忙的人往往越能做更多的事。反对闲散,闲则生事,闲则有变,不能因为人员懈怠、偷懒而撇清自己,定额考核,让每个人尽本分,多干活多担责任。管理学家苛希纳认为员工组合的工作效率和工作负荷程度成反比,这里也要注意到员工的自律、担当、负责任,做好工作,既完成本职又可以多干一些其他的活。这样的员工,不管哪个老板或什么企业都会欢迎的。

杰奎斯法则

埃里奥特·杰奎斯所创立的"杰奎斯法则"有两个不同的表述,完全不一样,所以都说一下。关于企业管理方面的杰奎斯法则:"企业的管理水平应基于领导决策之前所花费的可测时间长度和根据时间长度所应获得的报酬。"一个很长的句子,说明结果源自耕耘,企业管理并非易事。

另一个杰奎斯法则较为出名些:"有些管理者从开始时就下决心要解决存在的一切问题,这种观念本身就是一个错误。"纠结于解决所有的一切问题,实际上并非可能。有些问题的解决要有条件,水到渠成,瓜熟蒂落。而有的问题本身就是死结。再说老的问题解决了新的问题又会产生,或者说解决主要问题后原先的次要问题上升、凸显! 所以毕其功于一役,一蹴而就开创新局面难以如愿。有的时候就需要采取放弃或者转变认知,接受现实,非此即彼,未必如此,事物往往呈多元之状,面对复杂多变的现实,学会选择,学会与问题同存共处,或者把问题当作突破和创新的切入点。

这不仅是一个企业和管理者要知晓的,凡是组织、系统甚至包括家庭都会面临这种情况。管理是多层面的,管理者要学会成熟谙"舍与得"之道,所以在有些时候,在有些问题上,放弃更好。

杰奎斯是一位加拿大裔的英国学者,拥有多种身份:工业心理学家、管理学家、精神病专家、顾问、作家、伦敦塔夫斯彤克人力资源学院创始人之一。著有《企业文化之改变》《时间的自由度》《为层级制辩护》等。

他还有几个定理、论断颇有道理,不可不知。"判断时距法":任何一项政策,其决策效果需要经过一段时间才能体现出来;判断时距就是衡量某项决策的最终效果所必须耗费的最长时间。根据判断时距法,可以用衡量决策效果所需的最长时间来判断一个职位的价值;因此,判断时距越长,职位的相对重要性越大。

"中年危机"这是杰奎斯于 1965 年在《国际心理学杂志》发表的《死亡与中年危

机》一文中首提、创造的一词。所谓中年危机是指成年人从这个时候开始真正对死亡有了清醒的认识,意识到死亡正在步步靠近,这是不以人们的意志为转移的。心理学告诉我们中年转折期是一个自然阶段,通常发生在 40 岁左右,前后时差可为二十年。典型症状表现为:不满或者厌倦生活,对早年的决定和生命的意义表示质疑。具体的表征包括缺乏自信、意志消沉、骚动不安、易怒,性需求降低、疲乏、沮丧,脱发、体重增加以及恢复能力减弱等等。无论男女,中年阶段易抑郁,最容易得抑郁症的年龄为 44 岁左右。

林格尔曼效应

法国农业工程师,而且是一位科学家的迈克西米连·林格尔曼(1861—1931)在 1913 年做过一个著名的"拔河"实验,得出了一个出人意料的结论:人多力量小。

林格尔曼分析了在拔河过程中单个人在群体中的表现,并测量参赛人的拉力大小。当他发现让更多的人参与拔河时,尽管总体拉力增加,但每个成员施加的平均拉力在减少;这与团队合作时成员更卖力的理论相悖。测试很细致,从 1 对 1,2 对 2,3 对 3,8 对 8,尽管测得总体拉力增加,但个人的单向拉力却由 63(公斤、下同)降为 59、53.3、32。人愈多每个人的付出愈少,8 对 8 时每个人的拉力只有 1 对 1 时的一半。集体的力量并不等于个体力量的总和,这里不存在加法的定律,个体力量在集合的过程中流失,而且人数越多流失越大。实验证明:由一组人施加努力往往小于个人单独行动所作出的努力的总和。这也说明了一个现象:团队工作时,个人会放松。

大家都知道也这么认为:众人拾柴火焰高,人多力量大。从林格尔曼的实验中得知,人多固然力量也大,但实际上却不是加法,存在着浪费和损失。林格尔曼把这种:当人们参加社会集体活动时,他们的个体的贡献会因人数的增加而逐渐减少的现象称为"社会性懒惰"(也称:社会性逃逸)。这个实验亦被誉为林格尔曼效应。

这里涉及心理、责任,个人与团队、担当与考核等等关系。某一件事,假如让一个人单独去完成,就会成效显著;若由群体去完成,往往有退缩、保留或不尽如人意之处。前者的独自担起责任,后者内部则期望别人多承担些责任,因为松懈、偷懒甚至内耗造成了不良后果;这实质是责任分散,逃避担当的表现。"九龙治水""三个和尚没水喝"以及"华盛顿合作规律"等均属此类。

当然事有例外,在抢险救灾、救急救难或在你死我活的战争场景中,林格尔曼效应自然说明不了什么问题了。

这个实验也有说成由德国心理学家林格曼所做。

凯西定律

艾尔·凯西是个充满活力的实干家,作为时代明镜集团的主席,他将一家私人公司变成国际性的大公司;出任美洲航空公司的 CEO 期间,将负债累累的公司起死回生;担任美国邮政署长的八个月内,力推改革、除去种种弊端,他每天工作 12 小时,每周 7 天,日日如此,带动、鼓舞士气,让邮政系统重振雄风并盈利,时年他已经 65 岁。他又是个作家,著有畅销书《凯西定律:现金第一》《正念力:挑战墨菲定律的凯西法则》。

正是他提出了著名的凯西定律:如果事情能够向好的方向发展的话,它就不应该向坏的方向发展。这一定律恰恰与墨菲定律相反,所以他也是一个有开创性的人物。

凯西坚持认为:"只要有一丝好的可能,都不要放弃信念更不放弃努力。"这是一个核心观念。在他眼中"危机之所以出现,往往是人们任由问题滋长,拖延了太长时间而不去解决"的结果;所以"无论情况怎么样,永远不要放弃真正的自我",即不放弃信念,更不放弃努力和毅力;"努力工作,瞄准问题关键之所在,相信周围的人"。凯西又是个自律甚严、以身作则的人,他说"管理最基本的原则是保证你手下的每个人都真正了解你对他们的期望";"如果你想做个坚韧强硬的人,不必刻意强调,你可以在作出困难决定时仍保持同情;但是要想让事情办得很顺利,你就必须记住自己不是世界上最重要的人,而且从首席执行官起,这对公司的每个人都适用";"凭我的经验,我知道一个董事长要是在董事会里安插自己的朋友或者亲戚的话,就更有可能被一帮唯唯诺诺的人所包围"。

在遇到风险、困难、挫折和失败的时候,绝不能因此自暴自弃,要作出艰难的选择,把看似不可逆转的局面翻转过来,依旧一如既往地向好的方向发展。这不仅仅是凯西一个人的见解,也同样是大多数有识之士、管理学者、企业家、政界人士的共识。这里可以说一说史华兹论断。史华兹也是个非同凡响的人物,作为著名的管理学家D·史华兹学识渊博,经历丰富,曾为亚洲研究学会主席。他提出:所有的坏事情,只有在我们认为它是不好的情况下,才会真正成为不幸的事情。这个论断给人们的启示是:坏事可以变成好事,人的主观能力、努力能使自己从坏中见好,激发奋起、挽狂澜于既倒的动力,赢得豁然开朗、别有洞天的新局面。坏事情带来的是逆境状态和不幸感受,而不是世界的毁灭。退缩还是坚持? 只能坚持! 强化自己的目标,以失败为铺垫,从失败中学到更多的东西;以失败为磨刀石,砥砺前行,持久地为改变现状、获得成功而努力。这样看,如此理解,凯西定律和史华兹论断有异曲同工之妙。

帕金森定律

英国著名历史学家西里尔·诺斯古德·帕金森经过长期的调查研究,于1958年出版了一本名叫《帕金森定律》的书。他认为:在行政管理中,行政机构会像金字塔一样不断增多,行政人员会不断膨胀,每个人都很忙,但组织效率却越来越低下。这就是帕金森定律。这条定律也被称为"金字塔上升"现象。

帕金森阐述了机构人员膨胀的原因和后果:一个不称职的官员,可以(能)有三条出路,第一是申请退职,把位子让给能干的人;第二是让一个能干的人来协助自己工作;第三是任用两位水平比自己更低的人当助手。第一条路是万万走不得的,那样会丧失权力和地位;第二条路也不能走,因为那个能干的人会成为自己的对手;那只有第三条路最适宜,于是两个平庸的助手分担了他的工作,他自己则高高在上发号施令。两个助手不会对他的权力构成威胁,他们同样无能,也就上行下效,再为自己找两个无能的助手。如此类推,就形成了一个机构臃肿、人浮于事、相互扯皮、效率低下的领导体系。这种情况往往发生在诸多组织或体系之中,所以"帕金森定律"又被称为"官场病""组织麻痹病""大企业病"等。

帕金森定律的产生、发挥作用还必须有一定的条件:有那么一个组织,其中需要有管理的职能、地位;寻找助手以达到自己目的的管理者本身不具备对权力的垄断性,这个管理者能力平庸,角色扮演不称职;这个组织需要不断自我完善。

公司或组织需要人,因为要发展,人才是保障。进人,如何进?患上了"帕金森"症的地方,往往是能人进不来;庸才选庸人,避免出现对手,人手重叠,效率低下,沉湎或纠缠于鸡毛蒜皮类的事务,无事生非,于是嫉妒成风。当领导者给自己找了两个无能的助手,两个助手又各自找了两个无能的助手,于是往往一个人的活变成了七个人的活,领导者地位上升;同时七个人会给彼此制造许多工作,如一份文件需要七个人共同起草圈阅,每个人的意见都要考虑、平衡,绝不能敷衍塞责。下层发生了矛盾,要设法解决;升级调任、会议出差、工资福利、接班人培养等等,工作越来越忙,甚至七个人也不够了。帕金森定律在时间的使用方面也有相应的表现:只要有时间,工作就会不断扩展,直到时间全部用完为止。因而帕金森定律亦成为时间管理上的一个带有负面意味的概念。帕金森认为效率低下,工作便会自动占满一个人所有可用的时间。如果一个人给自己安排了充裕的时间去完成一项工作,他就会放慢节奏或增加其他项目以便用掉所有的时间。工作膨胀出来的复杂性会使工作显得很重要,在这种时间弹性很大的环境中工作并不让人感到轻松,相反因工作的拖沓、膨胀而烦恼、劳累,从而精疲力竭。

因为"帕金森定律"对于英国政治社会制度中官僚主义组织结构的弊病作出批判,并分析它的原因,所以影响很大;而且适用性极强。"帕金森定律"和彼得原理、墨菲定律成为西方管理学说的三大定律,并被认为20世纪西方文化中最杰出的三大发现之一。

帕累托改进

"二八定律"又名 80/20 定律、帕累托法则、巴莱特定律、朱伦法则、关键少数法则、不重要多数法则、最省力法则、不平衡原则等；首创者应是帕累托。他在经济、社会和生活中发现这种不平等、不平衡的关系，并且认为最重要的只占其中的少数，约 20%，其余 80% 尽管是多数，却是次要的（从统计学角度看，此 80%、20% 不是精确之数）。习惯上，二八定律关注或讨论的是顶端的 20%，而非底部的 80%。它指导和要求我们去找到关键节点，予以改变、改进、改善，抓主要矛盾，事半功倍。如 20% 的投入要达到 80% 的产出，就需要在取得如此成绩的基础上进一步去减少损耗、降低成本；同时对另外 80% 的投入只产生出 20% 的状况进行分析、改进，推而广之，可以用于各行各业，各个方面和领域，去分析现象、解决问题，管理好投入与产出、努力与报酬、原因与结果。

这里必然会涉及帕累托的又一个著名的定律：帕累托改进。它指的是在不减少一方的福利时，通过改变现有的资源配置而提高另一方的福利。帕累托改进可以在资源闲置或市场失效的情况下实现。在前者的情况下，一些人可以生产更多并从中获益，但又不会损害另外一些人的利益；在后者情况下，一项正确的措施可以消减福利损失而使整个社会受益。

生活中这种帕累托改进的事例亦多。有个朋友说十多年来，不论刮风下雨他总是外出买早点，不买的话家中也没人给他做，于是你填满了肚子，早餐店老板也赚了钱；你时时翻花头，吃不同的早点，去不同的店，不同的老板均是受益者，你也每每饱了肚子；一个人的处境变好并没有损害任何其他人的利益。当然不完全如此，有的对于一方或双方看似没有损失，但细加分析却是祸害大众或社会，如甚至有人认为权钱交易时，对贿赂者和被贿赂者来讲也是一种帕累托改进，对双方而言，一有收益、一有更大的好处；但显然这是错误的，因为这对整个社会带来了损失。

一个社会的变革总是涉及各个阶层,包括本体或群体的利益的改变,所以帕累托改进有其意义。一件事没有人受伤害,自然行得通,少有阻力或没有阻力。全面考虑,利他为要,是考虑问题、解决矛盾尤其是利益冲突时要充分预料的,这一步至关重要。当不可能有更多的帕累托改进的余地的时候就是进入了帕累托最优(帕累托效率,资源分配的一种理想状态),也就是说帕累托改进是达到帕累托最优的路径和方法;帕累托最优是公平和效率的理想王国。

　　其实,在实际生活中,完全如此还是很难做到的,因为各种因素、条件变动不居,世界、社会不是封闭的,单边、双边、多边;单极、双极、多极带来的变化是多重的。

罗塞托效应

人际关系与身体健康的关系甚至大于生活习惯与身体健康的关系,有这么一个例子可以说明。

19世纪后期,有一批意大利人自本国南部的罗塞托漂洋过海来到美国,安居在宾夕法尼亚州山区的一个小地方。因文化独特及人口渐多,也因受附近其他地方、其他民族的人的排挤,他们相对封闭、自成一体地在一块生活,而居住地亦被称为罗塞托小镇。

20世纪60年代初,美国俄克拉荷马大学医学院主任斯图尔特·沃尔夫在小镇附近买了栋房子并认识了一个同行朋友。从那位医生朋友处得悉:在罗塞托行医七年,64岁以下的没一人得心脏病,65岁以上死于心脏病的连1%也不到。相对当时心脏病在55岁至64岁以下男性的死亡原因中排位第一的实际,沃尔夫感到震惊。经过初步了解,医生朋友所言不差,而罗塞托周围的一些地方的心脏病发病率与全国水平差不多。在政府资助下,沃尔夫带了一批人就此开展调查,欲探明其中的奥秘。

从心理学角度看:脾气火爆,有闯劲,遇事容易急躁,不善于克制,喜欢竞争,好斗,爱显示自己才能,对人常存戒心等,被称为A型性格及表现,而这类人群易患心脏病。调查在深入,种种迹象说明与基因无关,与饮食无关,与烟酒无关,与体锻无关,与环境无关,与生活在附近、同样来自罗塞托的移民就是不一样。这里没有人自杀,没有人吸毒,没有人领救济金,犯罪率低;甚至没人酗酒,也没人患胃溃疡。

经历了较长时间的调查,沃尔夫一行发现,在这个2千人不到的小镇,人们以家庭为中心,三代同堂的大家庭男人当家、主妇得到尊重、长辈地位崇高而经常做些排解、调停的事。人与人之间不炫富、不嫌贫,街坊亲友如同一家,其乐融融。大家的生活水平和生活方式相差无几,教会发挥着重要的作用,小镇还存有22个相互独立的社会团体,外部社会普遍存在的压力、压抑、孤独在这个地区不存在,更谈不上因不堪那些社会、生活压力而致精神、身体受累而影响心脏、血压、胃肠等方面的机能。

1966 年,沃尔夫等将此研究成果定名为罗塞托效应。它说明了社区环境、人际关系和个人健康之间的关系,生活的闲适放松对生理的影响,以后又被其他学者、专家重视和肯定。"就对健康的危害来说,不归属于一个联系紧密的社区群体与吸烟是差不多的。"说此话的哈佛大学教授罗伯特·帕特南于 2000 年把罗塞托小镇的故事写进了他的畅销书《独自打保龄:美国社区的衰落和复兴》。

不过,令人遗憾的是,同样是这个罗塞托在以后的日子里逐渐城市化,原来的生活方式、模式发生了变化,心脏病的发病率也逐渐提高。

罗森塔尔效应

罗森塔尔效应又被称为皮格马利翁效应或期待效应。

1968 年的一天,美国心理学家罗森塔尔和雅各布森一行到某学校考察,并做了个实验。他们从该校 1—6 年级的每个班级中随意抽取了 3 名学生,把这 18 个学生的名单交给了校长和相关的老师,以赞许的口吻说:经过科学测定,这些学生具有高智商,是最有前途的好苗子;并要求他们保密,以免影响实验的正确性。八个月以后,罗森塔尔他们又来到该校,对 18 名学生进行复试,发现他们进步很大而且性格开朗,自信心强,求知欲旺盛,更乐于与人打交道。再到后来,这 18 个人在不同的岗位都成绩斐然。

为何如此? 心理学上有个著名的心理效应,认为对人们传递积极的期望,会使他们进步得更快、发展得更好。校长和相关老师接受权威人物的暗示,自然会对名单上的学生更加关心,在态度、表情、辅导、赞许等许多方面体现出来,把隐含的期望传递给这些学生,学生则身受其惠,作出了积极的反馈,不负众望,经过长期的培养,于是奇迹产生了。罗森塔尔的这个实验说明了人们在情感和观念上会不同程度地接受别人下意识(暗示)的影响,人们会不自觉地接受自己喜欢、钦佩、信任和崇拜的人的影响和暗示,达到期望心理中的共鸣效果。

此效应之所以被称为皮格马利翁效应,典出占希腊神话,说的是皮格马利翁爱上了自己精心用象牙雕塑的美丽少女盖拉蒂,他求助于女神,女神感动于他的至诚,帮了他,盖拉蒂活了过来成为他的妻子。故事说明:期望和赞美能产生奇迹。

暗示、期望、鼓励、帮助、赞美对于人的成才不可或缺。尤其暗示可以充分带来被暗示者的积极性,使之发挥自己的潜能,这方面的例子可以说很多,再举一个美国名人戴尔、卡耐基的事例:他很小的时候,母亲就去世了,9 岁时父亲再婚。继母进得家门,父亲指着卡耐基说:要提防他,他是全镇最坏的孩子,说不定哪天你会被这个倒霉蛋害得头痛不已。真是奇怪,有这样数落指责自己孩子的,卡耐基内心自然不会接受这个继母；但出乎意料，继母微笑着走近卡耐基，摸着他的头，笑着责怪丈夫：怎么可以这样说呢？你看那，他应该是全镇最聪明、最快乐的孩子才对！继母的话打动了卡耐基，好感顿生并由此结下友谊。信任、赞美和期望成为动力，卡耐基的成功离不开继母的那句话。

罗森塔尔效应只有在充分分析学生的心理状态、学习动机、自我意识等特点的基础上，有分寸地发生"期望"，才会产生或发展成强烈的正效应，否则亦有可能产生零效应甚至负效应，尤其面对那些独立意识明确、逆反心理强或桀骜不驯的学生。暗示也有积极和消极的，如说你行，你就行；说你不行，你就不行，行也不行之类的；不过这好像离心理学远了，只是一种社会现象了。总之待人要有乐意帮助之心，"你会成功的"！"会完成任务的"！期望、期许、信任、鼓励会带来成功。

罗虚代尔原则

1843 年英国北部的罗虚代尔镇上的一个法兰绒纺织厂发生了工人要求增加工资的罢工斗争,老板拒绝了工人的要求。罢工失败后的工人聚在一起,商量如何采取一些方法,有效改善自己的处境,提高生活质量。于是他们决定成立消费合作社,主要业务是向社员出售面粉、黄油、茶叶、蜡烛等日用品,由社员在工余时间轮流售货;一个主要考虑是免除中间商的盘剥,减少不必要的开支。合作社于次年成立,并取名为"罗虚代尔公平先锋社"。合作社成立时有社员 28 人,他们制定了章程,明确建社为的是增进社员的经济效益,改善社员的社会地位及家庭状况。

合作社确定的发展计划及目标为:(1)设立食品、服装等商店一所;(2)在自愿互助基础上,为社员购置或建筑住宅;(3)建立工厂,制造社员所需物品;(4)租赁或购置土地,以供失业社员或收入甚微、不足以维持生活的社员耕作;(5)建立合作新村,从事生产、分配、教育及自治等工作;(6)提倡节约,在社内设立禁酒食堂一所。

在管理方面则制定了细则,颇具操作性:(1)社员表决权一律平等,即一人一票,不因出资多少而有差异;(2)对于政治宗教,保持中立地位;(3)合作社盈余按社员向合作社购买额多寡分配;(4)于合作社盈余中提取 2.5% 为社员教育费用;(5)按照市价出售货物;(6)实行现金交易,不赊购赊销;(7)遵守公平交易,保质保量的标准。

虽然此合作社并非第一家,但却是公认的第一个成功的消费合作社;其合作原则被称为"罗虚代尔原则"。在它的指导、影响下,合作(社)运动形成了具有特定内涵和特征的世界性的经济形式。1937 年,国际合作联盟将罗虚代尔公平先锋社的运作归纳为:门户开放(入社自由);民主管理;按交易额分配盈余;股本利息应受限制;对政治和宗教中立;现金交易;促进社员教育。

多少年过去了,合作经济的发展不平衡。在新的网络时代,带有罗虚代尔原则印记的消费组织、模式也出现了,如明确股权均等,股东、消费、推广三者合一,熟人众筹,微信民主等等。这种运用网络功能去连接、去寻找、聚合个体的人和小众群体,营造通过交易而获取支持其生活方式的物质条件和服务,进而形成一种多元化的生活方式,是对合作经济发展的再促进,是罗虚代尔原则在新的时代背景下生命力的延续。

罗伯特议事规则

140多年前,由美国人亨利·马丁·罗伯特编纂了《罗伯特议事规则》。这是一部讲规矩的书,内容丰富而且详细,有专门讲主持会议的规则,有关于与会者的规则,有针对不同意见的提出及表达的规则,有关于辩论的规则,还有在不同情况下的表决规则,等等。

罗伯特是个军人,毕业于西点军校,官至工兵准将。他根据自己所了解的社会经验及社团间的合作实践,结合英国400多年的议会程序,以系统工程的方式(法)编成《议事规则》,甫一发表即受重视,广为流传,被接纳为各类会议的议事准则。其庞大厚实,实属百科全书式的工具书;后来有人把它简约、提炼,理出一些带有更加普遍意义的基本法则。

如:议事规则13条。

(1)会议主持人专门负责宣布开会制度,分配发言权,提请表决,维持秩序,执行程序。主持人在主持期间不得发表意见,也不能总结别人的发言。

(2)会议讨论的内容应当是一个明确的动议。动议必须是具体的、明确的、可操作的行动建议。

(3)发言前要举手,谁先举手谁优先发言,但需得到主持人的允许后才可以发言。发言要起立,别人发言时,不能打断。

(4)尽可能对着主持人说话,避免不同意见者之间面对面发言。

(5)每人每次发言时间不超过2分钟。对同一动议发言每人不得超过2次,或者大家当场规定。

(6)讨论问题不能跑题,主持人可以打断跑题发言。

(7)主持人打断违规发言时,被打断的人应当中止发言。

(8)主持人应尽可能地让意见相反的双方得到轮流发言的机会,以保持平衡。

(9)发言人应首先表明赞成还是反对,然后说明理由。

（10）不能进行人身攻击，只能就事论事。

（11）只有主持人才可以提请表决。只有等到发言次数都已用尽，或者没有人想再发言，才能提请表决；如果主持人有表决权，应该最后表决。

（12）主持人应先请赞成方举手，再请反对方举手，但不要请弃权方举手。

（13）当赞成方多于反对方，动议通过，平局等于没通过。

此规则也有归纳为十二原则的：动议中心；主持中立；机会均等；立场明确；发言完整；面对主持；限时限次；一时一件；遵守裁断；文明表达；充分辩论；多数裁决。还有把《罗伯特议事规则》简化为"四大铁律"的：不跑题；不攻击；不超时；不打断。

总之，它体现了高效、有序、公平。在存在着强权暴力、法律法规、道德情感等多种现象的社会，讲法律、法治必然远胜于强权暴力。也就是说在正常、健全的社会环境中，规则要比观念重要，即便是不同的观点（主导者强势、强权）也都有个提出、辩论、妥协、共识、通过的过程。明白并使用这些议事规则对我们每个人以及整个社会、组织、团体都是有百益而无一害的！

肥　　猫

约翰·肯尼斯·加尔布雷思(1908—2006),是个了不起的人物。出生在加拿大安大略的他是美国著名经济学家、新制度学派的领军人物,曾任美国经济学会会长,出任过美国总统的经济顾问、驻外大使及政府多个重要职务;活了将近一个世纪,获得了 52 个名校的荣誉博士头衔,出了 52 本书。

他的经济方面的理论,在当时独树一帜。"少了模式,多了良心",他关注社会问题,关心公平正义,打破重物轻人、只看产值不看福利的倾向;反对战争,反对贫困,保护环境,主张权力均衡,政府干涉的必要性,对货币主义的警惕,对过度消费的担忧。他提出并强调由政府开支解决失业问题,将更多的财富用于公共事业,少用于个人消费,并将重点从生产商品转为改善服务性事业,关注大型工业公司对现代社会的影响。他在有生之年,虽然是权威、理论家但与当时的主流经济学不相吻合,所以热闹归热闹,就是不受欢迎。直到 21 世纪第一个十年经济危机大爆发后,人们才更多地关注和重视加尔布雷思及其理论来。

他有一个论点很到位,而且在世界各国得到佐证,就是"肥猫"论(论"肥猫")。什么是"肥猫",这里特指有财有势的大亨,可以是凭空出现(产生)。他从对现代经济结构的分析出发,提出"技术发展的必然性"理论,指出就美国及其他国家而言,新的发展道路将是向"新工业国"转化和演进的过程,其间科学技术进步起决定性作用,"制度的演进和权力的转移都与生产要素重要性的更迭有关",而生产要素重要性的更迭归根结底是由技术发展造成的。在这种情况下,拥有专门知识如科学技术信息的人必然受到重视、重用,进而占据企业的重要部门、地位,享有权力,于是便带来财富、权势,成为肥猫;还会带大一群人,成为一个新的阶层。制造肥猫的速度在加快,肥猫的个头、分量也更重更大;肥猫在经济社会的地位、在企业成功和科技进步过程中的作用更大。从创业伊始,到企业成熟、技术和管理的全面发展,就赚够了钱,进而可以从事自己更加喜欢的行业或进入别的领域,可以更好地实现自己的抱负,给社会带来新鲜感、新起色、新活力。

他预言的肥猫应运而生,预测了肥猫的走势和进一步的作用;并对肥猫这一新阶层的实际运作、活动以及在经济社会中所起的消极作用进行了分析研判,对他们的高高在上,无视下层,脱离社会,热衷为自己的利益谋划、运作等进行了批判。他虽然曾对肥猫寄予希望,但仍然坚持了自己的公平正义、权力均衡的主张,反对重物轻人,关注大企业对社会的影响的观点。但是不知那些已经得道得势的肥猫们能否接受或听得进去否?!

朋友守则

什么是朋友,简单说是指彼此有交情、或者交谊深厚的人;复杂一点说,是指在任何条件下,双方的认知在一定层面上关联在一起,不分年龄、性别、地域、种族、社会角色和宗教信仰,符合双方的心理认知,可以在对方需要的时候给予帮助的人。

一个人,除了亲人之外,总会与他人相遇、相聚、相知,彼此认可、仰慕、欣赏;大家相互关心、帮助、依靠;充分理解、包容、信任;这大概是朋友之词所蕴含的主要内容及意义了。有社会学家认为交情(友谊)需要三大元素:接近;没有功利性的持续交流互动;让人放下戒备,相互信任的环境。

如何交友,交友之道可以说很多,有规律、准则、秘诀;有忠告、警示、教训;有可交的,有可交可不交的,有不可交的等等。如最好少谈钱;功利性不要重;争论不要急躁;不曝光隐私;互相尊重、不触碰对方底线等。

在英国作家肖恩·厄舍所著的《清单:关于爱与奇想的 124 张小纸条》一书中有这么一篇《朋友守则》,可供一阅,好在不长,且录随后:

1915 年 8 月,未来的剧作家诺埃尔·科沃德和他最好的朋友、未来的演员埃斯梅·韦恩都刚满 16 岁,为了尽量减少那些可能会破坏他们之间友谊的争吵,他们一起制订一个包含 16 条约定的可爱列表——《朋友守则》。

(1)不能随意取笑对方,一旦有人开始这样做,就必须马上停止。

(2)我们必须轮流去探望对方,如果一方连续两次去另一方的家里;那么,另一方也得这样做。

(3)即使有一天我们的友谊破裂,也不能出卖彼此,要永远把对方的秘密置于神圣的位置。

(4)只要是我们一起做的生意,无论任何一方在其中付出多么少,获得的利润都必须平分。

(5)假如发生了严重的争吵,在撕毁《朋友守则》前应慎重考虑 1 至 2 周的时间。

（6）如果一个人打了另一个人，不论是出于生气还是开玩笑，另一个人都有还手的权利，这种行为必须付出代价。

（7）我们要团结起来面对一切，在任何危险中都相互支持。

（8）我们必须把与自己有关的秘密告诉对方，其他秘密则可以被看做是神圣的。

（9）不准随意谈论宗教的话题，除非无法避免。

（10）给共同的朋友写信时要互相通知，还要告知彼此在信中提到的内容。

（11）我们必须以"作为朋友的名誉"起誓，将彼此的纽带看做世界上最神圣的关系。

（12）我们必须如实告知对方，自己对对方外表和行为的看法。

（13）我们必须有话直说，以免彼此间产生误会。不轻信别人传谣，除非亲耳从对方嘴里听到事实。

（14）没有人，包括我们的父母也不能阻止我们的友谊。

（15）如有任何其他的想法或约定，必须列在本清单的下方（在双方都同意的前提下）。

（16）不允许任何人加入我们之间或分享我们的秘密。

这是一份极好的可以管一辈子而非一阵子的交友信条，它体现一种基本思路：你希望别人怎样待你，首先你要怎样去待人，"国士遇之，国士报之"，以己之心度人之腹，"己所不欲，勿施于人"。其之全面、之详备、之具体、之严谨，令人吃惊，也引发人的疑窦：才16岁的人，竟那样成熟、睿智?! 只是不知道在以后漫长的人生岁月中，两人之间的友谊如何?!

彼得原理

　　劳伦斯·J·彼得1917年出生在加拿大,四十年后获美国华盛顿州立大学学士学位,后又获教育哲学博士学位。他于1960年在多年研究的基础上,发表了自己的研究成果,即彼得原理:在层级组织里,每名员工都将晋升到自己力不胜任的阶层;阶层组织的工作任务多半是由尚未到达即力不胜任阶层的员工完成的。这在当时引发轩然大波,并长时间受到攻击、嘲讽,他根据上述原理展开并写就的《彼得原理》亦先后被14个编辑以各种理由退稿,直至1969年才得以出版。而此书却持久热销,被翻译成多国文字。

　　彼得原理也被称为"向上爬"原理,在各种组织中由于管理或习惯等原因,对在某个层级上的称职的员工进行提拔晋升;应该说个人在晋升之前往往是胜任的,然后就被晋升到不能胜任的职位。人往高处走,晋升是正常人的向往或发展趋向,晋升会给自己带来名利、地位、物质享受;如果一个人的能力很强又表现突出,就容易晋升,这种现象在现实生活中比比皆是。然而一个称职的教授成为大学校长可能就此焦头烂额,不能胜任;一个优秀的运动员晋升为主管体育的官员也许会无所作为。一些人在自己本来的职场、岗位可以干得风生水起,红红火火,获得应有的尊重和福利、利益,而晋升到虽然向往却无法适应、掌握的职位麻烦就会找上门来。

　　由于晋升、辞职、退休、解雇、死亡等多种原因,不断会有新的位置腾空,不管一时的胜任、适度胜任或力不胜任,每个职位最终都将被一个不能胜任其工作的员工所占据。客观看,每个人都会有一个被提拔的上限,过了这个高度便会进入不胜任状态;因为不称职就会雇用更多的人包括不如自己的人,以至于组织的人浮于事,效率低下。

　　不能因某人在一个岗位上干得很出色就推断此人一定能够胜任更高一级的职务。任何组织都需要有科学、合理的人员选聘机制,客观评价每个人的能力、水平,不能把晋升作为对员工的主要奖励方式。作为当事者本人要明智、正确了解自己的特点,知己知彼,扬长避短,找准合适的位置,避免被晋升到不能胜任的职位,真正成为层级组织某一环节不可或缺的人才。彼得针对层级组织存在的这种现象,提出了可供每个人在适应环境、发挥才智,改善工作、生活、心态的65个"彼得处方(秘诀)",颇有特色和教诲,略举若干,如:了解在你之上职位的压力和报酬;将注意力集中于自己熟练的领域;预知自己的能力范围;建立衡量成就的标准;在选择和晋升每个人选之前,先认清工作性质;用第三只耳朵倾听;时时犒赏自己、经常为他人服务。

《纽约时报》曾经这样评论道:彼得原理是20世纪最深刻的社会和心理学发现,就科学史上的地位来说,劳伦斯·J·彼得甚至可以与牛顿、哥白尼相媲美。

彼得原理、墨菲定律和帕金森定律被列为20世纪西方文化的三大定律。

免费乘客现象

　　免费乘客现象是指由于公共产品(物品)的某些特点引起人们免费享受其效用的现象,也称搭便车现象。公共产品的一个特点是非对抗性,即这种产品被某人消费时,并不妨碍其他人对该产品的消费。当某种公共产品的一些潜在消费者,面临为该产品提供资金的问题时,都想到自己不必交钱,却可在旁人消费时分享一些利益;而这种产品又是无法分割的,以致为它付费的人,总有机会得到它的供应。

　　正是公共产品具有这种非排他性和非竞争性,使得每个人无论是否付出代价都会受益,又由于普遍的免费乘客及搭便车现象降低了经济运行效率;所以美国著名经济学家(1970年诺贝尔经济学奖获得者)保罗·萨缪尔森就此有过定义:纯粹的公共物品是指每个人消费这种产品或服务不会导致别人对该产品或服务获得消费的减少,它是以整个社会为单位共同提出的需要,包括如国防、公路、法律、环境等。

　　完整地表述它的两个特点,应是(1)消费的非竞争性,指一个人或厂商对公共物品的使用,并不会排斥和妨碍他人或厂商的同时享用,也不会因此而减少其他人或厂商享用该种公共物品的数量或质量。(2)受益的非排他性,指无法阻止拒绝为消费公共物品付款的个人享受公共物品带来的福利。现代西方经济学的创始人亚当·斯密就这样认为:公共物品的这种特性使得公共物品在消费过程中无法遵循商品交换的等价原则;人们在消费公共物品过程中不需要像购买私人物品一样向供给者支付享用公共物品的代价。如果一个人相信无论他付费与否,都可以享受公共物品带来的福利,就不会有付费的动机,而成为一个免费的搭车者;如果每个人都这样的话,市场上就没有人会愿意生产或供应公共产品,这些或诸如此类的"如果"太多的话,问题就来了:最终没有一个社会成员能享受到公共产品或服务的好处;进而增加或加重政府或公共部门的压力和负担,包括开支、生产,并根据社会福利原则来分配公共产品,以解决客观存在的越来越严重的免费乘客、搭便车的现象。

可以设想一下：假如一种公共产品的数量可以在供应时加以控制，比如一种可以按需要量供应的新鲜空气，其供应量可以随着人们的付费多少而变化，但那些不付费的人仍可得到享受的机会。仍以新鲜空气为例，定量供应的新鲜空气在从一个人的口中吸入继而呼出后，仍含有氧气，比起众人长时间呼吸着的混浊空气中的含量为多，未付费者仍能呼吸到一些。所以还是存在"免费乘客"现象（当然这例子是极而言之），所以解决这种现象除了政府、公共部门出手外，还需要有人品及公德心的提高，包括要有私人提供部分公共产品。某市实施老年人免费乘车之后，产生了"车游"或乘车频次骤增的现象，引起各方的关注，后来按照社会福利原则重新出台政策，按老年人的年龄档次每月分别给予不同的补贴，给了钱便可以由自己作主消费，公共汽车挤满老年人的这种现象很快得以改观。

财政学上关于"免费乘客"的解释为：不承担任何成本而消费或使用公共物品的行为，有这种行为的人或具有让别人付钱而自己享受公共物品收益行为的人。

搭便车理论最先由美国经济学家曼柯·奥尔逊于1965年提出，其基本含义：不付成本而坐享他人之利。

终　　活

　　日本继"就活""婚活""泪活"之后又流行开了"终活"。什么是终活呢？它指的是中老年人为临终作准备而参加的各项活动,如参观火葬场、学写遗嘱、拍遗照、整理自己的物品、安排葬礼、购置墓地、处理财产等,以直面死亡的心态,为临终作准备。

　　2012 年,"终活"一词入选日本当年的流行语。2018 年日本调查会社对全国 2 000 个人进行了有关"终活"意识的调查,结果显示有 76.2% 的受访者对终活有认知;有兴趣亲身实践的人达到 65.9%;实际上正处于终活之中的人有 10.7%;实施终活的最大理由是不想给家人添麻烦的占 89.2%。三菱综合研究所在 2017 年请 257 名日本人(年龄在 51—81 岁之间,女性 162 人,男性 95 人)进行了关于终活的讨论,其中发现,他们已经对财产相关的处理及手续、继承税对应、断舍离、墓地、遗像等等进行了多种多样的准备。一位 80 多岁的老人这样认为并作了如下准备：

　　为了在我临终时尽量不给两个女儿添太多麻烦,七年前做好了下面的事情：(1)制作了与日常支出表连动的最新资产内容表,随着日常支出的记录可以自动更新。(2)集中了银行和保险账户。(3)大量处理了多余的衣物、家具、书籍等。(4)制作了死亡后需要办理的保险、水电、信用卡等手续一览表。(5)写好了遗产分割。(6)葬礼不要联系朋友,只有家人参加即可。(7)关于墓地还要和女儿们商定决定。无论遇到什么问题,只要打开我的电脑,就可以掌握一切。

　　一位 60 多岁的男性,在两年前被告知所剩时间不多的时候,告诉了太太自己关于末期治疗、葬礼、墓地的想法;同时整合了账户,解约了不需要的卡,退出各种俱乐部,停止和朋友们的交流,淡淡面对那一天的到来。另一位 80 多岁的女作家曾野绫子在照料丈夫的同时,也开始考虑"自己的人生应该怎样结束",她认为生前应该做三件事：把存款放到一个存折里面;自己决定医疗办法;夫妻或家人之间充分地对话。

自立、自律、自敛,尽量不麻烦他人固然难能可贵,但毕竟遇有大事或自己克服不了的障碍时需要别人的帮助,但至少不要让人感到不耐烦、厌恶。老之将至,调整好心态,冷静、从容、坦然,面对临终,作一些可以做到的准备,不留遗憾或少留遗憾地朝来的路上去;这是一种很健康、较认真的处世方法。死亡对每个人而言是不可避免的,与其忌讳死亡,不如计划死亡;所以说日本人的"终活"有值得借鉴之处。

　　附:日本人称就业为"就活"。找人结婚为"婚活"。一边听着哀伤的音乐、或看着悲伤的电影,一边尽情流眼泪来缓解各种紧张和不快情绪的状况为"泪活"。

姑息治疗

1967 年由西西里桑德丝女士在英国伦敦建立了世界上第一所现代化兼医疗科技和心理照顾于一体的圣科利斯朵夫安宁院,她带领自己的团队开展一系列的癌症救治,尤其是镇痛研究及具有人性关怀的护理。这就是现代姑息医学的典型模式。

什么是"姑息治疗",据世界卫生组织定义:姑息治疗医学是对那些对治愈性治疗不反应的病人完全的主动的治疗和护理。控制疼痛及有关症状,并对心理、社会及精神问题予以重视,其目的是为病人和家属赢得最好的生活质量。WHO 对姑息治疗特别强调症状控制、患者支持、提升生活质量等多方面的内涵,主张强化对癌症患者生理症状、心理和精神需求的管理。

其实姑息治疗并不始于 20 世纪 60 年代。有生便有死,有健康也会有疾病。起源于公元 4 世纪、在 12 世纪出现的安宁院,其本意是指朝圣途中的驿站,后被用于收治晚期癌症病人的场所。自西西里桑德丝女士后,世界各地均有仿效、跟进,如欧美、亚洲等;在日本、我国台湾被称为舒缓医学。

它是一种需求,而且只有充分体会到患者、家属的种种痛苦辛酸才能理解、同情。目睹耳闻那些病魔缠身、病入膏肓的亲人,尤其那些年老体衰病重者的万般无奈的困境,既不能以身代之,那么总想尽可能减轻他们的疼痛,使其脱离苦海。

世卫组织明确有如下原则:(1)承认死亡是一种正常的过程;(2)既不加速也不延迟死亡;(3)提供解除临终痛苦与不适的方法;(4)为病人提供身体上、心理上、社会上和精神上的支持直到去世;(5)在患者病重及去世期间为家属提供抚慰和其他帮助。姑息治疗具备了这些条件和前提,所以受欢迎、被接受的程度日广日甚。

生老病死是自然现象。正常死亡,油干灯尽是一种人所乐见的情况;万般苦楚,痛不欲生,没有了质量和尊严的苟延残喘却未必是人人都能接受或受得了的。耗去大量的资源、大量的财力、大量的精力,涉及患者本人、病人家庭以及社会,明知其病将不愈但仍百般施治,甚至创伤性抢救,带来的还是更多的痛苦,无意义的过度治疗的结果必然会是无意识、无尊严。所以姑息治疗以及"临终关怀"必须引起人类及社会的重视。其实这也关系到"安乐死",不过安乐死的定义和范围要厘定、确立,它不同于仅涉及癌症病人的姑息治疗,范围更广;当然除了尊重病患本人的意愿和家属的想法,规范、法则、法律的明确和遵守更为重要。

活力曲线

GE 公司的前 CEO 杰克・韦尔奇提出了"活力曲线"一说。他对于觅人、选人、用人颇为重视也颇具招数,并将其归之于通用电气公司的成功之道。他曾比较全面地就通用电气公司成功的最主要原因、高层管理者的最重要职责、自己最主要的工作、最大的兴趣、最主要的用人规律、领导艺术等,回答他人的提问:

"是用人的成功。"

"是把世界各地最优秀的人才招揽到自己的身边。"

"把 50％以上的工作时间花在选人用人上。"

"是发现、使用、爱护和培养人才。"

"一般来说,一个组织中,20％的人最好的,70％的人是中间状态的,10％的人是最差的,这是一个动态的曲线。一个善于用人的领导者,必须随时掌握那 20％和 10％的人的姓名和职位,以便实施准确的奖惩措施,进而带动中间状态的 70％。这个用人规律,我称为'活力曲线'。"

"让合适的人做合适的工作。"

这个"活力曲线"也被称作"末位淘汰法则""10％淘汰率法则"。它有严格的制度设计和操作规范。首先对 20％(A 类)、70％(B 类)、10％(C 类)都要有客观的评判、区分,了然于胸。其次是分类施策。20％的 A 类必须具有 4E＋P:即精力、激励他人的能力、决断力、执行力及激情。公司对此类人员的奖励分别是提高工资、职位晋升及给予股票期权;韦尔奇对 A 类的奖励往往是 B 类员工的 2 到 3 倍。对 B 类员工,在确认了他们的贡献后分别给予奖励。而对于 C 类员工不仅什么也没有,还会被淘汰。

这种做法与我们平时在生活中、在工作中所说的"抓两头,带中间"颇为相似。活力曲线以业绩为横轴(由左向右递减),以组织内达到这种业绩的员工的数量为纵轴(由下向上递增),发现和留住 A 类,促进 B 类上升和发展,减少和淘汰 C 类。

这是一种年复一年、不断进行的动态机制,以确保企业的发展动能,所以活力曲线便成了通用电气公司的法宝。

这种做法并不是人人都认可的,强势的韦尔奇明确,凡不愿作员工绩效区分的管理者,停发公司或部门的奖金,直到作出区分为止;把执意不愿作出区分的管理人员放入C类,让其走人。

其实,还是那句话最好:让合适的人做合适的工作。

首因效应

　　"首因效应"由美国心理学家洛钦斯首先提出,也被称为首次效应、优先效应或第一印象效应,指的是交往双方形成的第一次印象对今后交往关系的影响,有点先入为主、以貌取人的意思。虽然第一印象并非全是正确的,但却是最鲜明、最强烈、最牢固的,并且决定双方以后的交往与否或交往进程。如果一个人在初次见面时给人留下好的印象,那么人们就愿意和他接近,彼此也能较快地取得了解,并会影响人们对他以后一系列行为和表现的解释。反之,对于一个初次见面就引起对方反感的人,即使由于各种原因难以避免与之接触,人们也会对之冷淡,在极端情况下,甚至会在心理上和实际行动中与之产生对抗状态。

　　通过"第一印象效应"可以得悉,首先输入的信息对客体以后的认知产生影响和作用;而外界信息输入大脑时的顺序,在决定认知效果的作用上是不容忽视的,最先输入的信息作用最大。

　　第一印象是在短时间内以片面的资料为依据形成的印象。一般来说,与一个人初次见面,短短的 45 秒就能产生第一印象,主要是在获得对方的性别、年龄、长相、表情、姿态、身材、衣着打扮等方面的印象,判断对方内在素养和个性特征。有过这样的一个实验,同一张照片,给两组人看。对甲组说是个屡教不改的罪犯,对乙组说是个著名的科学家。看后让被试者根据照片中人物的外貌来分析其性格特征,结果甲组说:深陷的眼睛隐藏着险恶,高耸的额头表明他死不改悔的脾性。乙组说:深沉的目光表明他思维深邃,高耸的额头说明了科学家坚持探索的意志。这充分说明了第一印象形成肯定、否定的心理定势,效果截然相反。

　　首因效应存在着先入性、不稳定性、误导性以及偏差。我们必须明白,初次交往既要注重仪表风度,谈吐修养,也要注意礼节举止的适度、到位。有学者就指出:与人相遇之初,按照 SOLER 模式来展示自己,可以明显加分,增加自己的接纳度,在他人的心目中建立良好的第一印象。其中:S 表示坐姿或站姿,要面对别人;O 表示姿势要自然开放;L 表示身体微微前倾;E 表示目光接触;R 表示放松。其总体含义就是:我很尊重你,对你很有兴趣,我的内心是接纳你的,请随便。

英国科学家大卫·佩伦特和费奥纳·摩尔专门研究过"人脸之谜",结果表明,第一次见到某人时,在最初的几秒(10 秒、数十秒)之内会对他(她)作出某些评价,如果留下了正面的良好的印象,人们就会希望继续与其交往下去,如果留下了负面的不好印象,人们则拒绝继续交往。所以提醒人们要防止以偏概全,以貌取人;与人交往,了解一个人,往往是路遥知马力,日久见人心,一时一事不能尽窥人之全面全貌。

这里还可以提一下晕轮效应,指在观察他人时,由于对他的某种品质或特征印象极深,像月晕一样掩盖了对此人的其他品质和特征的知觉。晕轮效应如同首因效应一样都是在第一印象的基础上产生的。

说谎者悖论

说谎者悖论由古希腊哲学家、麦加拉学派的欧布里德所提出,表述为"我说的这句话是谎话",这句话本身存在着情理相悖之处,其作为悖论的内容:如果某人说自己正在说谎,那么他的话是真还是假? 如果假设这句话为真,根据其语义,可得其为假的结论;如果假设这句话为假,其语义又恰恰表示得明白无虞,所言为是,可得它为真的结论。

其实在距欧布里德更早的两三百年之前、约公元前 6 世纪前后,古希腊克里特岛上有个名叫艾比曼尼迪斯的先知说过一句"克里特岛上的人都是说谎者"的话。对此话就有一种解释,如果认为艾比曼尼迪斯说的是真的,那么至少存在一个人不是说谎者,就是艾比曼尼迪斯本人自己,所以他说的话是假的;如果认为艾比曼尼迪斯说的是假的,那么意味着克里特岛上的人并非都是说谎的,也就是说他的话可能是真的,这就是著名的"说谎者悖论"的由来。欧布里德将其改造、提炼并正式提出:"说谎者悖论"也被称作"艾比曼尼迪斯悖论"。而此类的话语被通称为"说谎者语句"。

对此根据古典逻辑根本无法判定其真假,即便经过千百年,仍有着众多的哲学家、逻辑学家、数学家在关注、在求解⋯⋯但至今始终没有一个公认的、无可争议的、令人满意的解决答案。"说谎者悖论"又有着许多变形,现今同样也没有得以解决。

细细思索,好像是很难;如有人说:"我在说谎",那么说此话的人说的是真话吗? 可以有两种考虑,他在说真话或者在说假话。假设他说的是真话,那么他在说谎了;但假设他说谎了,他就没有说真话。可以归纳为:如果他现在说的是谎话即他的话是真话;如果他现在说的是真话即他说的话是假话。说谎者悖论完全可能把我们引向如此一个结果或结论:说话者并没有表达任何有真或者假的东西。

求解,破题,要有思辨的机智,专门的知识,并应用好,本人要说得清楚,说得要让人明白,或接受或共鸣。若云山雾罩,似乎头头是道,搬来搬去的都是术语,其实还是一头雾水,叫人不得要领;难题就是难题,不是会轻易获解的! 所以还会继续下去。

我们知道"悖论"是指表面上同一命题或推理中隐含两个对立的结论,而这两个结论都能自圆其说。还有一种表述:这种由它的真可以推出它的假并且由它的假可以推出它的真的句子,一般就被叫作"悖论"。"悖论"一词在英文中的原意为:同人们通常的见解相抵触的理论、观点或说法;即用来表示超凡脱俗、似非而是的科学论断(即所谓"佯论"),也用来指称越规违理、似是而非的奇谈怪论(即"谬论"、"两难论")。有学者经比较认为英文中对"悖论"的释意较为全面、客观。更有人说:历史上,悖论包括了一切与人的直觉和日常经验相矛盾的结论。呵,已经是"结论",但"矛盾"仍存在,看来要解,要继续去解。

南风效应

"南风效应"（又称南风法则、温暖法则）出自法国作家拉·封丹的一则寓言，它告诉我们：温暖胜于严寒。

拉·封丹（1621—1695 年）法国古典文学的代表作家之一，寓言诗人，他的作品经后人整理为《拉·封丹寓言》；与古希腊著名寓言诗人伊索的《伊索寓言》、俄罗斯著名作家克雷洛夫所著的《克雷洛夫寓言》合称为世界三大寓言。拉·封丹亦被誉为"法国的荷马"（荷马为古希腊诗人）。

《南风和北风》的寓言是这样的：北风要和南风比威力，看谁能把行人身上的大衣脱掉。北风首先发力，来了个寒风凛凛，冰冷刺骨，结果行人为了抵御北风的侵袭，便把大衣裹得紧紧的。南风出手了，其徐徐吹拂，顿时风和日丽，行人因为觉得很暖和，身上衣服明显多了，于是开始解开衣扣，继而脱掉大衣。比赛的结果很明显南风获胜。这则寓言说明强力不如温柔；硬软刚柔，对于人的感受是不一样的。拉·封丹对此颇有心得和研究，他还有几个说法进一步证实和阐述了南风和北风这一个寓言的作用、意义。"温和比强暴更有希望获得成功"，"耐心和持久胜于激烈的狂热"，"忍耐和时间，往往比力量和愤怒更有效"。将此理引入社会，引入人际，引入组织、企业、团队的管理，就是南风效应。

南风效应告诉我们，在处理人与人之间的关系时、在企业管理当中，要讲究方法，北风和南风的目的一样，但对待同一目的，因为方法不一样，效果就不一样，成功失败在于方法对头与否。和风拂煦，阳光明媚，温柔和缓远远胜过严寒刺骨，冰冷如刀，强硬粗暴。在管理中，需要上位者尊重和关心下属，人与人之间多一些人情味、多一点关心呵护，顾及对方的需求，解决一些诸如日常生活中实际的具体的困难等等，这样的温暖舒心可以增加人的认同感、归属心，更容易激发人的积极性、创造性。当然作为合格的管理者刚性也少不了，"慈不掌兵"，严格立规，制定一些必要的制度是一个正常运转的组织、企业的必备条件。但严格不等于严苛，制度也不是柽栖。

南风效应取自拉·封丹的寓言,从历史及往昔的义学作品中汲取养分,提炼有力有效的规则、定律、效应,无疑是一种继承和再创造,其功力、功德不言而喻。而这则寓言其实与伊索寓言中的《太阳和北风》类似,虽然伊索寓言出现得更早。但南风效应作为著名的社会心理学七大效应之一,要归功那位提炼、归纳以及提出的人!

拉·封丹还有一则名言应该了解并记取:若不团结,任何力量都是弱小的。每个人都把过上好日子归功于自己的才干,要是因为自己的错误导致了失败,我们就咒骂起命运女神来。没有比这件事更为常见:好事归功于自己,坏事归罪于命运;有理的总是我们,错误的总是命运。

冠军思维

美国斯坦福大学心理学教授卡罗尔·德韦克提出了"冠军思维"一说。什么是冠军思维？教授没有归纳，通过他所举的事例以及一些卓越运动员的经历和其他一些著名人物的解读，可以指谓诸如：潜能、努力、成功、执着；坚持训练，沉着应战，身处逆境依然取胜；相信自己可以永远做得更好；思维模式和心态比才华重要得多；那些拥有成长式思维的人展现出最强的特质和意志力，他们是具有冠军特质的人。读来使人感到：不外乎促使你咬紧牙关坚持训练，让你沉着应战，让你身处逆境时依然能取得胜利的那种（个）特质、思维、意志力。他们中没有一个人认为自己有多特别，生来就能获胜，有的根本不为外界看好，有的即使获胜，一遇挫折便泄气、崩溃。而冠军思维就如著名体育教练约翰·伍登所说的："我相信能力会帮你走上巅峰，但需要冠军思维才能使你长盛不衰。一旦有所成就，你反而必须付出同样甚至更多的努力。当你看到关于一名运动员或一支球队不断取得胜利的报道时，别忘了告诉自己'除了能力之外，他们的思维特质更重要'。"

冠军，他们就是这样一群勤奋训练的人，是学会在压力下保持注意力集中的人，是在必要时能超越自己平凡能力的人，最基本的特征是拥有成长式思维模式，坚持尽力，自我激励，承担责任，直到成功。阿里并不是一个天生的拳击运动员，他速度很快，但不具备成为一个伟大拳击手的体格、力量和经典动作。在阿里对阵利斯顿一战中，人们根本不看好阿里，认为他与天生的拳击手利斯顿相比，差距之大不存在悬念，因此观众席上座率只有一半；而阿里动用过人的头脑，在加强训练的同时，不仅研究利斯顿的拳击风格，还仔细观察他在比赛外的性格品质等等，最终战胜了对手，创造了奇迹。

乔丹也不只是篮球天才，他还是体育史上最刻苦的运动员，从一个小球员开始，猛攻自己的弱点：防守能力、运球和投篮技术，他愿意比别人付出更多的努力。功成名就后的他对练习（训练）的执着依旧使人动容，不断提升、努力向上的他说：

"坚持的意志力和决心比某些身体优势更为强大,我一直这么说,我也一直深信不疑。"

一位名不见经传的选手获得了国际马拉松赛冠军,他同样以冠军思维去获胜:赛前把整个赛程分成几个小目标并设定标志;赛时奋力冲向第一标志、第二标志、第三标志,不松懈、不怠慢,坚持领先,坚持到终点;自我激励直至超越自己。美国运动员麦克·鲍威尔曾经奋身一跃,以8.95米的成绩打破鲍勃保持了二十三年之久的8.9米的跳远纪录,并使这一纪录保持了近三十年直到今天。他提到过当年他的创造奇迹的一幕时,特别说到对手卡尔·刘易斯(20世纪最佳运动员)当时跳出了极佳成绩(可惜当时风速过大,这一成绩未被认可),他得意洋洋走向鲍威尔,向他挥舞拳头并示威,鲍威尔被激怒了,怒气化作了能量,这种被外部"触发"性的情感有助于人去抗争,燃烧的怒火烧出了令人目瞪口呆的一跳。鲍威尔终成正果:坚持尽力,超越平凡!

费米思维

美籍意大利科学家、教育家恩里科·费米一生成就斐然，涉猎颇为宽泛，在 1938 年荣获诺贝尔物理学奖。他曾经提出过一种处理难题的思维方式，他认为当你遇到一个问题，往往会因为所提供的信息或已知条件太少，而难度增加，无从下手，无法解答；但是可以凭借对问题及其相关事物的理解，认识它们之间的联系，把问题分解成几个次级问题，降低复杂程度；每个问题都可以运用简单的知识去解答，就能得到接近准确的答案。人们把这叫作费米思维。

举例：芝加哥需要多少位钢琴调音师？面对问题，大家面面相觑，无法接口。而费米却从容地向大家解释道：假设芝加哥的人口为 300 万，每个家庭 4 口人，全市三分之一的家庭有钢琴，那么全市共 25 万架钢琴。一般来说，每年需要调音的钢琴只有五分之一，那么一年需要调音 5 万次。每个调音师每天能调好 4 架钢琴，一年工作 250 天，共能调好 1 000 架钢琴，是需要调音总量的五十分之一；由此可以推断芝加哥共需要 50 位调音师。费米的推论让大家心悦口服。而这种方法又被称为横向推理（思维）。

举例：20 世纪 40 年代的某天，世界第一颗试验原子弹在美国新墨西哥州沙漠上爆炸。40 秒钟后，震波传到费米和他的学生们驻扎的基地，费米把一些碎纸屑扔向空中让其随风飘落，然后通过迅速计算；费米向他的学生们宣布爆炸的能量相当于 1 万吨烈性炸药。结果当然符合实际，学生们对此都十分信服。

横向思维体现了费米思维的特点，通过借鉴、联想、类比，充分运用其所掌握的其他方面的知识、信息、方法、材料等和自己头脑中的问题联系起来，进而创造性地提出解决问题的方法的整个思维过程。费米教给了我们一个受用无穷的好方式、好方法来长知识、增本领。他告诉我们每当在接受任务、遇到问题时，要清晰、明确要求，根据已知条件、限制条件，运用多方面的知识，将其分拆成若干次级目标，循序渐进，由易而难，直到得出结论，完成任务，解决问题。

再举一个例子,运用横向思维的基本思路、路径回答如下问题:地球周围的大气质量是多少? 这个问题有点专业性,但还是有迹可循,可以解答。懂得一些物理知识的人都知道一个标准大气压力为 $1.01×105$ 帕,大气有压强完全是因为大气有重力,而地球的半径为 6 400 千米是我们熟悉的物理量,求出地球的表面积后再乘以大气压强的值,就可以顺利得到地球周围大气的总重力,进而得到地球上空气的总质量。事情就那么神奇,又那么简单。

费斯汀格法则

停止抱怨,尤其在日常生活和职场中!抱怨往往带来负面的效应,使事情变得更加糟糕;停止抱怨,息事宁人,积极向上,开始改变,方是正道。

美国著名的社会心理学家费斯汀格对此颇有研究,他提出一个观点:生活中的10%是由发生在你自己身上的事情组成,而另外的90%则由你对发生的事情如何反应所决定。换言之,生活中有10%的事情是我们无法掌握的;而另外的90%却是我们能掌控、可以掌控的。这就是费斯汀格法则,也被称为10/90定律。

费斯汀格进行了举例说明。卡斯丁晨起洗漱时,将自己的手表放在洗漱台边,妻子怕手表淋湿,将其放在餐桌边上。儿子在拿面包时不小心将手表碰落并摔坏;卡斯丁不由发怒,责打了儿子,骂妻子多事,手表是防水的;于是夫妇间发生争吵。卡斯丁越发恼火,顾不得吃早饭,直接开车去了公司。快到公司时发现自己忘了带公文包,便急转回家取包,可家中没人:儿子上学、妻子上班了。卡斯丁的钥匙又放在公文包里,进不了门的他只好打电话给妻子要钥匙;妻子急匆匆赶回家,路上撞翻一个水果摊,赔了钱才得以放行。这样卡斯丁到公司自然迟到了,被上司批评了一通。十分郁闷的他在下班前又因小事与同事吵了一架;而妻子因为早退被扣当月的全勤奖;儿子这天恰好参加棒球赛,因心情不好发挥不佳,第一局就被淘汰了。

为什么会这样倒霉、糟糕透顶?是什么原因,谁惹的祸?难道是手表惹的祸?还是妻子惹的祸、儿子惹的祸、自己惹的祸、老板惹的祸?手表被摔坏是已经(必然)发生的事,当属10%之列,而后面发生的一系列事情就是另外的90%的范围内的事了,也就是全部取决于当事人自身的反应。如果改变一下反应,"手表摔坏了,没有关系,可以修",或"哦,我正想换个新表呢!"既安慰了儿子,妻子也没事,大家安然如往日一样上班、上学,诸事顺遂。后来的一切都不会发生。可见控制情绪,停止抱怨乃至发怒是多么的重要。

这个例子以及法则很说明问题,可以延伸,应用于各种场合。

科斯定理

诺贝尔经济学奖(1991 年)获得者、美国经济学家罗纳德·哈理·科斯是新制度经济学的奠基者、创始人。他对于"'看不见的手'是完美的和万能的"古典主义经济学作出了批判和否定,他的重要理论"科斯定理"没有被他本人所定义过,但一般的表述为:只要财产权是明确的,只要交易成本为零或者很小,那么无论在开始时将财产权赋予谁,市场均衡的最终结果都是有效率的,实现资源配置的帕累托最优。

也有人认为科斯定理由两个定理组成:(1)如果市场交易成本为零,不管权利初始安排如何,市场机制会自动使资源配置达到帕累托最优。当然现实世界中不存在交易成本为零的情况。(2)一旦考虑到市场交易的成本,合法的权利的初始界定以及经济组织形式的选择将会对资源配置效率产生影响。

有人将其简洁归纳为:"科斯定理是产权经济学研究的基础,其核心内容是关于交易费用的论断。"科斯定理的两个前提是:明确产权和交易成本。他认为市场机制的运行是有成本的,制度的使用(包括制度产生、安排、变更)是有成本的,它们都离不开交易费用的影响。交易费用是新经济制度学最基本的概念。科斯认为:交易费用应包括度量、界定和保障产权的费用,发现交易对象和交易价格的费用,讨价还价,订立合同的费用,督促契约条款严格履行的费用等等。交易费用理论是硬性的、客观的,它可以说明和解释各式各样的经济现象,包括人们日常生活中的许多情况。当人们处理某件事时,如果交易中需要付出的代价(包括货币性的在内)太多,人们可能要考虑采取交易费用较低的替代方法甚至是放弃原有的想法,而当一件事的结果大致相同或既定时,人们也必定要选择付出较小的一种方式,也就是说选择最合适的。

"市场经济是一只看不见的手","这只看不见的手是完美和万能的",对此我们都知晓或耳闻,一段时间里甚至被视作唯此为大,独此为灵。而在科斯看来:市场经济有其优劣,优在降低组织成本,劣在提升了交易成本;而计划经济优势在于交易成本低,劣势在于组织成本高。因此市场经济和计划经济都不是完美或万能的。应该说此论点比较公允。

科斯定理的包容性很大,就企业来说,无论国企、民企都可以从中获益,如降低组织成本,激发企业的活力和竞争力,提高经济效率。就管理科学来说成本是一座金矿,只要去开掘总会有产出,国企、民企、私企,只要是以营利为目的社会组织形式,都有降低成本的要求、目标,对内降低组织成本(运行成本),对外降低交易成本。

科斯的一些观点清晰、在理,可以看看:

所谓制度就是规则,其中分正式和非正式制度。前者包括宪法,成文法、正式合约等。后者据人们长期的社会交往中逐步形成并得到社会认可的一系列约束性规则,包括价值信念、伦理道德、文化传统、风俗习惯等等。

产权理论:产权是一种权利,是一种社会关系,是规定人们相互行为关系的一种规则;而且,是社会基础性规则。其包括所有权、使用权、收益权、处置权等,包含一套激励与约束的机制,影响资源配置效率及产权安排对个人产生的激励。

交易费用分析:对企业的性质、边界及企业与市场并存于现实经济世界这一事实作出了先驱性的解释;将新古典经济学的单一生产制度体系——市场经济,拓展为彼此之间存在替代关系的,包括企业与市场的二重生产制度体系,升华了对资本主义和商品经济的认识。

市场机制是一种配置资源的手段,企业也是一种配置资源的手段;两者可以相互替代。市场机制的运行是有成本的,通过形成一个组织,并允许某个权威(企业家)来支配资源,就能节约某些市场运行成本。

科赫原理

罗伯特·科赫是伟大的德国医学家,细菌病学鼻祖,他针对炭疽病的发生进行了细致严谨的研究,找出致病的细菌以及相关性,使人类第一次用科学的方法证明某种特定的微生物是某种特定疾病的病原。他先后发现肺结核的病原菌,发现霍乱弧菌,发现阿尔巴痢疾杆菌,发现沙眼病毒,发现鼠疫和昏睡病的传播媒介,战胜疟疾、牛瘟、麻风等等,据统计科赫为人类贡献了近 50 种医治人和动物疾病的方法。1905 年,科赫获得了诺贝尔医学和生理学奖。

他总结和提出了著名的"科赫原理"(又称科赫定理、科赫法则),即:(1)必须在每一病例中都出现相同的微生物而在健康者体内不存在;(2)必须从宿主身上分离出这种微生物并在培养基中得到纯培养;(3)用这种微生物的纯培养物接种健康而敏感的宿主,同样的疾病重复发生;(4)从试验发病的宿主身上能再度分离培养出这种微生物。进行和实现了上述四个步骤,可以确认该微生物即为该病害的病原物。

他的实践和探索丰富完整了科赫原理,有效地加速了医学和细菌的进步。在霍乱的原发地印度,他检查、研究了几十具死于霍乱的尸体,发现了与他在埃及看到的那些霍乱死者身上相同形状的细菌,在下水道堵塞、污染之处,在肮脏、蚊蝇肆虐、饮用井水污浊的环境中,他发现了霍乱病菌的生长习性,尤其是其通过水、食物、衣服等用品传播、侵入人体的途径,从而提出正确治疗的方法、手段;他关于控制霍乱的法则被各国认可、推行,并成为控制霍乱的基础。他在发现结核杆菌并认为这是各类结核病的病原后,提出用结核菌素治疗结核病,发表了控制结核病的论文。而他之所以获诺贝尔奖主要就是因为他建树的关于结核病研究的成就。

21 世纪初,在全球 10 个国家、13 个实验室的共同努力下,科学家们确认冠状病毒是 SARS 的病原体,依靠的也正是当年科赫提出的四条原理!

科学就那么严格、严谨、一丝不苟。第一线,观察、探索、比对、研究,关联性、排他性,互为条件,找准实质和重点,缺一不可,马虎不得。科赫开了一个好头,在他以后的科学实践中,科赫原理亦得到了进一步的完善,发挥了更大的作用。

契约精神

契约精神是西方文明社会的主流精神。契约一词源于拉丁文,在拉丁文中的原义为交易。其本质是指一种契约自由的理念;所谓契约精神即存在于商业经济社会中的契约关系和内在原则,一种自由、平等、守信的精神。

最早的契约精神可以追溯到亚里士多德。他将人与人的交往活动分为自愿交往和非自愿交往,他在伦理学中关于正义的论述,蕴含了丰富的契约思想,包括交换正义、不损人利己等。在自愿交往(易)中就包含了签订契约的思想,现代契约精神是从自愿交易理论推演而来。法国伟大的思想启蒙家卢梭认为:人是生而自由的,但却无往不在枷锁之中。在社会契约理念的引领下,每个人都要放弃天然自由,而获得契约自由,从规范框架下以被动守信到逐渐养成无外在约束下的自觉守信。

西方的契约精神包含两个重要内容:(1)主要是私人契约精神,在商品社会、私人交易之间,契约精神对商品经济的发展有着至关重要的作用。(2)社会契约精神,这种起源西方资产阶级革命时期的古典自然法学派所持的学说,对西方的民主、自由、法治的构筑有着深刻的影响。

契约精神是一种主体平等的诚实守信的精神,在主体上体现四种内涵:契约自由,契约平等,契约守信,契约救济。具体指的是缔结契约的主体要体现其意愿自由,地位平等。契约一旦达成就必须各自守信承诺,违背契约者要受到制裁,受害者得到救济。契约精神体现一种自律和他律的结合,契约守信精神是契约精神的核心精神,也是契约从习惯上升为精神的伦理基础。在契约没有上升为契约精神之前,人们订立契约有源自彼此的不信任,契约的订立采取的是强制主义。当契约上升为契约精神以后,人们订立契约源自彼此的信任,当契约守信精神在社会中成为一种约定俗成的主流时,契约的价值才能真正得到实现。

契约精神从萌芽、发展到成熟,经历了漫长的演进过程,它逐渐成为不同时期、不同地域、不同文化体系的人们共同的信仰和价值追求,它体现的自由平等的原则是一种以法律为准则,以平等自愿、等价有偿、公序良俗为基本原则的行为规范。有三个著名的小故事说的都是关于契约精神的:一个小孩的故事,一个老太的故事,一个牧师的故事,都很精彩,说明问题。这里举例一个小孩的故事:在美国纽约哈德逊河畔,离美国第十八届总统格兰特陵墓不到 100 米处有一座孩子的坟墓。在墓边的一块木牌上记载着这样一个故事:1797 年 7 月 15 日,一个年仅 5 岁的小孩不幸坠崖身亡。孩子的父母悲痛欲绝,便在落崖处给孩子修建了一座坟墓。后因家道中落,这位父亲不得不转让这片土地,他对新主人提出了一个特殊要求,要把孩子的坟墓作为土地的一个部分永远保留。新主人同意了这个条件,并把它写进了契约。一百年过去后,这片土地辗转卖了许多家,但孩子的坟墓仍然留在那里。1897 年这块土地被选为总统格兰特将军的陵园,而孩子的坟墓依旧被完整保留,成了格兰特陵墓的邻居。又一个一百年过去,1997 年 7 月格兰特将军陵墓建成一百周年时,时任的纽约市长来到这里在缅怀格兰特将军的同时,重新修整了孩子的坟墓,并亲自撰写了孩子墓地的故事,让它世世代代流传下去。那份当年转让土地并延续了两百多年的契约揭示了一个简单的道理:承诺了,就一定要做到。

契诃夫法则

契诃夫(1860—1904 年),俄国大文豪,19 世纪末期批判现实主义作家,以短篇小说著名,一生创作短篇小说 700 多篇,被称为"世界短篇小说之王"。他还是一个毕业于莫斯科大学医学系并行医多年的医生。

契诃夫法则应该是出自他的文学创作、实践,属于谋篇布局、构思之类的经验或心得。他说过:"在第一幕中出现的枪,在第三幕中必然会发射。"这段名言,即被称为"契诃夫法则"。其实这只是一种文学创作方面的手段、技巧,属铺垫性质,起伏笔作用。在故事早期出现的某一事(物)件,到后来一定会被用到;体现它的重要性、呼应作用。然而他又说过:"假如不打算开火,就别让一支上膛的来复枪出现";所以这个法则也被称为"契诃夫之枪"。

其实,这里把铺垫、预设置当作了原因、因果,虽然有的时候并非有意识。它说明一切都有因缘,诸事之中亦有踪迹可寻。所以我们可以据此为借鉴、启迪:透过现象去看本质,拨开迷雾,在一切事端、变故中人的劣(性)质的暴露、反映往往不会"羚羊挂角,无迹可寻",而是有预兆,有征候的。就人可以尽可能地去看清其本性、本质;就事可以发现寻迹其肇始、缘由,层层剥笋,披沙沥金,可以追溯、可以预案、可以防范,排除不安全因素及可能出现的不测。在"枪"必定发射之前,知道有"枪",找到"枪"的隐藏、匿身之处,努力不让"枪"发射或走火,彻底消除隐患。

从"契诃夫法则"中,我们还可以较好地理解偶然性和必然性的关系。从必然要发射回过头去看枪的偶然出现;从必然要发射去考虑规范、防范,去除隐患,不让枪有发射的机会和可能!"契诃夫法则"不复杂,但带给我们的教益不少。

此外,还有一个"契诃夫法则",说的是:"针对自身原因造成的痛苦而设定的平衡原则。"

以色列作家尤瓦尔·赫拉利(1976 年生)著有《人类简史》《今日简史》《未来简史》等。在《未来简史》(2016 年出版)一书中,他把契诃夫法则(契诃夫之枪)与丛林法则合称为人类发展过程中的两个法则之一!于是契诃夫法则又一下子热门起来。

钟摆原理

以钟摆原理来证明或说明信任的重要和获得信任的艰难，十分到位，鞭辟近理，入木三分。此材料较早看到的是在《环球时报》2005 年 9 月 21 日的"关于信任的一堂课"，编译者为汪新华；以后多见转载、引用，但没有更多的补充和说明，如事件发生在哪个国家，老师奥尔格是什么人，发生在什么时候，作者"我"又是什么人等。但材料的阐述很仔细，能说明问题就可以了。

老师奥尔格用物理学上的"钟摆原理"来证明什么是真正的信任。他指出：钟摆自最高点往下运动，它来回摆动达到的高度点绝不会高于最高点。由于摩擦力和重力的作用，它的摆动幅度会越来越小，直至最后完全静止。为形象地说明问题，老师当场作了演示，然后问大家是否信任他，是否相信钟摆原理？！所有的同学都举手表示相信。于是他让人从外面抬进一口大钟，悬挂在教室的钢筋横梁上，又请了一个同学坐到放在桌子上的一把椅子上；椅子背靠着墙，这位同学坐下后后脑勺恰好贴着水泥墙壁。老师将钟摆推到距离同学鼻子只有一英寸的地方，又一次强调了钟摆原理，接着说：这口钟有 270 磅重，我在距他鼻子一英寸处放开钟，钟摆再次回摆，离他鼻子的距离亦只会保持一英寸，绝不会碰到他的鼻子、更不会撞上他。

众目睽睽之下，这位同学依旧表示相信这个原理，信任老师，但已经是满头大汗。老师放开了钟摆，挟着呼呼的声音，钟摆从最高点往斜下方坠，迅速摆向另一端；在到达另一端的最高点后自然往回摆动，朝着这位同学面前袭来，在钟摆还没有迫近自己之前，那位同学大叫着从座位上一跃而起，躲避那重达 270 磅的大钟摆，而钟摆在离椅子的不远处停住，接着又摆了回去。根据钟摆与墙壁的距离判断，它绝对不会撞翻那位同学，前提是他还坐在那里。几十双眼睛、怦然的心跳，满屋子鸦雀无声，奥尔格微笑着问大家："他相信钟摆原理吗？他相信我吗？"同学们异口同声："不！"

故事很精彩,清晰如视频,一举一动,音容笑貌,心理活动以及个性表露等栩栩如生,给人的教益亦深刻。它说明了信任是难能可贵的,在平时说说可以或需要时振振有词地表态一番,在关键时刻往往是个严峻的考验。如同钟摆原理,既要有基础,又要有勇气,更需要判断,方能放得下心,充分信任值得信任的人或事物。不过,这里是不是也存在人心、人性不可测试的道理,一试一测全露馅了,不好办!

另外,钟摆原理不同于钟摆理论、钟摆效应;钟摆效应主要指的是心理学上描述人类情绪高低摆荡的现象。而叔本华的钟摆理论则是指:人生如钟摆,摆动于痛苦无聊之间,痛苦和无聊是人生的两种最后成分,常常是当你需要为生存而劳作时,你是痛苦的;当你的基本需求满足之后,你会感到无聊。

香蕉原则

乔丹·科恩和塔尼亚·露娜在整理、总结多位学者的观点和实践之后,提出了"香蕉原则",有理有据,用在管理方面很能说明问题。生活中,香蕉是人们非常熟悉的水果,它含有多种微量元素和维生素,能帮助肌肉放松,使身心愉悦,并且具有一定的减肥功效。国外(德国)有研究人士指出:用香蕉可治抑郁和情绪不安,因它能促进大脑分泌内啡肽等化学物质,所以能缓和、影响情绪,提高工作效率,降低疲劳。古印度和波斯民间认为金色的香蕉乃是上苍赐给人类的保健佳果,传说佛教始祖释迦牟尼由于吃了香蕉而获得智慧,香蕉因此被视作"智慧之果"。

在美国的一些公司中每天有免费的水果可以食用,且往往是香蕉早已告罄,而橙子却留在那里。根据哈佛大学心理学家肖恩·安珂的说法:人们会选择在开始后能够节省20秒时间的行事方法。科恩和露娜将剥香蕉和剥橙子的时间进行对比,结果两者之间的时间差接近20秒。这就是香蕉原则。哲学家吉尧姆·费列罗提出了人类社会的运行奉行"最省力法则":如果有多条道路可选,人们会选择最好走的道路。美国著名学者罗伯特·弗里茨有过著名论断:"结构决定行为,所有的能量都沿着最小阻力之路进行。"(《最小阻力之路》)

香蕉原则的特点是简单明了和潜移默化。同样想要提高员工的效率,就应该增强"香蕉效应",尽可能减少办公环境中的"摩擦力"。科恩他们列举了《哈佛商业评论》总结的在办公环境中利用香蕉原则的三个方法。第一:香蕉原则可以用来让新雇员更好地得到重视。一家设计公司为每位新雇员发放一个气球,上面写着"在公司的第一天",这个气球在新人的办公桌上方飘浮,默默提醒着所有员工向新人介绍自己并为其提供支持。第二:香蕉原则可以用来促进跨团队合作,可以让他们坐相近的位置,提供公用的空间,放置白色的写字板或大量的易事贴,提供私人对话的条件等等。第三:香蕉原则可以用来减少公司的坏习惯。一家网络公司希望在雇员培训期间减少一心两用的现象,放置小玩具,以分散员工对其手机的注意力。

科恩是 PA 咨询集团的工作效率专家,他认为:有些方法在某种特定的情形或处境下发挥不了作用,不妨尝试多种方法,在工作中实践应用。所以我们可以在待人接物、处事应世中尽可能发挥香蕉原则的积极作用。

附带说一句,生活中香蕉虽好但也不是适合每个人的,如体质偏虚寒者就不宜食用。另外食后果皮则不能乱扔乱抛。

信息沟通公式

《大英百科全书》说：沟通是"互相交换信息行为"。英国学者丹尼斯·麦奎尔认为：沟通是"人或团体主要通过符号向其他个人或团体传递信息、观念、态度和情感的过程"。如何开展或进行更加有效的交流沟通始终是需要回答的一个课题。

有一个关于信息交流沟通效果的公式表述如下：效果等于7％语言＋38％语调、语速＋55％的表情和动作。这是美国著名心理学家艾伯特·梅瑞宾所提出的。看来，他的概括符合麦奎尔所说的：用符号来传递、沟通的说法。语言固然有效但其效亦有限，在信息交流和沟通效果方面，还是语调、语速以及身体（动作、表情）在起大的作用，至于比例如何那是科学家、学者他们的视角、实验、专利等等的结论了。于是就有人加以细化、操作了，就后两者而言，使用符号中占大部分的非语言包括肢体动作来进行有效沟通，效果确实能提高。如单纯责骂或批评属下、孩子，不如与孩子拥抱、抚慰；对部属和蔼热情，以握手或对视用眼神来征询他的想法、意见……在沟通中用非语言沟通符号包括附带相应的脸部的表情和动作重视语言所表达的意思或加深印象，进一步于无声中见效。

其实就肢体语言沟通而言那就更多更广泛了。北京师范大学的严霄霏博士就以敲门为例详说沟通之妙。其认为：人的动作之轻重缓急与内心力量的强弱和控制是息息相关的；敲门声的强弱、节奏、时间等，能从侧面反映一个人的性格，此时或彼刻的情绪和期望等，也关系到沟通的需求迫切与否，可以说上述一切尽付于声声叩门之音节中了。

从强度上来说敲门声响亮，说明来人一般比较自信，内心力量强大；敲门声细小轻微，说明相对谨慎或不自信，在交流交往中比较消极。至于用手掌、用拳脚的那种表现固然涉及脾气、性格，估计也与事急有关，也可能与交流地位不对等有关。从敲门的时间长短看，人不在则无所谓，若明知人在，坚持敲上很长的时间，一般说明来人意志力强或偏执；敲两下，停一阵又敲一阵，说明敲门者心思缜密，考虑的多,方法也婉转。从敲门的节奏来看,最好的方法是均匀地敲两三声,一般属于有良好习惯和有教养者所为;有自律自控能力,多为出现在敲上司之门,或上门求办事抑或表示敬意时。

敲门是件日常的小事,如此分析可以说敲门也能敲出名堂来,不过以此为例,推而广之,可见在有效沟通、交流方面是大有文章可做的。然而运用之妙存乎一心,一切还要看对方、客体如何,不过也应了那句老话:"处处留心皆学问。"

修昔底德陷阱

古希腊著名历史学家修昔底德认为：当一个崛起的大国与既有的统治霸主竞争时，双方面临的危险多数以战争告终。这被认为是一个定律：一个新崛起的大国必然要挑战现存大国，而现存大国也必然会回应这种威胁，这样战争变得不可避免。

公元前5世纪，雅典的崛起和急剧发展震惊了陆地霸主斯巴达，双方之间威胁与反威胁呈胶着状态并长期存在，于是竞争、对抗、冲突，并引发战争。在长达三十年的战争结束后，两国均遭毁灭。修昔底德对此提出："使得战争无可避免的原因是雅典日益壮大的力量，还有这种力量于斯巴达造成的恐惧。"

当时的斯巴达是个位于希腊南部伯罗奔尼撒半岛的城邦，在陆上与几个中等大小的城邦互相竞争。其刻苦尚武，从家庭到政府，奉行的一个原则就是要将战斗的活力和力量发挥到极致。斯巴达的当权者只允许身体条件最完美的婴儿存在，7岁入学军事学院，训练磨砺为迎战；20岁娶妻，以营房群居，依旧每天训练吃同样的饭，至60岁才能免除兵役；把军事价值观——勇气、英勇和纪律推崇至无以复加的程度。而雅典是个贸易国家，奉行开放政策，在希腊联军打败波斯军队中发挥了关键作用，当雅典意识到机会来时，经历了经济、军事、文化的全面发展，逐步成为海洋帝国，甚至许多更小的希腊城邦交钱输诚、寻求保护。雅典人的立异创新、敢闯图成与斯巴达以自己的文化傲人，墨守成规、不思求变不同；雅典人甚至扬言：这不是我们开的先例，弱者服从强者，这是自古以来就有的规律。强大的斯巴达内部对雅典的态度不一，越来越多的人认为如此下去会影响自己的霸权，鹰派的势头上升，他们要求议会强硬起来，强调雅典"应当受到'不再做好人'和'变成坏人'的双重惩罚"。于是从对峙到对抗，从冲突到战争；由于双方各自存在的不足、局限，长达三十年的战争以雅典帝国灭亡、斯巴达的胜利宣告结束。但斯巴达的力量、地位、影响大为削弱，希腊文化的黄金时代走到了尽头。

哈佛大学的"修昔底德陷阱"项目组回顾了过去 500 年中的十六起上升国家挑战现有大国的案例,其中十二个案例以战争告终。该项目组牵头人格雷厄姆·艾利森(哈佛大学肯尼迪学院首任院长、国际问题专家)便在 2012 年提出了这么一个"修昔底德陷阱"的说法。

　　是现象还是规律,如何看待这么一个说法,又何为挑战者、守成者? 其实即使在当时的雅典、斯巴达之间也并非必定要走到对抗,一方灭亡一方衰弱的地步。世界是变动、变化着的,不是铁板一块,死气沉沉的,有发展有消亡,发展有快有慢,有先发有后发;观念、战略、道路、模式有适应性与否、选择性可否之别;借鉴、合作、双赢、共享不失为好的方法和形式,单一、单纯、排他性既不可取,也难以存在。所以要避免陷入修昔底德陷阱之类的思维及着眼、着力点。尤其在今天,文明的多样性、平等性,发展的多样性、自主性,处理国际问题,双边、多边的关系的多样性、灵活性决定了世界的广袤性、复杂性。和而不同,同而不群;兼容并蓄,有容乃大;平等对待,彼此尊重;协商、协同、协作,谈判、携手、双赢,才能共创美好的明天,迎来人类社会的共同发展。

海恩法则

在飞行安全中有个著名的海恩法则,说的是:在每一起重大的飞行安全事故的背后有 29 起事故的征兆;在每个征兆的背后有 300 起事故苗头;在每个苗头的背后还有 1 000 个事故隐患! 似乎有点骇人听闻,但是这有事实根据,有数据支撑。它由德国飞行涡轮机发明者帕布斯·海恩提出。

与此相类似的还有由美国著名安全工程师海因里希提出的"海因里希法则"(又称海因里希安全法则、海因里希事故法则、300∶29∶1 法则)。指的是当一个企业有 300 个隐患或违章,必然要发生 29 起轻伤或故障;在此 29 起轻伤事故或故障中,有着 1 起重伤、死亡或重大事故。这是他从 55 万件机械事故中统计总结得出来的,为企业安全管理以及保险公司经营所重视。

航空行业的安全是个容错率极低的重要方面,虽然它的发生会少于机动车;但一旦发生就会陷入无可挽回的境地:几百条鲜活的生命消逝、经年累月的调查、索赔、航空公司或航空机的名声、质量受损、亲人的伤悲和泪水。

远的不说,2018 年与 2019 年之交的五个月内,连续发生的波音 737MAX8 型飞机的空难震撼世界! 2019 年 4 月美国波音公司首席执行官丹尼斯·米伦伯格就两架 737MAX8 型波音客机的坠毁,导致 346 人死亡和全球超过 300 架波音 737MAX8 型和 9 型飞机的停飞等进行道歉,并指出事故出自一系列因素,原因之一为客机飞行姿态矫正系统的"错误"。

海恩法则说明但凡事故都有原因、征兆、苗子以及隐患,任何时候都不能掉以轻心,而只有严格管理、严格操作、严格要求,充分看到一瞬间发生的天灾人祸都有着许许多多的监管漏洞的叠加;而这同时又是可以控制的,永远战战兢兢,永远不掉以轻心,安全才可以得到保证,事故才可以得以避免。

每天人们的头顶上有那么多的飞机起降、翱翔,安全管理的水平及安全水平必须严格地、持续不断地加强和推进,力戒人的不安全行为或物的不安全状态的出现。

其实,海恩法则以及海因里希法则对于其他行业及整个社会也不无裨益。它说明了两点:一则事故的发生是量的积累;二则无论有着怎样的技术、制度,人的素质和责任心都是很重要的。

海格立斯效应

　　海格立斯效应指的是一种人际互动,它是人与人之间或群体之间存在的冤冤相报,致使仇恨越来越深的社会心理活动。以眼还眼,以牙还牙,以其人之道还治其人之身;不肯吃亏,不愿认输,你跟我过不去,我也让你不痛快,没有好日子过,这就是海格立斯效应的实质。

　　海格立斯是希腊神话中最伟大的英雄、大力士,是宙斯和阿尔克墨涅之子。他神勇无比,完成了 12 项英雄业绩;他还参加了阿尔果斯远征,帮助伊阿宋觅取金羊毛,解救了普罗米修斯。据说有一天,海格立斯走在坎坷不平的路上,看到脚边有个像鼓起的袋子一样的东西,很难看,便踩了那东西一脚,谁知那东西不但没有被踩破反而膨胀起来,并成倍、成倍地加大,这惹恼了海格立斯,他顺手操起一根碗口粗的木棒砸那个怪东西,好家伙那东西竟膨胀到把路也堵死了。海格立斯一下子居然无奈于它,正在纳闷时,雅典娜女神来到海格立斯面前,对他说:快别动它了,忘了它,离它远去吧;它叫仇恨袋,你不惹它,它便会小如当初,你若侵犯了它,它就会膨胀起来与你敌对到底。

　　仇恨往往就如海格立斯所遇到的那个袋子。没有便好,一旦滋长生发,开始很小,如果你忽略它、化解它,矛盾消除,它会自然消失;若耿耿于怀,不能释怀,过不了这个关卡,它就会加倍折腾,因为受到恶性刺激、打击,因为所遇不良,因为心绪恶劣,因为嫉妒,因为……太多原因,被仇恨、报复心理纠缠上,人们陷入无休无止的疯狂之中,对人是有百害而无一利。

　　要学会排解仇恨怨怒,学会宽容大度,懂得忍耐、懂得放弃,以理智、情商处事;以直报怨、以德报怨,化解嫉妒、敌意、仇恨;不去想更不去干以怨报怨、冤冤相报之类的傻事,在报复、报仇的路上升级加码,最终必然两败俱伤,一起走向毁灭。复仇者,被报复的人永远都不会是真正的胜利者,化干戈为玉帛、宽恕宽宥才能带来宽怀;拿得起放得下,控制好坏情绪,千万不要拿别人的优点折磨自己,千万不要拿别人的错误惩罚自己。

　　人生有许多事要做。远离仇恨可以从细微处、小事端开始,心态最为紧要,享受友谊、快乐,做一些自己想做的事,做一些尚未来得及做的事。"不责人小过,不发人阴私,不念人旧恶,三者可以养德,亦可以远害。"这是明人洪应明的一段话,可以修身养性,远离仇恨,使人受益终生。

旁观者效应

　　以色列心理学家格雷格·巴荣发现了"旁观者效应"。他做过一个实验：向特克尔恩技术学院的 240 个人发了一封电子邮件，询问该学院有没有生物系。向其中的一半人是单独发的，另一半人则是以邮件组的形式发送。结果，前一半人中有 64% 的人回了信，其中三分之一的人给了详尽的回答，而后一半人中只有 50% 的人回信，其中只有 16% 的人给出了详尽的回答。巴荣认为这是一种责任扩散现象。他把这种效应与许多犯罪现场的旁观者联系了起来：当有其他旁观者在场时，人们进行干预的责任感就会减弱。

　　1964 年，28 岁的美国女子凯蒂·吉诺维斯在下班返回公寓的途中遭到歹徒的袭击，袭击持续了近 30 分钟，该女子多次向附近的居民楼呼救，但除一人报警以外，其他人都没有出声援手；最后她死在送往医院的途中。当时据说有多人听见或看到了她的呼救声及受袭击的情景。当时离吉诺维斯最近的邻居罗斯虽然在迟疑耽搁了多时之后，也与其他邻居商量、最后也打了电话报警；但事后他的那句"我就是不想被牵扯进去"的经典话语，使他名声昭著。美国心理学家约翰·利达、比伯·塔拉奈关注研究这个案件并扩展作了多次实验，亦提出了旁观者效应（也称吉诺维斯现象），认为：旁观者效应即当越有其他人存在的时候，人们给予帮助的可能性越小，同时给予帮助前的延迟时间越长。这一案件引发并促进了美国相关包括法律、处警方面的改革。

　　旁观者效应又称责任分散效应。引起旁观者效应的主要原因在于责任扩散：即周围的人越多，每个人分担的责任越少，这种责任分担可以降低个人的助人行为。情景的不明确性，人们有时无法确定某一情景是否真正处于紧急状态；这时，其他旁观者的行为就会自然而然地影响到该个体对情景的定义，进而影响他的行为。对评价的恐惧：如果人们知道别人正在注视自己，那就会去做一些他人期待自己去做的事情，并以较受大家欢迎的方式表现自己；也就是说，试图避免社会非难的心态抑制了人们的助人行为。

也有学者认为当出现责任分散时,行为主体受到六方面心理因素影响:利他主义动机、社会惰化、从众心理、道德因素、法不责众心理和人际关系相互作用等。

那么面对这种情景怎么办?有专家支招:如果你是旁观者,一定要忍住观望别人的本能冲动;如觉得有人可能需要帮助就应果敢行动;考虑到他人一定会推卸责任(本能性行为),自己应主动承担起责任,或发现需多人一起帮忙时,就要指定具体的人,这样即可以打消人们推卸责任的心理。如果你是受害者,需要别人帮助,更要主动让旁观者中的某一个人感到有责任,在围观人群中死死盯住一个人,恳求、呼救,让他感到责无旁贷,并且带动他人。只有这样,责任到位,才能(会)避免逃避或推诿。

家庭经济学

斯坦利·贝克尔(1930—2014年),美国著名经济学家,"理论创新者",1992年诺贝尔经济学奖获得者。其著述颇丰,代表作为《歧视经济学》。他的《生产力的经济分析》是当代西方人的经济学创立之作;《人力资本》是西方人力资本理论的经典;《家庭论》是微观人口经济学的代表作。西方经济学界把贝克尔的时间经济学和新的消费论称为"贝克尔革命"。

贝克尔认为,经济学的基本原理是:任何最大化的行为,都只能是在其他条件不变的情况下,追求某一个指标的最大化。只要有人群就存在对事物的不同估值,就会出现交易;只要有选择,就必然会有机会成本;只要存在时间,就存在耐用品,就会刺激投资。而经济分析要有意义,必然假定人的偏好是恒常不变的,这时经济学家才能够根据约束条件的变化而推测或解释人的行为的变化,这是经济学安身立命的根本。

他在研究人类行为时,力图用经济学的方法和观点去揭示其经济动因;在分析影响人类行为的各种因素时,始终把经济因素放在重要地位;在运用经济理论分析人类行为方面,贝克尔是一个成功的先驱者。《家庭论》就是他用研究人类物质行为的工具和理论框架去分析婚姻、生育、家庭内的就业决策、劳务分工、威望和其他非物质行为的佳作。他引入时间的机会成本概念,认为家庭活动不仅是一种单纯的消费活动,还是一种生产活动,它产生某种"满足"。家庭既大量使用从市场上购买来的各种消费性商品和家庭生产所需要的生产资料性商品,还同时使用时间资源。家庭所耗用的这些人力资源、物质资源和时间资源又总是有限的、稀缺的,所以家庭的决策就是努力使家庭资源的效用最大化。这里,货币收入和时间相加便构成了家庭成员为获得效用的满足目的所拥有的收入总额。家庭这个生产者和其他理性的经济人一样,每天都要进行投入与产出的相比较的生产决策,合理地分配以试图达到最佳组合,来求得家庭成员在投入和时间的双重约束下获得(取)最大的满足,实现家庭生产效用最大化的目标。

在书中,他用机会成本的概念分析家庭生育问题,提出生少养好的观点。他把婚姻看成是一种经济组织形式,成本包括机会成本和交易成本,"两个人只有在结婚后的共同所得大于单身时分别所得之和的情况下才会结婚"。他认为家庭既是消费单位,又是生产单位,还是投资单位,是一个综合性的经济主体;家庭实际上是小型生产单位,它结合资本、原材料和劳动来使用、供养和生产其他有用产品。在家庭劳动分工方面,他提出应本着相对优势的原则,市场生产率高的一方应把工作时间全部用于市场工作,而家庭生产率高的就把时间全部用于家务劳动,这样家庭可以得到最大量的物品和闲暇,从而获得效用的最大满足,增加家庭福利。在贝克尔的眼中,家庭作为一个综合经济行为主体,根据时间价值的波动,可以对家庭生产、家庭消费、家庭决策作出合理安排,以实现家庭幸福的最大化为最终目标。

用经济学方法研究家庭的消费、生产、理财等经济活动,以及家庭生活的各个方面,是有益的,它开创了一个新的局面,对于分析社会状况、解决社会问题有很大的帮助。《家庭论》于1981年问世,几十年来这方面的研究探讨有所深化,但就成果而言好像无出其右者,其中,也有不同的声音。对如此一位大师、大家之言,不妨看看、思思、议议。

酒和污水定律

"如果你把一汤匙的酒倒入一桶污水里,你得到的是一桶污水;如果你把一汤匙污水倒入一桶酒里,你得到的还是一桶污水。"这就是著名的西方管理定律之一的"酒和污水效应"(定律)。

明明白白的文字,意义及涵盖却不一般,如同中国人熟悉的"一粒老鼠屎坏了一锅粥"那样,说明少数可以影响多数,局部可以干扰甚至改变全局。这里不存在比例、配比、量变、质变等等的概念,无论原来的基础或基本情况如何,只要混入污水,无论污水的数量(分量)多少,起作用的都是污水,只要有了它,哪怕是一小勺,水照样污了、酒也污了,令人瞠目结舌,徒唤无奈。

污水的作用不能小觑、忽略。就社会或组织、团体而言,"污水"是客观存在的,这里的"污水"指的是对于整个团队各方面作用的叠加值小于或等于零的成员和东西。这是需要我们重视并切实予以防范的一个重点。他们的人数也许不多,但破坏力巨大,满满的负能量,如同"白露的雨",到一处坏一处;亦如同整箱成筐的李子、桃子、苹果,一旦其间发生腐烂,若没及时发现或未予清除,便很快就会传染蔓延开去,扩散至大半、全部。

对于这种状况以及"污水"类的东西怎么办? 这是一个客观现实而又严肃的课题。有说这个好办,也有说难办,但其中难的成分居大居多。首先你不能视而不见,更不能同流合污。其次你可以直面,针锋相对,抵制、反抗、除去。再次可以采取躲避的做法。

最好的办法无过于防患于未然,形成共识,营造氛围,通过弘扬正气,扫除丑恶来防微杜渐,不让这种类似的苗头出现。一旦发现,便要同仇敌忾,在其尚未造成大的破坏、带来大的危害之前及时处置;彻底唾弃这类"污水"和祸害,让其不能为、不敢为。如若乌烟瘴气,为祸为害已烈,人人痛恨却又无能为力之时,只能诉诸法律。

现代管理学之父彼得·德鲁克曾经说过:酒和污水定律是企业人才运用中最经典、最具主导地位的规律。

破窗效应

詹巴斗（美国心理学家、斯坦福大学教授）在 1969 年做了一项实验：把两辆一模一样的汽车，一辆放在相对杂乱的纽约布朗克斯区，另一辆放在加州帕洛阿尔托的中产阶级社会。他将停放在布朗克斯区的那辆车的车牌摘掉，又把顶棚打开。结果一天之内车就被人偷走了。而放在帕洛阿尔托的那一辆车，一周之内无人过问。后来詹巴斗用锤子将车的玻璃砸了个大洞，结果仅仅过了几小时，车就不见了。政治学家威尔逊和犯罪学家凯琳据此提出了"破窗效应"，认为如果有人打破了一幢建筑物的窗户玻璃，而这扇窗户又得不到及时的维修，别人就可能受到暗示性的纵容去打烂更多的窗户玻璃；久而久之，这些破窗户就给人造成一种无序的感觉。在这种公众麻木不仁的氛围中，犯罪就会产生、蔓延。

破窗效应亦被称作破窗理论，说明了一种犯罪心理学现象。这个说法认为环境、条件、人、心理之间有一个互动、一个循环，不良现象的长期存在，不管不顾放任其滋长蔓延，会诱使人们仿效，甚至变本加厉。因此对较为轻微、细碎的不合理现象或犯罪苗子必须及时处理，以免产生更加严重的后果。这说明了环境对人的影响。坏的环境如不加以治理，会泛滥、会扩张；而好的环境则会约束人们，使人自律，与环境友好。所以这个效应或理论引申开去，我们可以把环境当作自己周围或整个外部，面对"破窗"，要防止从众心理，克服投机心理，不去助长"破窗"带来的危机和危害。

在经济学领域的"破窗理论"可能出现得更早些，它指谓的一种现象是：但凡破坏一个东西反而会带动经济的发展。如某人砸破了一扇窗户玻璃，这个行为必然会得到补救，玻璃窗要重新装好、补上新的玻璃。这样的话，它为玻璃制造商带来了商机；这个制造商又会去购买其他生产商所生产的其他物件、产品。在乘数效应的作用下，玻璃被砸破只是一次性的损害，却给社会带来机会，而且是连锁性的。

这样坏事变成了好事。但是不少有识之士对此不敢苟同，认为此为谬误；当初提出此说的法国 19 世纪经济学家巴斯夏的本意也并非如此。因为没必要依靠砸碎玻璃来带动一系列的消费;即便玻璃不碎,那么用于购买新玻璃的钱也可以(也会)用出去、消费掉,同样有一种连锁反应,连接和产生许许多多的消费行为,都会带动各行各业的发展。同一个理论,不同的理解,只能由当事者来认定了!

格式塔疗法

格式塔疗法是一种心理疗法。所谓心理疗法又叫精神疗法,与化学、天然药物及物理治疗不同,是医生与病人交往接触过程中,医生通过语言来影响病人的心理活动的一种方法。

其由美国精神病学专家弗雷德里克·S·珀尔斯博所创立,包括九项原则。(1)"生活在现在":不要懊悔昨天发生的事,不要惦念明天的事,把注意力集中在今天要干什么。(2)"生活在这里":对他人他处的事我们无能为力,杞人忧天于事无补。(3)"停止猜想,面向实际":避免无端的猜测,不做没有实际根据的"想当然"。(4)"暂停思考,多去感受":强调感受可以调整、丰富思考,直觉思维是人生不可或缺的心理品质。(5)"接受不愉快的情感":愉快与不愉快是相对的,人生既要接受愉快的情绪,也要有接受不愉快情绪的胸襟。(6)"不要先判断,先发表参考意见":对他人的态度和处理人际关系的正确做法应该是先不要急于下判断,可以先谈出你是怎样认为的,这样可以防止和避免与他人产生不必要的摩擦和矛盾冲突。(7)"不要盲目崇拜偶像和权威":盲目地崇拜、追随、附和众议,容易丧失独自思考的习性,也不能无原则地屈从他人,失去自主行动的能力。(8)"我就是我":从自身出发,认定"我能行",发挥潜能尽力去做好自己能做的事。(9)"对自己负责":秉持自己做事的观念,自己对自己要负起责任来。

这是用心理学方法对人进行教育、启迪的一种,心理疗法包括心理咨询、支持性心理治疗、领悟治疗、说理治疗、信念治疗、放松治疗、系统脱敏治疗、行动治疗、集体治疗。通过语言或非语言因素,对患者进行训练、教育和治疗,以求得减轻或消除自身症状,改善心理及精神状态,使之适应和胜任家庭、社会和工作环境的效果。

美国加州圣地亚哥的一位社区心理治疗师针对人们存在的心理障碍,负面情绪,消极思维,创造了新的治疗方法:"深呼吸法"。对于诸如人的气愤、嫉妒、悲伤、焦虑、孤独、负疚，这些感觉不能无视或放任，要了解它，关注它，改变它，增加人们对生活的信心、乐趣、幸福感。那么如何去做？这位心理治疗师指出：如果你不能确定是生气、是悲伤，还是别的什么情绪在困扰你，那么就做 10 次深呼吸。当你觉得心跳加快，那多半是"焦虑"；当你觉得有胸闷的感觉，大多是悲伤所引起的；如你的牙床感到紧张，则八成是生气引起的……如此这般地去找出原因，去予以改变！

格式塔是德文，其意为形式、形状；在心理学中这个词表示的是任何一种被分离的整体，也称完形心理学。格式塔心理学是西方现代心理学主要流派之一，1921 年在德国诞生；主要代表人物：韦特海默、苛勒、科夫卡。珀尔斯博深受格式塔心理学理论影响，提出了格式塔疗法，吸取了格式塔心理学的主要特点，强调自己对自己疾病的觉察、体会和醒悟，是一种修身养性式的自我治疗方法。

莫扎特效应

  1993 年,美国加利福尼亚大学的弗朗西斯·劳舍尔和肖在英国的《自然》杂志发表了题为《音乐和空间任务能力》的论文,介绍了他们的一个试验:他们邀请了大学生听音乐,然后对大学生进行关于智商等的测试。他们发现听了莫扎特的 K·488 号乐曲能够改善人类的空间推理和记忆。将听放松音乐和不听音乐的相比,听了 10 分钟音乐的大学生智商得分提高了 8 至 9 分。此说一出颇为风靡,专家、学者纷纷跟进。后来由法国医生托马提斯首次将此归纳为:莫扎特效应。时至今日,肯定、质疑仍众说纷纭。

  一般而言,音乐最终的目的是使人获得某种情绪体验,而这种情绪体验又依赖于对音乐各个成分的认知,音高、旋律、节奏是决定音乐情绪的主要部分。

  什么是莫扎特效应? 有两个说法:莫扎特的作品大多纯净、新鲜、明亮、节奏稳定,符合人体内部特有的生理规律。这种特征能够激发欢快、愉悦等的正面情绪(认知决定情绪),这种情绪反过来又能促进认知加工水平的提高。这是一种说法。另有一种说法为:当你听了莫扎特的作品后,你的大脑活力将会增强,思维更敏捷,运动更有效,它甚至可以缓解癫痫病人等患神经障碍的病人的病情;还证明在智商测试中,听莫扎特的受试者得分比其他人更高。而今天所说的莫扎特效应又泛指了音乐,这些音乐大多与莫扎特的音乐具有相同或相似的曲式结构、特点。根据日本量子力学科学家江本胜研究发现,听中国古典音乐的话效果要胜过听莫扎特音乐。

  现实生活中,有的人音乐不离身,有时候一边工作,一边听背景音乐,认为这样有助于集中注意力,在愉悦的氛围中会提高工作效率。于是也有人将此归结为莫扎特效应。在对婴儿教育中播放莫扎特的音乐,甚至对胎教也如此实施,据说都收到了较好的效果。

  莫扎特(1756—1791 年),原籍德国,生于奥地利。4 岁学作曲,6 岁与姐姐南内尔随父去欧洲巡演。一生勤奋、劳碌、漂泊,35 岁逝世,死因不明。终其一生酷爱音乐,善于运用传统曲式并赋之新意,重塑古典音乐,他所创作的重要作品总括了当时所有的音乐类型。他擅长把艺术中美好的东西和渗透生活的深刻性结合起来,熔强大的力量、直率的气质和刚毅的意志以及现实意义的感觉于一炉,主题明确,布局严谨,结构对称,不同的作品形式拥有各自特点、风格,深受欢迎。其作品数量之多、涉及面之广、影响之深远,令人难以逾越。他一生的作品总数超过 1 000 部,出版的有 626 部,主要有交响曲、舞曲、钢琴协奏曲、歌剧、宗教音乐等。他是一个名副其实的音乐界的旷世奇才。

莫斯科规则

莫斯科规则在电影、连续剧等等之中时有提及。当代悬疑小说大师、美国的丹尼尔·席尔瓦擅长惊险、间谍类题材,他的《暗杀大师》系列小说中就有一本《暗杀大师8:莫斯科规则》。笔者问了许多人,也查了一些资料,均只是闻其名不见其书。

看来莫斯科规则是有的,那么它的内容是什么,收罗寻觅,特录如下:

(1) 不要假设;

(2) 永远不要失去勇气;

(3) 每个人都受到敌人的潜在控制;

(4) 不要向后看,你并不是孤身一人;

(5) 充满热情地前进;

(6) 改变模式,坚守态度;

(7) 使人觉得愉快自在;

(8) 不要打搅对手;

(9) 挑选时间、地点行动;

(10) 公开你的选择。

只不过它的发明者是谁,产生于什么年代? 与莫斯科规则相近相似的还有"用间谍头脑思考的10条规则""结交新朋友的11种方法",也是一并录之,聊以欣赏。前者为:(1)无论在哪里,让你的行为和这里的人一样自如;(2)有目的的行动,尤其是在没有目标的时候;(3)融入其中,成为一名灰色的人;(4)即使你只是一个旁观者,也要练习在环境中发展评估技术;(5)学会信任自己的本能作出决定,不会每次都正确,但你会越来越敏锐;(6)永远不要二次推测你的决定,但是可以稍后再作分析;(7)要留心你可能忽略周围发生的事情,尤其是那些对你来说熟视无睹的事;(8)某种程度的说谎行为是你工作中必要的一部分,所以你要接受这个事实;(9)不要因为怀疑他人的意图而感到尴尬;(10)提高你的记忆能力。

后者为:(1)保持安静沉着;(2)真诚地微笑;(3)尽你能够忍受的限度,进行较多的眼神接触;(4)使用和你老朋友交流时相同的身体语言;(5)开场白是关键;(6)评估,然后重点在了解他人的兴趣上;(7)回应身体语言,附和讲话习惯;(8)提前计划好对自己的描述;(9)准备好一些可能的话题;(10)无论发生什么,都要保持坚定不移的信心;(11)有效地利用沉默。

中国的孙子(孙武)在2500多年前就提了"知己知彼,百战不殆"的卓越论断,而间谍是"知彼"的重要手段、途径。对此,孙子又指出:"故明君贤将之所以动而胜人,成功出于众者,先知也;先知者不可取于鬼神,不可象于事,不可验于度;必取于人,知敌情者也";要找到了解敌情的人"故用间有五:有因(乡)间、有内间、有反间、有死间、有生间";"非圣贤不能用间,非仁义不能用间,非微妙不能得间之实"。孙子对运用和发挥间谍的作用说得透彻、全面,较之莫斯科规则之类后者则是过于细微了。

挫折理论

挫折理论是研究如何改造和转化人的行为,变消极为积极的一种理论,其认为人的行为都是外部环境刺激和内部思想认识相互作用的结果,只有将改变外部环境刺激与改变内部思想认识相结合,才能达到改变人的行为的目的。它是西方社会心理学家和行为科学家有关挫折对个体心理和行为影响的学说。挫折是个体从事有目的的活动,在环境中遇到障碍或干扰,或因为各种各样的原因无法使人的需要和动机得到满足时的心理及情绪状态;挫折是普遍存在的一种社会心理,具有两重性,既可以是坏事,也可以是好事。

每个人对待挫折的心理及情绪反应是各不相同的,所采取的行为表现方式亦不尽相同。一般说来会有两种基本的表现方式:积极进取的态度或消极对抗的态度。积极的姑且不谈,消极方面则可以具体展开说,它所表现出的主要特点是:(1)进攻。这是人们对挫折的一种常见反应,进攻的方式有直接、间接两种。(2)退却。指个人不敢面对自己已预感到的挫折情景而采取的一种退却行为,这种行为可以是外在、有形的,如离开现场;也可以是内在、无形的,如失去勇气,精神上表现出萎靡不振。(3)忧虑不安。因屡屡遭受挫折、失败而失去自尊和信心,感到前途渺茫,情绪上表现出不稳定、焦急忧虑的现象。(4)冷漠。指个人对引起挫折的对象无法抗争而将愤怒压抑下去,表面上表现出一种冷漠、无动于衷的态度。(5)退化。有些人在企图避开挫折时采取一些与自己年龄不相称的行为,这种行为倒退的现象被称为"退化",它是个体在遭到挫折时失去自我控制的表现。(6)幻想。个人受到挫折后又一退缩的反应,个人受到挫折后企图用非现实的虚构方式来应付挫折和解决问题,幻想轻而易举地满足需求和动机。(7)妥协,又称防卫行为。主要表现为:自我安慰或自欺欺人,逃避和压抑、更换或升华目标、模仿他人或采取投射和反向行为。所谓投射,意指一个人把自己的不正当行为强加于他人,以便为自己的行为辩解、开脱和减轻自己的内疚、不安与负罪感;反向行为是一个人为了掩饰自己的真实动机而采取的与动机相反方向的行为。

挫折产生的主观原因是个人所具备的条件与动机之间的冲突,客观原因是自然环境和社会环境的限制;影响挫折程度的因素(原因)是个人志气和个人对挫折的容忍力的差别。明白了这些道理,就不必太为难自己、责怪别人或外界;而正确对待挫折的态度和方法,应当是:宽容、容忍;分清原因及是非;提高认识,主要是自己的思想认识及情绪心态方面;改变环境,主要是外部、外在的条件。

剧场效应

"剧场效应"是卢梭(法国著名启蒙思想家、哲学家、文学家)所提出的一个概念,他认为当时(18世纪)的巴黎就像一个大剧场,每个巴黎人都在这个剧场中观剧,同时又主动或被动地参与了演戏,他们既是观众,又是演员,在自觉或不自觉中完成了自我的异化。

剧场效应提出后,被使用的场合颇多,而且还有不同的解释。如:

(1)涉及经济学概念:假如一个剧场突然失火,从个人利益最大化的角度考虑,每个人都会选择快速离开,这样必然导致的结果是大家都堵在出口,谁也跑不出去,形成集体性的悲剧。它的寓意是个人追求利益最大化,造成了集体利益的失衡,最后形成整体的悲剧。

(2)在一个剧场中大家秩序井然地坐着看戏,其中一人因为看不清楚而顾自站了起来,周围的人劝,尤其在他后排的人力劝他坐下,他毫不理睬;剧场管理人员也来干涉,周围的人也只好站起来观看演出。最后整个剧场的人全都站起来了。所有的人都站着观看的时候,个头小的人又看不见了,他们只好站在凳子上看演出,这样的行为被效仿,于是所有的人都站在凳子上观看演出。

(3)少数老师主动办班为学生补课,这种牺牲自己的休息时间的行为是对正常秩序的干扰,但没有得到及时的制止,反而因为加班补课使自己班级的学生成绩超过其他班级;这些老师在系统内获得奖励和肯定。因为个人利益的增加引发了示范作用,其他老师也相继跟进,超额工作、加班补课被默认为本分,并且带来了其他后果:加重学生课业、强化成绩排序,致使学生及家长在外花钱补习、补课、辅导等等。

剧场效应还有其他在各个领域的表现和例子。

还是回到卢梭的概念,在社会大环境中,每个人既看戏又演戏,在自觉和不自觉的氛围中完成了自己的异化,抛开了自我,生活在别处;追求个人利益的最大化,失去理智,酿成悲剧;有意识无意识地加班补课,升学率至上乃至唯一,教育成为产业,这种付出和带来的结果造成了学校、老师、学生的疲惫,家庭和社会的紧张、不安。理解剧场效应及冠其名而体现的事实,关键点在于"异化"两字,而且在自觉或不自觉之中。

啊哈效应

"啊哈"（Aha effect）效应与顿悟、灵感密切相关，这是一种特殊的认知经历。顿悟存在千百年以来逐渐为人们所接受，作为一种与常规解决问题的不同方法，在顿悟之前有百思不得其解的阶段，灵感突如其来的时候，自己往往并没有意识到在想问题，事后也无法说清究竟是怎么得到答案的。所谓啊哈效应就是描述这种简单和惊喜的结合，揭示新的联系，那种顿悟时刻的灵光乍现的感受，那种刹那瞬间充满了简洁、自然、优雅之美的享受。

顿悟的研究始见于德国格式塔心理学家苛勒，他提出的问题解决的"顿悟说"，开创了一个新的研究领域。学界对顿悟的定义为：通过观察，对情景的全局或者对达到目标途径的提示有所了解，从而在主体内部确立起相应的目标和手段之间的联系完整的过程。为此它具有许多特点、特征。

顿悟离不开灵感，灵感一来问题得以解决，于是简捷方便，惊喜愉悦，产生啊哈效应。然而人们对于通过灵感发现解决问题的方法、途径有着各种不同的论述。德国维茨堡大学的萨斯查·托波林斯基和挪威卑尔根大学的罗尔夫·雷伯经过研究，提出新的设想，把灵感及经历史中的一些已知特征综合整理成一个框架，指出灵感具有如下特点：（1）突然性：这种经历是突然闪现的，往往稍纵即逝。（2）轻松：与以往遭遇障碍的经历相比这种解决问题的过程非常轻松顺利。（3）积极效应：灵感能够产生积极效应。（4）自我感觉良好：在灵感闪现后，当事人认为这种解决问题的方法是可行的，并对之深信不疑，认为经得起评估。

从中可以看出其有个过程，所以灵感也被称为灵感思维（也就叫顿悟）。也有的解释为创造活动中突发式地产生新思维的过程。在这个过程中，人的注意力高度集中，思维的意识特别清晰和敏感，想象力活跃，工作效率很高，并伴有一定的情绪高涨、兴奋和喜悦，是人类在科学或文艺活动中出现的一种具有创造性的特殊思维方式。

上述灵感特征和灵感思维的表述、解释亦有所不同,但不管如何,都离不开的是:突然性、偶然性、独创性、非自觉性、模糊性;久思不得,不期而至;启示,旁通,豁然开朗,步入佳境!

能力陷阱

《能力陷阱》是美国知名管理学家埃米尼亚·伊贝拉的新书,书的副标题为:能力是优势,也是陷阱。猛一下子让人有点难以理解,但仔细看,认真想,还真是那么回事;很多人乐于并习惯做自己擅长的事,而且一直做下去,最终使得自己只会做那些事了;越做越久越熟练越擅长,单一能力的陷阱就出现了。虽然有时候这样会给我们带来一定的成就感和专业方面的优越感。

大量的信息,激烈的竞争,不断的发展和变化带来的情、势不居,逼迫我们去适应,那种单一、纯熟、顺手,自己喜欢并愿意去做的工作及其能力显然与飞速前去的时代节拍不相一致;改变、变动因为年龄或事故或发展及种种原因不可抗拒而迎面扑来时,你怎么办? 要清醒地认识到一个人靠一种技能(能力)可以过一辈子的时光过去了,所以必须未雨绸缪,你需要另辟蹊径,跳出能力(陈旧、过时)的陷阱,重新定位自己。有紧迫感,同时合理分配时间,学习新的知识,拓展能力空间。套用曾经热闹过的"五项修炼"之说,不断在心志、品性、智慧、能力、体能等方面加强,向着不同的方面更好地培养、提高自己的能力,包括多花点时间,把精力投放在自己不擅长的工作上,走出局限自己的熟悉的小圈子、领域和范围,去适应新的发展。

这里便涉及本领恐慌的命题(话题)。就单一能力本身而言,做精做细做极致,在变化不大的社会或发展的某些阶段,无可厚非;即便在今天,在一些专门的特殊的领域仍还需要。在不断出现新的行当、产业,不断有老的行当、职业消失的今天,学习新的知识,培养新的能力,才能进一步夯实由学习、能力、成功筑就职场或人生的路径。

"人生的价值蕴藏在才能里","唯有本身的学问、才干,才是真实的本钱"。于是只有严阵以待,静下心来,腾出时间,认真学习;向书本学,向社会学,向过去、现在学,向生活学,向人生学,终身学习,充电加油,不断使自己强起来。在学习的同时还要注意运用,不能光停留在嘴上、纸上、墙上,或口中学、纸上做、虚中行;不做

"长脚"或"两脚"的"移动书橱"。使用也是学习,关键要把学到的东西用来指导实践,在实际工作中提高能力、体现能力。

学习的重要性、实践的重要性,每个人都知道,但对于因单一能力陷入能力陷阱的人来说更甚!能力不会凭空而来,当只有学习、实践、思维、创新(造)等有了很好的结合,有了由这些具有根本性、基础性、成长性、互动性的因素构成的保障体系,才会使能力不断提高,本领不再恐慌。

以四个"积"的句子结束此文:积水为渊,积土成山,积腋为裘,积健为雄!

教子法则

大约在十多年前,美国的《华盛顿邮报》刊出一篇文章,介绍了美国人教子的十二条法则。时至今日,也不妨看看。

(1) 归属法则:保证孩子在健康的家庭环境中成长。

(2) 希望法则:永远要让孩子看到希望。

(3) 力量法则:永远不要与孩子斗强。

(4) 管理法则:在孩子未成年前,管束是父母的责任。

(5) 声音法则:要倾听他们的声音。

(6) 榜样法则:言传身教对孩子的榜样作用是巨大的。

(7) 求同存异法则:尊重孩子对世界的看法,并尽量理解他们。

(8) 惩罚法则:这一法则容易使孩子产生逆反和报复心理,慎用。

(9) 后果法则:要让孩子了解其行为可能产生的后果。

(10) 结构法则:教会孩子从小了解道德和法律的界限。

(11) 二十码法则:尊重孩子的独立倾向,与其至少保持二十码距离。

(12) 四 W 法则:父母在任何时候都要了解孩子是跟谁在一起(Who),在什么地方(Where),在干什么(What),以及什么时候回家(When)。

这些规矩简单、明了、适用、有效,针对儿童的心理特点和身心成长的客观需求,体现了心理学的指导以及潜移默化的作用;寓教育方针于具体细节,通过相关的课程和培训,让社会、让家长熟悉并实行,取得了相当好的效果,并且流传开来。尽管不同的文化、国度以及传统有差异,但有些完全是可以借鉴的,而且细节的提出及其把控,相对于大而无当的条条框框更为有效,看着一大堆完整、正确的守则、法规,往往因为缺乏细节的描摹、操作而无从下手。

同样的小学生守则,美国是这样提的:"按时或稍提前到课堂""提问时举手""可以在你的座位上与老师讲话""所有作业必须是你自己完成的""考试不许作弊"

"任何缺勤或迟到，需要出示家长的请假条"。而英国的儿童十大宣言则为：包括有"背心、裤衩覆盖的地方不许别人摸""不喝陌生人的饮料、不吃陌生人的糖果""不与陌生人讲话""遇到危险可以打破玻璃、破坏家具""遇到危险可以自己先跑""小秘密要告诉妈妈""坏人可以骗"等等。

假如觉得了解得太少的话，还可以看看美国学者戴维·刘易斯总结提出的《美国家庭教育 40 条法则》等材料。

这些条文简单扼要，简明可行，易懂易记，入耳入脑，深得教育之真谛；与我们从小熟悉的守则或规矩差别很大，所以他山之石，可以攻玉。

接近效应

　　说到接近效应(Propinquity)少不了要先提及接近性。所谓接近性是人际吸引的影响因素之一,指两个人能否成为朋友的最佳预测源是他们住的地方的远近。生活的时空决定了人们只能与空间距离接近的人有密切往来:距离越接近,交往的效率可能就提高,越容易建立良好的人际关系。正如美国著名心理学家罗伯特·扎荣茨所说:人们对某样东西的喜爱程度会随着这样东西出现次数增加而增强。所以接近效应的定义是:我们总是倾向于和我们经常见到的人成为朋友或恋人。或曰:我们看见并与之交往最多的人往往最可能成为我们的朋友或恋人的那种心理效应。

　　接近效应反映了当人们在某些方面特征相似或时间接近时,就容易产生熟悉感,进而产生好感的心理现象。在亲密关系中,人们会倾向于与自己经常接触的人产生亲近感,甚至爱意。这是因为与他人的频繁交往在增加彼此的熟悉度的同时,还能不断提高对彼此相似性的认知,而交往中的双方更会因此对彼此产生积极的感受并最终相互吸引。

　　这种因为物理距离和功能距离带来的效果:由于接近性增加了熟悉程度,进而可能就增大或带来喜欢的可能;接近性又与相似性有关,与和自己相似的人住在一起,反过来又增强了相互的相似性;从交往交换的角度看,人们能从居住接近的人身上以相对较少的代价获得社会性报酬;撇开种种原因,与居住在周围的人发展和维持友谊,效果、效率均比较好。根据认知失调理论,人们努力维持态度间的和谐一致,以平衡、无冲突的方式组织处置(理)喜欢和不喜欢,会从积极的方面去认识邻居、室友以及其他和自己接近的人,进而喜欢这些人。

　　有远亲不如近邻之说及日亲日近、日疏日远等;也知道"海内存知己,天涯若比邻""我有同怀友,各在天一方"之类的诗句,但是远程交流毕竟费时费力,一旦某一方不勤勉、缺热情,便不会也不能长久,亲近亲和就会淡去。在当代当然可以发挥互联网的作用,但这究竟能发挥作用到什么程度,姑且不论。所以在了解了这些论说后,可以更好地把握它的内涵、意义及适用性,就可以通过运用好"接近性"及"接近效应",从而为自己的人际沟通、社会交往和工作学习生活服务。

说到了"接近效应",有几个说法,如邻近效应、自己人效应、同化效应,亦不可不知。

菠菜法则

"菠菜法则"是日本的一种企业管理方面的原则,主要体现在六个字上:"报告""联络""沟通"(相谈),因为这三组词的日语第一个发音与菠菜的日语发音完全相同,所以被称为"菠菜法则"。它的正式叫法是日本企业管理基本法则。它的含义为:管理无论巨细,务求书面通达,先主后次,先急后缓,目的在于加强沟通。

菠菜法则看似简单,但确也管用,有其独到之处;尤其人人动手,个个投入,一以贯之,效果明显。"报告",就是指企业的任何成员都要将工作的进展情况及时向上司汇报、与同事分享,包括出差回到公司,汇报一番所见所闻;但凡外出有所收获,定要与全体同事分享。"联络",就是将工作中遇到的困难与问题及时向上司或同事联系、通气,包括路上遇有堵车可能会迟到也要电话告诉同事。"沟通"(也叫商量),就是将工作情况包括遇到的问题与上司和同事交换意见,商讨对策。其不仅理念性强,还有较强的可操作性,用制度、表格等形式将员工每天从事的工作归纳其中,通过填写"报告联络相谈表""紧急联络表"等,对工作内容、完成状况、存在问题、处理结果、下步计划等进行明确或落实,达到计划、备忘、总结、履职、避免不必要的矛盾、督促工作、培养和提高问题意识与责任意识等等目的。

菠菜法则着重体现了个人与组织之间的协调性原则。日本人的这种原则是其教育体系与教育思想的产物。在日本人的观念中,教育的目的不是培养精英,而是培养能够适应严格的集体生活的有协调性的人,基本点就是培养合格的国民,有共同的教养、共同的信念。个人融入组织,体现出优秀的执行力;组织发挥作用,团队携手前进;群策群力以集体智慧克服困难。它既成了比较完整的日本企业的管理思想,又充分反映了日本民众的基本理念和文化特点。

不能小觑了"菠菜法则"!

培哥效应

　　一个人的记忆功能(能力)是否好是一件关系很大的事情。很少有人自夸记忆力好的,但生活中确实有这样的人存在。追求好的记忆力,寻觅有助于提高记忆力的方法、窍门,成为一个专门的领域、专业的门类,乐此不疲者大有人在。

　　所谓记忆是人脑对经验过事物的识记、保持、再现或再认,它是进行思维、想象等高级心理活动的基础,作为一种基本的心理过程,它和其他心理活动有密切联系。记忆又分感觉记忆、短期记忆、长期记忆三大类型,各有特点,都又非常重要。记忆联结着人的心理活动,是人们学习、工作和生活的基本机能,把抽象无序转变成形象有序的过程就是记忆的关键。

　　记忆的基本过程是由识记、保持、回忆和再认四个环节组成,也可以说记忆过程就是对输入信息编码、存储和提取的过程。只有经过编码的信息才能被记住,而编码就是对已输入的信息进行加工、改造的过程,编码是整个记忆过程的关键阶段。

　　培哥效应是众多记忆方法中的一个有显著效果的方法、规则。它指的是当遇到一种事物和另一种事物相类似时,往往会从这一事物引起对另一事物的联想,把记忆的材料和自己体验过的事物连接起来,记忆效果就好。培哥效应的应用既简单易行,又能有效提高人们的记忆效率,根本的是好在符合人们记忆的模式;而且在应用过程中,可以避免记忆的枯燥,开动和启发思维的(形象)功能,联想奇特、有趣,能带来愉悦。

　　培哥效应通过自创一套记忆编码,如:(1)帽子;(2)眼镜;(3)围巾;(4)衣服;(5)腰带;(6)裤子。然后通过联想与要记的材料相连接,若要求你记住以下几个词:(1)大象;(2)打气;(3)洗澡;(4)电风扇;(5)自行车;(6)水。便可以依次搭配,将帽子与大象联想,大象的鼻子上顶着一个帽子;记电风扇时联想为电风扇扇出的风大而吹开了衣服;要记住水,便可以联想为水湿了裤子等等。培哥记忆术的固定编码有许多种,如按照自己身体各个部分的上下编码,按进门后能看到的东西编码,按自己的亲戚朋友的姓名编码等等。

设置固定编码,进行编码联想,经常注重操练,灵活使用编码,培哥效应的作用就会体现出来。严格来说培哥效应是一种图像定位记忆法,把需要记忆的材料进行合理编码,并转化为具体的生动的图像,然后运用联想法、定位法等来记忆;其中要发挥好发散性思维、形象思维的功能,有助于记忆,奇特有趣。生活中有用、可用的记忆方法、方式很多,除此之外,我们还可以用重复、强记、复合、谐音、挂钩、联系(包括牵强附会、自圆其说等)方法增强自己的记忆能力,提高自己的记忆效率,如把英文说成"阴沟里去"等。

情绪效应

美国洛杉矶大学医学院心理学专家加利·斯梅尔做过一个实验:将一个开朗的人和一个整天愁眉苦脸的人放在一起,不到半小时,那个快乐的人就变得郁郁寡欢了。他又做过一个实验证明:只要 20 分钟,一个人就可以受到他人低落情绪的感染。而一个人的敏感性和同理心越强,就越容易受到坏情绪的感染。古希腊有个杰出的哲学家叫德谟克利特,他总是笑脸迎人;不摆架子,被人称为"含笑哲学家",他的和蔼微笑容易感染人,所到之处如春风拂人,大家都乐乐呵呵的。所以说微笑是一种良好的情绪反应,相互感染,和气和谐。

所谓情绪是:个体的主观体验、外在行为表现(如面部表情、肢体动作等)以及生理反应三个部分组成的一种复杂的心理现象。

在第一印象的形成过程中,主体的情绪状态具有十分重要的作用。第一次接触主体包括他的喜怒哀乐,对于对方关系的建立或者对于对方的评价,可以产生不可思议的差异。与此同时,交往双方之间可以(会)产生情绪传染的心理效果,若主体情绪不正常,也可以引起对方不良态度的反应,就会影响良好的人际关系的建立。

在社会关系、家庭关系中,在人与人之间,情绪的把控既关键又重要。微笑、温和的语调、适宜的语言以及得体的肢体动作等所起到的效果是显而易见的,它可以拉近人与人之间的距离,提供沟通的渠道和机会,接受善意的劝告或开展有益的合作,消除隔阂并理解双方关切。如何以正面的情绪或正能量来克服、防止诸如恐惧、焦虑、抑郁、嫉妒、冲动、敌意的产生;避免生气、争吵、发怒、攻击等等恶劣情绪的表现总归是一个重要的经常性的注意事项;即便在冲突中也要克制自己,不恰当的话不要随口而出,让舌头滚几滚,转几圈,不该讲的话尽量不说,恶语相向,针尖对麦芒,两败俱伤,不是人人希望出现的场面。

有一个例子也许更能说明问题。相关的心理学和动物学专家做过一个有趣的对比实验：在两间墙壁镶嵌着许多镜子的房间里，分别放入两只猩猩。一只性格温顺，它刚刚进入房间，就高兴地看到（镜子里面）有许多"同伴"对自己的到来报以友善的态度，于是很快与这个新的"群体"打成一片，奔跳嬉戏，彼此十分融洽；直到三天后，当它被实验人员牵出房间时还恋恋不舍。另一只猩猩则性格暴烈，它从进入房间那一刻起，就被（镜子里面的）"同类"的那种凶恶的态度所激怒，于是它就与这个新的"群体"进行了无休止的追逐和厮斗。三天后，它是被实验人员拖出房间的，因为这只性格暴烈的猩猩早已因气急败坏、心力交瘁而亡。这个例子说明自己的情绪、态度很重要，它可以决定对外界的应对和处置，你自己是怎么样的，别人也会是怎么样对你。

虚假同感偏差

虚假同感偏差又称为虚假一致性偏差,由美国社会心理学家、斯坦福大学教授罗斯提出。它指的是人们常常高估或夸大自己的信念、判断及行为的普遍性,它是人们坚信自己信念、判断正确性的一种方式。

人们在认知他人时往往会把自己的特性赋予他人,假定自己与他人是相同的。明明是自己疑心重,也认定他人是疑心重重的;因为自己爱好交际,就认为别人也好交际;甚至吸烟的女性普遍认为她身边的许多女性也同她一样吸烟;更多的人认为别人会作出和自己同样的选择,几乎每个人都觉得别人和自己想的是一样的。当遇到与此相冲突的信息时,容易对和自己有不同选择的人及其人格,作出极端的预测,把与自己的意见、观点不一致的人看作出格、不正常。这都明显属于偏见、偏差。正是由于认为有许多人的信念、价值观和行为与自己的一致,人们才坚信自己的判断及行为的正确性。

虚假同感偏差使你通过坚信自己的信念和判断的正确性,获得了自尊和自豪感;但却同时因为这样也会给你带来决策和选择的错误,所以我们不能不察。

人与人之间存在着思维的差异,经历、眼光、格局、地位等的诸多不同,这决定了人与人的认识、观念必然存在不同。想问题,办事情,凡有涉及他人的,都应该做到换位思考,换一种身份,换一个立场,而且还要认真、实在,"移情",站在别人的角度,领悟别人的感受,不自作主张,不简单粗暴,更不搞霸凌式的欺压,为他人作主。

尊重他人(哪怕是自己身边的人、部下、从属或靠自己吃饭的人),才会换来相互之间的尊重;平等待人,才能融洽相互之间的关系,从中获得有效的沟通。要听得到不同的声音,在表达自己的意见、看法的同时,也要善意、宽容地倾听和接受别人的意见。认知方法正确,行事稳当妥帖,避免自己的偏差、偏见,真正使自己的信念、判断得以正确的形成,并去影响别人,这才是正道、上策。

　　道理是说给有悟性的明白人听的,提供效行的可能性和可靠性,不然就无用。懂得虚假同感偏差这个法则,努力使我们的为人行事客观、理智、聪明,行稳致远而又受到人们的欢迎。

偏好原则

　　偏好原则也称偏好公理,它是现代消费需求理论的基础,指个人行为必然遵守的理性原则和其他行动原则;它们合在一起可以作为制定消费者行为的理论根据。以这些合乎理性的原则为前提的消费行为行得通、走得远,也容易被人们所接受,而这个前提也就被视作偏好原则。这在西方经济学进行经济分析时常用。

　　如下面的六条原则就常被消费行为理论所引用、起着理论支柱性作用。(1)完全性原则:指的是消费者能够按照自己的意愿将所有的商品排定顺序。(2)传递原则:如对商品组 A 的爱好高于商品组 B,对 B 的爱好又大于 C,则对 A 的爱好必大于 C;传递原则亦可应用无差异关系,违反传递原则即可将该人的行为视为不符合理性。(3)选择原则:是指消费者的目的在于选择最合心意的东西。上述三条原则常被认为是有关理性的原则。下面三条原则实际上是关于行为的假设:(4)支配原则:指消费者愿意从全部商品中得到的商品数量越多越好,这也就是"贪得无厌"原则。(5)连续性原则:指以图形表示时,人们在对各种商品的爱好程度进行比较的时候可以画出一条连续而平滑的曲线,即无差异曲线。(6)凸性原则:在图形中上述无差异曲线凸向原点,这是由于无差异曲线将人对两种商品的效用加以对比,而因效用受递减原则的制约,故人们保有某种商品越少,其效用越大;每增加一单位,其效用的增加却按比例递减,故此曲线呈向原点凸出。

　　所谓偏好,又可谓偏爱、偏向、特别地爱好;其源自心理作用或因素,动机明确,需求凸出,堂而皇之,决定选择。它完全取决于心理、心境和情绪,包涵或涵盖极其宽广,涉及的领域、范畴包罗万象;亦可以多指,包括任何事物、任何方面。然而"偏好"及"偏好原则"这么一个广谱性的词组却被锁定及用来诠释于消费需求理论,可见消费于生活、于生产、于社会的影响、力量有多大!

　　关于偏好的理论、原则、说法太多了,这里就提一下"偏好理论"及其应用。美国经济学家加里·S.贝克尔(1992 年诺贝尔经济学奖获得者)在 1957 年提出了贝克尔个人偏好歧视理论,这种理论把歧视看作歧视者的一种偏好,指的是个体偏向于不与某些特定种族或性别的成员打交道;认为歧视来源于个人,包括雇主、雇员和顾客;同时提供了歧视偏好模型。此系建立在"身心不悦"的基础之上,含义为某些人宁肯承担一定的费用,也不愿意同某个群体的成员打交道,这种不愉悦的感觉来自个人的偏好。贝克尔认为:如果某个人具有歧视偏好,那么他就等于以某一群体代替另一群体,并为此支付某些费用。"当歧视行为付诸实施时,为了行使这种特权,该人要么是为此直接支付费用,要么是放弃一部分收入。当把问题简化为以这种方式来看待时,我们才触及了偏见与歧视的精髓。"(贝克尔)

斜杠青年

斜杠青年，也有说成斜杠人生、斜杠一代的，来源于英文 Slash，出自美国《纽约时报》专栏作家麦瑞克·阿尔伯所著的书《多重职业，让工作和生活获得双重成功的新模式》。斜杠青年的概念为：(1)指在同一时间段内，拥有超过一种的职业、身份、形象；(2)他们不满足单一职业和身份的束缚，而是选择一种能够拥有多重职业和多重身份的多元生活，这些人在自我介绍中会用斜杠来区分自己的各种身份。如：主持人/作家/投资人；演员/歌手/广告人；企业家/诗人/教师/等，既形象又贴切。

斜杠加身，精彩人生。自从 2007 年此说面世以来，其流行之广、其效仿之烈，其受欢迎、被追捧的程度不可谓不迅猛神速。在改革开放、经济发达的今天，社会的进步和宽容以及不断传扬的关于创新、创造、创业以致成功人生、辉煌事业之类的案例所带来的启示，足以令有志青年左顾右盼，摩拳擦掌，跃跃欲试，既有内心的驱动，又有外部的刺激，想干一番事业，想搞出些令人羡慕的成就来。

然而实际恐怕并不如此简单、容易。首先，要有所准备，包括心理、思想、技能、资金、经历等等方面的准备，对于自己所从事的或将要涉及的领域总归要有所了解，有一定的能力、能耐，至少做好做熟做精某一项足以安身立命，或者养家糊口的事业，心有余而力能胜，如"学而优则仕"那般，认真根据自己的年龄、特点，有目标、稳定位、会管理、戒浮躁、强自律、虚心学，从容应对，不断进步。

其次，按照在合适的时间做合适的事的原则，不合时宜的贸然出手、草率入行不行。如若鸡毛蒜皮一把抓，眼高手低，缺乏各种应有的职位所需、应知应会，最后只能败下阵来，付学费而已。坚持扬长避短，要发挥自己的长处、人脉、专业，避免耽误自己或影响一生。潜能的发掘，能力的提升，创业的成功往往是渐进的；一步登天如同空中楼阁一样不存在，在吃饱肚子的第三个大饼之前，还必须有第一、第二个大饼填在那里！

再次,有心去做斜杠青年,必定要付出更大的精力、努力,有一个过程。从不熟悉到熟悉,从没有经验到经验丰富那是必然的。有机会做做微商,开开网点(店),搞搞代购,当当教练,增加点生活乐趣和经济收入,无伤大雅,也未尝不可;但如果与身份、岗位、主业相冲突,或引发单位、上司、家属等的不满、非议,甚至影响到本人大的概念、主要层面上的发展,那就要注意何去何从,值不值得。在走上社会之后,做上了斜杠青年,选择会多一些,适时适当地明确自己的职业定位是可取的;不过,恐怕更多的是应该在欲做斜杠之前,先做好单杠!

当然以斜杠方式去过一生,去发展自己,从兴趣入手、以特长支撑,一样做得风生水起,红红火火,那当然好。倘若一时不遂意那也无妨,社会宽容,合规合法,多彩多姿多元,不是坏事。关键在于适应、适合、适宜,活得有滋味,不太累!

第四消费

日本的消费社会研究专家三浦展在其于 2012 年出版的《第四消费时代》一书中,将 1912 年以来的世界(日本社会)分为四个阶段:第一个阶段(1912—1945年),是解决温饱;第二个阶段(1945—1974 年),是强调物质的重要性;第三个阶段(1975—2004 年),是心理上的满足感;第四个阶段(2005—2034 年),强调的是精神上的富裕。或曰:第一消费时代是中产阶级享受的消费;第二消费时代是乘着经济变速发展的势头,以家庭为中心的消费发展迅猛;第三消费时代是消费的个人化趋势风生水起;第四消费时代即是日本已进入重视共享的社会。

新时代的消费理念已经从崇尚时尚、奢侈品,经历注重质量和舒适度,进而过渡到回归内心的满足感、平和的心态、地方的传统特点、人与人之间的纽带上来,所以被称为第四消费时代。

在消费发展的过程中,其特点也在变化,如随着消费升级(在收入水平提增的基础上),消费品的种类丰富,尤其高价值的消费品,它的核心包含了品质、精选和调性三要素;人们在购买物品时,非常注重品质,精心挑选符合自己需求的产品,根据有产品的内在和外观以及故事、所传递的价值观等。

在第三消费阶段,比起实用性,人们更加讲究附加在商品上的"感性"和"附加价值",热衷时尚,通过购买不同品牌的服装展现自我,个人化消费势头高涨;然而太过强调差异性却带来了个性的孤独,缺少了人与人之间的连接。真正的幸福来自自由的选择,这就是属于第四消费时代的真理。物质的富裕已经难以使人简单地成为物欲的扈从;信息社会的发展也使人们在这样的背景下更加注重传播、交换、与他人共享;信息带来乐趣、变化和选择,尊重、理解个人及其不同,形成了分享的基础,又带来了幸福观念的变化,信息、互联网、平台大行其道。第四消费时代体现了"回归自然,重视共享"的理念,注重简约、环保、适度消费、不浪费、不单纯追求新产品,以平和的眼光看待现有和陈旧,乃至其他一切。在共享消费的环境中,快速切换热点、兴奋点、潮流、时尚的更迭更新加快加速，各取所需，为我所用，自我充实的消费得到越来越多的响应，人们对物质的需求越来越弱，对人际关系相对充实的需求越来越强，生活乐趣益发浓厚。

作为消费研究专家的三浦展连续三十多年关注对日本的社会动向、消费动向以及城市动向进行观察、分析，提出了一系列富有新意、创见的说法，除了第四消费时代，还有"极简主义""爱国消费""下流社会"(指一种社会层次，中产阶级的居下游者)等，其中的极简主义：不以物品的多寡为唯一标准，倘若为了追求"少"而牺牲了生活品质，算不上真正的极简主义；真正的极简主义喜欢用天然的东西，包括那些从爷爷、奶奶辈传下来的"古董"，会吸取传统生活的优点，把日子过得很有趣味。在三浦展的眼中，极简主义也越来越像一种主流生活，"极简主义者"正在"崛起"。

在许多时候，消费其实就是自我意识、心理需求、生活价值观在物品上的一种投射，而不光光是把钱花出去。"消费的终极意义在于如何度过更加充实的人生。"(三浦展)

第十人理论

"在犹太人的社会中,为了使讨论深化,总有一位成员敢于提出反驳意见,被称为'恶魔拥护者'。他在对讨论的方向与大体的结论表示赞成的同时,敢于提出反面意见,对于解决方法的可行性进行验证,指出其中存在的矛盾与不合理之处。为了发现更好的解决方法,他从不同的角度提出反对意见,对讨论的前提提出质疑。"这是日本著名管理学家大前研一的一段话。

这种现象亦被称为"第十人理论",典出第四次中东战争。1973 年 10 月,埃及和叙利亚在以色列完全没有准备的情况下,发动战争,以色列措手不及,差点溃不成军。战后以色列对情报系统进行了改革,专门成立一个被称为"第十人"的特别机构,职责设置为:不管前面九个人的结论看起来多么正确、多么万无一失,他即那个第十人必须提出异议,努力找到这九个人都错了的例子、瑕疵,真正做那种"攻其一点,不及其余"的活计,供军方评测。以色列的这个情报改革法则,即被意译为:第十人理论。

现在生活中,无论各个层面、界别,舆论或意见的相似、雷同,甚至一面倒或者一言堂,绝对意见占上风的局面司空见惯,这个时候异议、疑问甚至反对的声音的出现就十分珍贵或必需。人云亦云,大家都附和、跟着前面的人或先行表态的人主观因素或思路,那么真相、真实就不易看清找准。如果在接触同一个信息的时候,前面九个人得出相同的结论,第十人就要作出不同的表态、提供不同的看法和意见,提出有针对性的异议,考虑另外九个人都错了的特例、方案。这样可以打开思路,多一个角度分析情况、看到问题,避免以偏概全,防止"偏信则暗";其实就以色列情报机构或系统的本意而言,这都是一些基础性的工作,决策的必备条件之一,可帮助高层全面把控,并据此作出符合实际的判断、决策。

允许存在异议,提倡不同意见,是一种明智的借用外脑的好办法。"一人计拙,众人计长",这是对他人而言,对组织、系统而言。在自己或个人方面,要鼓励和提倡具备自我怀疑的意识,凡事问个为什么,站位于自己所谓的正确意见、看法的对面,去考虑、去分析,克服自己内在的心理倾向;在接受反对和质疑之前,在反对和质疑别人之前,先对自己提出异议,明智待事,理性决策。

"自由就是对何谓正确不那么确定的精神"([美]汉德)。自主地表达自己对事对物的质疑、异议,是难能可贵的;异议可以帮助明确什么是好的、美的、正确的,有助于真相、真情、真实的大行其道。

第 22 条军规

　　"第 22 条军规"出自美国作家约瑟夫·海勒的同名长篇讽刺小说。书中的这条"军规"涉及空军的一个不可思议的规定："如果某人乐意继续执行危险的战斗任务，应视为精神不正常；但如果他正式请求免除这种任务，提出要求这一行动本身就证明他精神正常，因此无权要求免除任务。"

　　小说《第 22 条军规》以第二次世界大战为背景，通过对驻扎在地中海皮亚诺扎岛（系虚构）上的美国空军飞行大队所发生的一系列事件的描写，揭示了一个非理性、无秩序、梦魇似的荒诞世界。根据第 22 条军规，除了只有疯子才能获免飞行，但须由本人申请；而一旦本人提出申请，又说明此人不可能是疯子。此外，还规定：飞行员飞满 25 架次就能回国；但规定又强调：你必须绝对服从命令，不然不能回国；因此上级可以不断增加飞行员的飞行架次。这种无论人们怎么做都行不通的限制性条款、规定，成为人生、社会包括军队种种"黑色幽默"的艺术性表述，成为英语中"难以逾越的障碍"或"无法摆脱的困难"、自相矛盾的荒谬的、带有欺骗忽悠性质的黑规律的代名词。

　　客观上第 22 条军规并不存在，但实际生活中确实存在这种进退维谷、自相矛盾状况，"你总是无理"，令人无所适从，无可奈何。它其实就是一个悖论，具有象征意义和通用性。

　　约瑟夫·海勒的《第 22 条军规》发表于 1961 年，以后又有同名电影公映（1970年）。2009 年有《西点军校 22 条军规》一书出版（由新世界出版社推出）。该书介绍西点军校"无条件执行；没有任何借口；细节决定成败；以上司为榜样；荣誉原则；受人欢迎；善于合作；团队精神；只有第一；敢于冒险；火一般的精神；不断提升自己；勇敢者的游戏；全力以赴；尽职尽责；没有不可能；永不放弃；敬业为魂；为自己奋斗；理念至上；自动自发；立即行动"的 22 条军规，并分别加以阐述。以后有此类书陆续出版，并成为励志、人生、培训"心灵鸡汤"和教材。但也有人对此质疑，认为此书（此说）为杜撰，西点军校没有此种军规，它只有校训，为：职责、荣誉、国家。除此之外，还有其他版本的美国的"22 条军规"。

第欧根尼综合征

第欧根尼综合征又叫老年肮脏混乱综合征,它还有一个名称:众议院综合征;几个名称一起读、一起看,有点奇怪。此病的表现亦千奇百怪,患者他们往往一反常态,步入老年了,突然不注意起个人的生活问题,特别是自己的卫生状况,邋邋遢遢却不以为耻;开始不爱与人交往,拒绝别人的帮助,过着孤僻的生活,而且感情淡漠,对什么事情都不感兴趣,有的人甚至陷入木、僵的状态,有的人还喜欢在家中收藏、囤积很久以前买的以及从外面捡来的旧东西,吝啬小气不肯处置旧物件。

有把此病症的特点归纳为:生活脏乱;极度自卑感;有强迫性的囤积行为,无法舍弃财物,有过度的购买欲;有强烈的隐居欲望,拒绝他人帮助;而这些症状主要发生在老年人身上。

这是一种隐匿性极强的心理疾病。通常是患者在晚年经受心理压力后出现的精神反应、精神障碍;抑或可能是大脑萎缩、受伤、病变的结果;也可能是老年痴呆病患者的早期表现,因尚未发展到明显的痴呆程度,所以可以与人对话;另外从囤积旧物,拒绝他人帮助等来看,患者还会存在强迫性障碍。这是一种较难治理的棘手毛病,所以要及时发现及时送诊确诊。一旦拖长了或发现晚了,患者常常会造成身体上和精神上的濒临崩溃。要注意改善生活习惯,对症下药,包括针对脑萎缩、抗精神病、治疗强迫症等等的用药。此外对于患者存在的逃避、拒绝、否认等的心态要给予心理机制方面的救助,使之打开心结。

此病名取自古希腊哲学家、犬儒主义代表人物第欧根尼(约公元前412—前324),其出生在银行家家庭,个性崇尚抛弃财富,强调禁欲主义、极端简朴;他认为除了自然的需要必须满足外,其他任何东西,包括社会生活和文化生活都不是自然的必需品,无足轻重。他放弃舒适生活条件和环境,长期居住在雅典街头的一个旧木桶里,所有的财产为一件斗篷、一根棍子、一个面包袋,半裸身子、赤脚,胡子拉茬,像个乞丐或疯子。他是一位睿智的学者,激烈的社会批评家,敢说敢为,不畏权贵,揭露伪善,追求德行。其活跃在公元前 4 世纪,真实生平已难以考据,但留下了大量的关于他的传闻轶事。

据说一次亚历山大大帝专门来拜访他,问他需要些什么,并保证会兑现他的愿望,第欧根尼回答说:"我希望你闪到一边去,不要遮住我的阳光。"当时才二十来岁的年轻气盛的亚历山大也并不恼火;后来,他还说过:我若不是亚历山大,我愿是第欧根尼。一次第欧根尼遭到一个秃子的谩骂后,说道:我决不会回击,我倒欣赏你的头发,它早已离开你那可恶的头颅而去了。

他的有些名言亦不错,如"知识是青年人最佳的荣誉,老年人最大的慰藉,穷人最宝贵的财产,富人最珍贵的装饰品"。如,"太阳也光顾污秽之地,但并没有因此而被玷污"。

除了脏之外,第欧根尼并不喜欢囤积东西,也常与别人交往,并不见有什么病,为何他的名字被冠在了老年肮脏混乱综合征的名头上? 而且此病还有一个对比强烈的美名:众议院综合征,有点搞笑、黑色幽默的成分。

寒蝉效应

寒蝉效应(chilling effect)是个法律用语,源自美国;出现在 20 世纪 50 年代。作为法律用语由当时的美国最高法院法官小威廉·布伦南用于法律判决文书之中,指的是对言论自由的阻吓作用——即使是法律没有明确规定的,或人民因为害怕某些言论会遭到刑处,或是高额的赔偿而不敢随意讲话。然后在一般情况下,寒蝉效应经常以法律或不明确的行动施加不必要的负面影响或负担,来禁止合法的讲话、言论。其具有两面性,相对较多反映为负面效应,因为蝉热闹于夏秋,而在寒冷的天气噤声,所以翻译得传神、有韵味,令人一下子能记住。而且它的应用范围也不止步于法律,包括新闻、传媒、社会等领域;在实际生活中应用也广,但凡受制于自己的上级或上层,抑或被掌控的,造成下级无法有效表达意见时,往往会用到寒蝉效应。

现实生活中,尤其在互联网、自媒体铺天盖地的今天,信息的传播不仅多而且快,真真假假,往往是虚假的信息的传播更远更广泛、得到转发的概率比真信息更高。据美国专家研究,在 2006 年至 2017 年间,"推特"上前者(即虚假信息)比后者(真实)要高出 70%。一些网红人物,"大咖"亦往往通过这样的手法,或无中生有或无端肇事,张冠李戴,莫名"绑架",旧闻新编,闭门造车,有的甚至造谣惑众,来吸引眼球,对于这样的情况完全可以运用寒蝉效应,对此予以打击、梳理,加强管理教育,使得一些别有用心的人不能再停留在这种平台上活动,也使一些人引以为戒,不敢仿效。在法律法治的基础上,加强自律、自敛(包括敛迹,因为不管一个人如何掩饰或用心用计,平台上的痕迹是抹不去、擦不掉的)。只有在自律他律法律的前提下,才能有良好的环境和平台。所以有人就这么认为:适度的寒蝉效应可以让人谨慎对待自己发布的信息。

至于寒蝉效应之中的负面影响,则需要社会团体、个体自行关注关切,自己的思想言论要符合客观事实,遇事问个为什么。说话有一个停顿、过渡,在舌头上打个滚;要有正确的思考和思维,避免"愤青式的爆发"和"意识狭窄"影响下的处事,谨言慎行,依法办事,走到哪里都无碍。当然还少不了主事者,如上面提到的上级、上层、上司、老板们的大度和宽容,宥人善意,宽以从事,有批评更要有引导,春风风人,春雨雨人,这样也就可以营造一种和谐的氛围。

富兰克林效应

本杰明·富兰克林(1706—1790年)美国政治家、物理学家;他是美利坚开国三杰之一,堪称国父级的人物。他身上的光环很多,才能卓越:出版商、印刷商、记者、作家、哲学家、发明家、科学家、外交家、慈善家;是美国独立战争时的重要领导人之一,做过美国首任邮政局长,第一位驻法大使;反对畜奴,废除《印花税法案》,唯一同时签署美国《独立宣言》《1783年巴黎条约》《美国宪法》三大重要法案文件的人。他作为英国皇家学会院士,最早提出电荷守恒定律;发明了避雷针、双焦点眼镜、蛙鞋、摇椅、颗粒肥料等等。有人评他:"从苍天那里取得了雷电,从暴君那里取得了民权。"他排名次于华盛顿,为100位影响美国名人中的第6位。

他具有骄人的智商,又有着很高的情商。虽然曲折坎坷常与其相伴,但他的智慧不得不由人钦佩。他在"自传"中提到一件颇为有趣的事:当时他还只是宾夕法尼亚州的议员,想争取到另一位国会议员的认同和支持,进行一些合作。然而他认为卑躬屈膝不是自己的风格,于是换了一种手法,搞迂回战术。听说国会议员收藏了一本非常罕见的绝版书籍,就写了张纸条,表示自己特别想欣赏拜读,可否借他看几天。国会议员同意并送来了书。一周后在归还书籍的同时富兰克林附上了字条,表示感激之情。当相互再次见面时,议员对他说话了,而且很有礼貌。后来议员还向他表明随时愿意为其效劳。这是以前从来没有过的事情,于是他们成了好朋友;这种友谊一直维持到对方的去世。

富兰克林把这种因为借书所带来的成功归纳为一条原则:"曾经帮过你一次忙的人会比那些你帮助过的人更愿意再帮你一次忙。"这种貌似"关键时刻非亲密朋友出手相助"的效应,即被称为"富兰克林效应"。富兰克林还说过:"想取得一个人的支持,尤其是圈子外的人的支持,那就先找他帮个忙,事情会出现意想不到的转机。"这也告诉我们一个人际关系中的诀窍:让别人喜欢你的最好方法不是去帮助他们,而是让他们来帮助你;如果想得到别人的好感,主动开口是没有坏处的。

当然不懂不会使用这种战术或欲将此种方法广而施之,那都是不可取的。圈子文化,有所避忌,萍水相逢,经常会有,总之要看可能和必须,得之失之亦欣欣然、施施然。在人际网络的构建中,适度地麻烦他人,投桃报李,有来有往,不必热络,如富兰克林那样的"弱联系"未尝不是件好事。恰到好处的人情有的时候会发挥出你根本想象不到的好作用、大作用。

硬　核

　　书中有过一篇写的是软瘾，这里也许是凑巧，再说说硬核；有软有硬，各自成趣。硬核，来自英文 hard-core；根据《牛津词典》的释义：一种音乐类型；或高度支持、或热情投入到某项活动之中；指某个极端事例或高强度的活动。

　　现实中解释硬核的说法有多种。一说：作为音乐类型，如硬核朋克是朋克摇滚中最强硬、最极端的一个变种，属于极端摇滚，产生于 20 世纪 70 年代初。它把摇滚进一步引向极端——更快、更噪、更僵硬的演奏、喊叫式的演唱、邋遢肮脏的录音效果。它诞生在美国，有辐射、传播；但由于这种音乐极其快速、旋律简单、录制水平不高，歌手直着喉咙在叫喊，叠句也简单，不同的乐队之间听起来很相似等特点，虽然长期存在，也有一定的辐射流传，但始终未能成为主流音乐。

　　也有一说：是一种游戏，最早来自游戏，指那些很难打的游戏，需要很强的技术才能把控、驾驭。后来被人们用于各种方面，有硬核人生、硬核产业，有硬核音乐、硬核嘻哈等，意指难以对付。

　　另有一说：原本含义形容说唱和游戏（有硬核说唱和硬核游戏的说法。前者指更具力量感的音乐形式，热情奔放猛烈强劲。后者是指存在着一定难度并有特定受众的游戏）。后引申出："面向核心受众有一定难度和欣赏门槛的事物"或者"类似核心受众或高水平爱好者的行事风格"。

　　作为网络用词、一个近些年来的热词，则多数时间用作形容一个人或一项事业很厉害的样子；同时会根据所用的地方、场合、环境而带来不同的含义和解释，大部分的释义可以表达为：一个人很厉害、很强硬、很彪悍、酷、霸气、与众不同等等。

　　因为硬核有着这样的来历和应用性，所以时常会有创造性或颇具新意的使用、夸张性的编排。其效果往往出人意料，仔细想一下却又在意料之中，尽可以叫人摇头，可以引人发噱，可以让人顿悟，可以使人无语……当然也可以令人发蒙。

　　举一个现在常见的正面的应用例子以收尾："硬核人生"，它指的是有过硬的内在品质、有独立的思想、理性的思维、不盲目追随他人观点的人生之路。

超级记忆

耳闻则诵、过目不忘,是令人钦佩的一种超强大的学习、记忆能力。对于一些能接受指令:某段文字在那本书、哪页上,并且能够朗朗上口、一字不落的学者、"牛人"亦在佩服之余有些不敢相信。然而那样的能人、强人确实存在。

美国女子吉尔·普赖斯生于1965年,她说自己从9岁起,记忆力发生变化;到后来,什么事情都能记得,人称"活日历"。当人们问及历史上发生的大事及日期,她能迅速回答;对于生活中的所遇,包括悲伤、病痛,她都能详细回忆、历历在目,对此并深感苦恼。澳大利亚女子瑞贝卡·沙洛克能够记得自己过往生活中的细节(只是记不起自己出生之时的事),她说:如果我在回忆一件发生在3岁时候的事情,我的情绪反应就像3岁时一样,即使我的心智和道德感像成年人。年轻时她以为其他人都和自己一样,这很正常;然而这被父母、记者以及澳大利亚、美国的专门机构认定、确诊为超忆症。

布拉德·威廉姆斯他能够清楚地记得过去每一天发生的大小事情,头脑像是一本关于名字、照片、日期以及各种事件的百科全书式的剪贴簿。让他回忆某一个特定的事件其速度居然比别人通过搜索"谷歌"的速度还要快,这位美国罕见的"超忆症"男子就此被人称为"人体谷歌"。

羡慕好记性,好记性不是人人具备的;或者说好记性也会出偏差,所以人们常说:好记性不如烂笔头。因为希望有好记性,人们常常死记硬背、"强记"以应付考试或其他(工作)的需要,或为表达脑力、智商过人,如把圆周率背诵到小数点后的100位、6万位甚至10万位(中国研究生吕超为67890位;日本60多岁的心理健康顾问为10万位)。其实超忆症是一种极为罕见的医学异象:大脑有自动记忆系统,没有遗忘能力;它可以把自己亲身经历的事情记得一清二楚,具体到任何一个细节。这一病症由美国加州大学詹姆斯·麦高等学者发现,距今二十年不到,其中有着许许多多的奥秘有待探索,它明显区别于"阿斯伯格"学者综合征及雨人症状。

记忆是人脑对经验过的事物的识记、保持、再现或再认，是人们进行思维、想象等高级心理活动的基础；它是人们工作学习生活不可或缺的一部分。遗忘（忘却）是指识记过的材料不能回忆和再认，或回忆和再认有错误的现象。两者都是人脑功能的重要部分，有识有记，有记有忆，有忆有忘，其中"忘"有取舍。哈佛大学的施艾特认为："忘记是大脑发育出来的消除无关或过时信息的一种策略。有效的忘记正是拥有一个完善功能性记忆的关键部分"，"大脑中的每一个策略都有其适应的目的，忘记为的是阻止我们存储平庸的、混乱的和过去的记忆"。而加州大学的专家华金·富斯特认为："幸福就是健康、富有加上坏记性，我们正在研究以专门的药物来限制痛苦记忆对人的影响。"

超感官知觉

现实世界的人有五感,包括眼(视觉)、耳(听觉)、鼻(嗅觉)、舌(味觉)、肌肤(触感),为众所周知。但对第六感则信者有之,不信者无之;不过有越来越多的人相信,尤其对一些无法解答解释的灵异、怪事等现象的最后理解,往往归之于其列。

第六感也叫超感官知觉(英文简称 ESP),说的是此能力能透过正常感官之外的渠道接收信息,能预知将要发生的事情,与当事人之前的经验累积所得的推断无关。第六感也叫"心觉""直觉",有人就此解释为:人通过五官的刺激、反应给大脑某个未知细胞或器官所体现出来的一种预知推断的心理感觉,也可以被当作意识的感觉或存在的感觉。

根据现代心理学的研究,意识的活动分为意识和潜意识,这里,意识自有其明确的内涵,但凡不能意识到的意识被称为潜意识,它是一个笼统的界定,第六感便属于潜意识。卡尔·古斯塔夫·荣格(1875—1961 年,瑞士人,著名心理学家,曾任国际心理分析学会会长、国际心理治疗协会主席)把潜意识称为无意识;他认为意识这一心灵现象是具有某种狭窄的性质。在给定的某一时刻,它只能包容很少同时并存的内容,余下的一切便是无意识。荣格主张用直觉来发现无意识,并表示无意识是一个巨大的历史仓库。

当你有一种很强的感觉有什么事情将要发生的时候,也许你早就收集到了足够的信息,只是没有明显意识到而无法判定,这也许就是直觉。所谓直觉一般是指没有经过分析推断的观点;也可以是指不以人的意志控制的特殊思维方式,它是基于人类的职业、阅历、知识和本能存在的一种思维形式。荣格也强调直觉,而当有人问他什么是直觉时,他也坦然而言自己没有办法描述这件事。诸如:曾经做过梦,梦境果然真的遇见了;到了一个地方,那里的一切都很熟悉,而根本没去过;别人正要开口之前,常常会知道他要说些什么;感到窒息感、全身乏力等,不久就发生了灾祸;听见一些无法解释的声音、感觉有另一个自己的存在、常有正确的预感等等。这些是直觉还是什么，往往无法解释，但又无法回避。

2019年3月19日美国加州理工学院的一个研究团队发表在《e Neuro》(美国关于神经科学的一本杂志)上的一项最新研究成果表示：人类不仅能感应到磁场，并且大脑会对磁场的变化作出强烈反应。研究团队讲述了"第六感"磁觉在人脑中被证实的精彩过程。该研究推测人类不仅具有"磁性传感器"，其还在正常工作，向大脑发送信号；这是人类潜意识中一种前所未有的第六感。科学昌明，借助日益发达的科研、科技、科学，生命、生物的奥秘将不断得以揭示，许许多多的秘密将不再成为秘密。

期望成功

"如果没有成功,在生活中你还能为自己期望什么呢? 去期望成功吧!"

这是出自美国著名心理学家、演说家、人类行为学博士丹尼斯·维特利之口的一段话,颇具煽动性和感染力。他自幼家贫,读书认真,曾经当兵,善于总结,是一个既有厚实的生活实践又有渊博的理论知识的真正的博士。他著述丰富,有《获胜心理学》《伟大的种子》《成为最好的》《赢家的锋利》等等。在其名著《成功心理学》一书中,他界定了各项成功的心理学原理,介绍了心理学的关键概念,呼吁人们用自我意识和批判的思维来考察自己的梦想、价值观、兴趣、技能、需要、认同、自尊和人际关系,并设置以个人的成功愿景为基础的各种目标。在全面系统研究了关于成功的理论后,他发出了来自心底的呼吁,对世人,也对自己。

关于成功的表述汗牛充栋,诸如:"高期望是成功的关键"(萨姆·沃尔顿,沃尔玛创始人);"活力、狂热、勤奋乃是成功的三大要素"(汤姆·莫里斯,美国耶鲁大学教授、演说家);"正确对待成功,比正确对待失败更困难"(哈罗德·吉尼,美国企业家,曾任 ITT 总裁);那么什么是成功呢? 安东尼·罗宾这样说:"成功在每个人心中的定义是不一样的,因为成功是因人而异的! 在你的心中,什么样的成功才算是成功? 成功很简单,在每个领域都有成功的人,然而并不是非要获得世界之最才是成功! 而是你认为如何的结果会产生成就感、一种喜悦,那就是成功!"身为美国极其有名望的人物,人称世界潜能激励大师、世界第一成功导师、世界第一潜能开发大师的罗宾心目中的成功居然如此实在!

美国企业家保罗·史托兹说,"成功可以定义为某种程序、某种境界",他又说道:"人们在这种程序下、在这种境界中,在完成一生的使命过程中不论碰到任何形式的困难和逆境,都会不断地向前、向上运动,不断前进。"当人们更加清晰了成功的定义,成功的内涵及关于成功的多种诠释和解读,可以贯通成功的意义和途径,所以任何事情在没有做好之前都要努力去做。

追求成功,走在成功之路上,要防止种种误区,如成功焦虑症。渴望、急切、唯恐人后,心躁气浮,急功近利,甚至不择手段,摒弃良知和道德底线,日日生活在焦虑、煎熬中;其实这样也未必能真的成功。心态很重要,过多的欲望并不会带来财富、幸福、成功。成功焦虑症的另一种表现就是自己已经离成功远了,或者不可能成功了,于是就把希望乃至压力放在孩子、下一辈的身上,不顾一切,不让他们输在起跑线上。于是各种培训、补习、择校、借读,各种花费、精力、金钱、时间,无尽的牵绊、拖累和折磨,天天月月年年,对孩子、对家长、对长辈,周而复始。可惜的是固然机遇是给有准备的人,而今天有准备的人却太多、太多。设若这种现象循环往复下去,不就是进入了一个怪圈了吗?当不成功的孩子长大了,为人父母了,如此这般地再去设计、折腾下一代。所以还是要正确对待成功,做一个心智健全的正常人。

塔西佗陷阱

如同修昔底德陷阱这一案例发生于公元前 5 世纪,而在 2500 多年后被美国学者格雷厄姆·艾利森所概括并提出,使其名利双收;当然其之用心之用意尽可以让人推测料想、给以解读。"塔西佗陷阱"同样发生在遥远的古罗马时期,典出古罗马历史学家塔西佗所著的《塔西佗历史》,书中记载:罗马皇帝尼禄死后,被选为下任皇帝的迦尔巴下令杀了一个造成叛乱的将领以及另一个可能发动叛乱的将领卡皮托——而且命令未下达之前他就被处决了。当时有些人认为卡皮托没有如此野心,对迦尔巴的做法产生了不满。联系迦尔巴除此之外的所作所为,塔西佗归纳:外界对这两次的处决反应很不好,而且一旦皇帝成为人们憎恨的对象,他做的好事和坏事就同样会引起人们对他的厌恶。1900 多年后,中国学者潘知常在其著作中提及此事,首次提出了"塔西佗陷阱",于是一个源自古人却为后人所提炼归纳的规律产生了。

严格地说塔西佗的这个说法贴切地可称为:警示、预言。但一经提出很快就成为热词,被引申为一种社会现象,专指某一组织或部门以及位高权重的人物失去公信力时,无论说真话还是说假话、做好事还是做坏事,都会被认为是说假话、做坏事。现实生活中时有发生的一些事例也足以证明一旦发生一些处理不当、影响恶劣的公共事件,或明显错误的事由,政府部门与社会、舆论互动,不遮不掩,方能不发生影响或损害公权力的、公信力的后果,其重要性在互联网、自媒体发达的今天尤为突出。

这一种引起上下共识的政治思维或决策思维已经越来越被各级政府部门和组织以及领导人物、专家、舆论所重视,政策制定、执行中全盘考虑,预案准备及换位思考,对于涉及转型时期经济体制:社会结构、利益格局的深刻变革和调整,利益主体多样化和价值取向多样化带来的种种社会现象和矛盾表现,都需要妥善处理。在这个过程中,要做的工作很多,可采用的方法也不少,关键要坚持人民群众的知情权、参与权、表达权、监督权;对于涉及群众自身权益的问题,要畅通民意渠道,及时沟通,解释好处理好。政府部门要秉持公正公平公开的原则,找准定位,加强服务,以切实有效的工作来增强群众对政府的信任度。

塔西佗陷阱的提出,其实是顺应了社会、时代的要求,对政府部门的管理提出挑战,所以这是一个需要认真回答而且是长期性的课题,并且适用性、广泛性日甚,关联多领域、多学科、多部门、多渠道。

斯坦纳定理

斯坦纳（美国心理学家）定理为：在哪里说得愈少，在哪里听到的就愈多。只有很好地听取别人的，才能更好地说出自己的；说得过多了，说的就会成为做的障碍。

俗话说得好，两个耳朵一张嘴。从造物的意义上看，就是让人多听少讲，至少2∶1。那么怎样去听又怎样去讲呢？

虚心听取别人的意见，这是一个人处世立身并进步的必要条件之一。在校听老师、听同学；在家听父母、兄长；在单位听上司、同事；在社会听师长、朋友。认真虚心是听别人意见的前提，虚怀若谷，大肚能容，善于听取他人的意见会使你受欢迎，被当作自己人；倾听有利于沟通，有利于化解矛盾和冲突，有利于合作。

多听，不仅仅听一方面的意见，而且要听各个方面（层面）的意见，因为"兼听则明，偏信则暗"。所谓兼者指谓涉及、顾及多物、多方，兼听就是指多方面听取意见，哪怕是截然不同，大相径庭的话，包括逆耳刺人，火药味浓烈的；尤其是上位者，掌权的，势头旺盛时，往往被奉迎、阿谀谄媚所包围，也就容易受蒙蔽、上当。多听了、多了解了，就会对事物有个全面的掌握，可以明辨是非得失；倘若单单听信一方面的言辞、意见，就难免会作出不明智的判断、决策。

交友、交心，坦诚相见，"尺有所短，寸有所长"，择善而取之；正面的要听，反面的也要听，忠言逆耳，让人讲话天塌不下来；有则改之，无则加勉，求进求达求发展，不断修炼自身，这些可以说都是如何听取别人意见的注脚，可以参照。

听了之后还有个说的问题。思想、想法不成熟时不发声，不做口无遮拦的下车伊始之人；多听少说，多听不说；多做少说，只做不说；先做后说，做好再说；多听多做，少说或不说是一个人成熟的表现，足以担当大事而且值得信赖，"一鸣惊人""一飞冲天"之辈。

夸夸其谈，说得比唱得还好听；虎头蛇尾，行百里者半九十；言语的巨人，行动的矮子；讲管讲，做管做，口不应心；诡言浮说，装腔作势……这些都是不可取的。拿破仑说过的一句话很有道理，值得记取：什么话都说的人是什么事都不能办的人。

斯托克代尔悖论

吉姆·柯林斯是美国一个颇有名声的管理学家和畅销书作家,他曾经长期关注一个人,以后又想办法采访了他,并据此在其所出版的《从优秀到卓越》一书中将有关材料归纳成为著名的斯托克代尔悖论。

吉姆·斯托克代尔是位美国海军上将(一说中将),也是一个在越战中被俘的美军级别最高的将领,被关在河内希尔顿战俘营长达八年。其间被多次严刑拷打,他顶住压力,没有低头,反而竭尽所能,团结鼓励照顾难友,创造和运用各种方法加强难友之间的联系、支持。他和妻子合作将八年的经历写成一书《爱情与战争》。

在采访中,斯托克代尔在回答柯林斯如何能熬过这艰难的八年时光时,说:"因为我有一个信念,相信自己一定能出来,一定能够再见到我的妻子和孩子;这个信念一直支撑着我,使我生存下来。"柯林斯又问:同伴中最快死去的又是哪些人呢?上将说:是那些太乐观的人。在追问下柯林斯才得知,原来,他们总想着圣诞节可以被放出去了吧,圣诞节没放出去;就想着复活节可以被放出去了吧,复活节没有放出去;就想着感恩节……而后又是圣诞节,结果一个失望接着一个失望,他们逐渐丧失了信心,再加上生存环境的恶劣,于是他们郁郁而终。斯托克代尔相信自己的信念,认为一定能出去,但又正视现实的残酷,他坚持了下来。最后斯托克代尔总结说:这是一个非常重要的教训——你不能把信念和原则搞混,信念是你一定能获得成功,这个信念千万不可失去;原则是你一定要面对最残忍的现实——无论它们是什么。

柯林斯十分感慨,认为斯托克代尔悖论是适用性极其广泛、也是持续五十年能保持在世界 500 强企业之列的全部企业所采用的理论。他们之所以能常青五十年甚至更久,因为他们对前景充满乐观,相信前途一定光明,但是又能直面现实的残酷。斯托克代尔悖论对每个人同样有用,在长短不一的、难以逆料的人生中,总会遇上不顺心或运背的时候,有时候这种运气不佳会延续很长的时间,所以要有足够的思想准备和心理调整,要有必胜的信念,千万不要觉得很快会变好,马上就会走出艰难困境,要忍受可能是较长时期的煎熬。须知面对人生逆境或困顿时抱有坚定、坚韧的信念,要比任何事都来得重要,如果战胜不了逆境,要想获得成功是不可能的。

斯坦福监狱实验

　　美国社会心理学家菲利普·津巴多是个很有想法的人,他搞过著名的"斯坦福监狱实验",轰动一时,被视为教科书式的案例,未几又受攻讦,毁誉参半,那究竟是怎么回事?

　　1971 年津巴多牵头在斯坦福大学心理学大楼的地下室模拟改装出一个所谓的"监狱",将办公室改建成"牢房",征集了 24 名心智正常的身体健康的志愿者,说明每人每天可得 15 美元的报酬,必须完成两周的实验。这些志愿者被随机分成两部分:12 个犯人;12 个警察。这 12 个"囚犯"身历其境:押送到监狱,搜身,扒光衣服,消毒清洗,穿换囚服,戴上脚镣,没有姓名只有编号,不能自由行动,只能等着放风。充当警察的人作为看守,被告之可以做任何维持监狱秩序和法律的事情。

　　第一天半夜,看守就吹起床号,让囚犯排队,以树立和检验自己的权威。接下来的日子里,看守们责罚囚犯撑俯卧撑,骑在囚犯身上,遭到囚犯的反抗时用灭火器喷射囚犯,离间囚犯,不让他们休息,不许上厕所,往头上套着布袋罚他们走来走去等等。到了第六天,囚犯们受不了了,同行的实验者有的也被吓着了,外来的参观者有的提出质疑,要求停止这项实验。津巴多本人也受不住了,不得不终止了它。

　　这个实验中的所有人,都被深深卷入自己所扮演的角色而不能自拔,不管施虐者或受虐者,甚至于有的主持实验的教授也卷入其中,成为维护监狱秩序的法官。那些聪明、健康、受过良好教育、道德修养均可的年轻人要么成为残忍的"看守",要么变成受惊过度的"犯人"。津巴多从实验中得出结论:环境的变化可以使平凡的好人做出极端邪恶的事情;而罪恶往往发生在隐秘的地方,比如斯坦福大学的地下室、半夜如厕的囚犯遭受虐待殴打等。

　　事后有人揭露实验中的有些情况不真实,有些事例、数据存假;但是这不影响斯坦福监狱实验证明人性难测、具有复杂多变的判定。正如津巴多自己所说的:参与实验的学生是"一代人中的佼佼者";"这项囚禁体验,让人将一生所学——尽管短暂——但确实弃之如敝屣;人性价值被摒弃,自我认知受到挑战,人性中最丑陋、最底层、最病态的一面浮出水面。"

联系"二战"时德国纳粹当权,多少善良的人自觉或不自觉、主动或被动地越过善的界限,成为帮凶、恶人的工具,压迫欺凌加害于他人;据德国《明镜》周刊估计,这样的人"至少900万"。在社会大动荡、大变化中,芸芸众生的变化、站队之类的例子实在太多,包括中外古今。从中,我们可以看到,条件、基础、环境起变化,内在亦受影响,有的是潜移默化,有的是一蹴而就。要是坏事都是坏人做的,也许好办,曝光、驱除、处罚,难就难在好人也会去做坏事,而且人数多多!人性的恶以及这种恶一旦萌动、泛滥,缺乏制度对个性的制约、限制,那真不可逆料,会走得有多远!

斯德哥尔摩综合征

1973 年,两名罪犯意图抢劫瑞典首都斯德哥尔摩市内最大的一家银行,失败后劫持了 4 名银行职员。在警方和歹徒僵持了 130 个小时后,因歹徒的放弃、人质回归而结束。此案件发生的几个月后,4 名遭受劫持的银行职员却对歹徒表露出怜悯的情感,拒绝在法院指控绑匪,甚至还为他们筹措法律辩护的资金。他们表明不痛恨歹徒,并表达出他们对歹徒不仅没有加害他们、反而对他们予以照顾的感激,而且对警方采取不合作甚至敌对的态度;更不可思议的是人质中的一名女职员竟然爱上了一个绑匪,并与之在服刑期间订婚。此事一时哗然,引起各方关注,专家学者、有识之士纷纷据此发表自己的见解,剖析原因,给出评论。

这种现象就是斯德哥尔摩综合征,指谓被害者对于犯罪者产生情感,甚至反过来帮助罪犯的一种情绪。这种情感造成或导致被害人对加害人产生好感、依赖性,甚至协助加害人。

因为恐惧、害怕,存活受到威胁,又与外界隔绝,没有逃跑的可能,人质容易对劫持者产生一种心理上的依赖感,自己的生死操控在劫持者的手中,劫持者能让自己活下去便是上上大吉,烧高香了,自然对其不胜感激。劫持者若再施以小小的恩惠,借以辞色,便会换来同情,将劫持者的前途当成自己的前途,把劫持者的安危视作自己的安危,帮忙出力,反过来把解救者当成敌人。

当然不是每个人质都会如此,但这毕竟是一种社会现实。其中凡情感上依赖他人,并且容易受感动者,会因感情依附,屈服暴虐,对所处境遇害怕恐惧,而采取同情、帮助加害者的做法。人性能承受的恐惧有一条脆弱的底线。遇到一个凶暴的杀手,这个杀手随时可取他的命,人质就会把自己的生命权渐渐托付给这个凶徒;时间拖久了,人质每吃一口饭、每喝一口水,每一次呼吸,都会觉得是凶徒对自己的容忍和慈悲。而对于绑架自己的凶徒,他的恐惧会先转化为感激,然后变成一种崇拜,最后人质也下意识以为凶徒的安全就是自己的安全。

人质被绑架后,会考虑许许多多事,家人、朋友、安全、事业、财产、后果等等,这是人性使然。一旦产生或选择了斯德哥尔摩综合征指谓的方式,那也不应该指责;选择不作恶的顺从,为保命图安作权宜之计,不同于一块为非作歹、上贼船,这是人们在控制约束性社会(条件)下的合理选择,要予以理解,给予宽容。

斯德哥尔摩综合征又称斯德哥尔摩效应、斯德哥尔摩症候群、人质情结或人质综合征。

最大的麦穗

苏格拉底(公元前469—前399年)古希腊著名的哲学家、教育家。他一生对物质享受的追求其低,生活刻苦,专心学问,涉猎宽广;又以传授知识为生,30多岁时做了一名不取报酬、也不设馆的社会道德教师。他奉行有教无类,所以在他身边围聚着各种背景、身份、年龄的学生,向他学习、请教。他提倡人们要认识做人的道理,过有道德的生活。晚年其因"煽动青年,污辱雅典神"的罪名被雅典法庭判处死刑,他选择了饮服毒堇汁而死。

关于他的故事很多。其中一个摘取最大的麦穗的故事浅显又充满哲理,被我国纳入课文,使多多少少的人从中受到教益。故事的版本不少,有的还将它归纳为:麦穗理论。故事的大概为:苏格拉底带领几个弟子来到麦田,正是收获的季节,麦穗沉甸甸地低下了头。苏格拉底对弟子们说,你们去麦田摘一个最大的麦穗,只能前进不走回头路,我在麦田的尽头等你们。麦田的麦穗当然有大小,摘这株还是那株?这算大吗?前面还有更大的吗?哪个是最大的?弟子们一边低头挑选,一边前行,实在难下决断;忽然听到老师的声音:你们已经到头了!两手空空的弟子闻声回望麦田,那些硕大的麦穗在微风中摇曳着,好像在笑话他们,又好像在招呼他们。苏格拉底对弟子们说:这块麦田里肯定有一穗是最大的,但你们未必能碰见它,即使碰见了,也未必能作出准确的判断。因此最大的一穗应该是你们能摘下的。弟子们闻言大有感慨,从中明白了一个道理:人的一生犹如摘麦穗,找寻最大的那一穗,有的人选到了并摘下;有的人东张西望、难下决心,一再错失良机。在追求最大最好的麦穗的同时,把眼前的那一穗摘下才是实实在在的。

人的心理往往存在矛盾,在追求中亦如此,患得患失,既怕失去机会,又总想着还有更大的机会。理想固然重要,但现实不能罔顾;眼光向着实际,当机立断,不踏空不放弃,一步一步才能接近理想、走向成功。犹豫迟疑,害怕错失;或以为"曾经沧海难为水",或又想一步登天、一蹴而就,这些都不足取,珍惜时机,在适当的时间做该做的事,珍惜眼前人、眼前物、眼前事! 读懂这个"摘最大的麦穗"的故事,对我们一生都会有帮助。

苏格拉底的学生柏拉图,柏拉图的学生亚里士多德,他们三人被称为"古希腊三贤"。作为西方哲学的奠基人苏格拉底,他没有自己的著作,那些渊博的学识由学生记载,其地位和风格以及传承有点像我们中国的孔子。他的嘉言懿行给人以很大的启迪,如:意见可以各种各样,真理却只有一个;意见可以随个人以及其他条件而变化,真理却是永恒的。又如:我只知道一件事,就是我什么都不知道!

了不起,向苏格拉底致敬!

紫格尼克效应

紫格尼克效应指的是：人们对已完成的工作较为健忘，因为"完成欲"已经得到满足；而对未完成的工作则会在脑海里萦绕不已。俄国心理学家布鲁玛·紫格尼克做过一个实验，她给 128 个学生布置了一系列作业，她让学生们完成一部分作业，另一部分则令其中途停顿。一小时后测试结果，有 110 个学生对中途停顿的作业记忆犹新。这就是紫格尼克效应的由来。

紫格尼克受导师、德裔美国著名心理学家、管理大师库尔特·卢因的影响，承继并发扬了导师的观点和学说，她所提出的效应符合心理机制。卢因认为人类有一种自然倾向去完成一个行为单位，如去解答一个谜语，学习阅读一本书等，这即是"心理张力"。任何人都企图满足自己的需要，完成动作；其中既有先天的需要（如饥、渴），也有后天需要（迫切的趋向）。在卢因看来个人能动性的源泉是多元的、形形色色的，被唤起但未得到满足的心理需要产生一个张力系统，决定着个人行动的倾向、心理的基调和特点。如果中断了满足需要的过程或解决某项任务的过程而产生了张力系统，就可能有一个采取达到目标的行动。卢因认为没有完成的任务使得没有解决的张力系统永远存在。当任务完成后，与之并存的张力系统也将随之消失。由此可见，一个人的"心理张力"系统就是产生紫格尼克效应的心理机制。

现代社会心理学告诉我们，人们之所以对没有答出的问题或没有完成的任务抑或没有成功的事项印象深刻，是因"行为完成"会导致"心理闭合"；种种没有完成的行为会使人的心理处于开放的兴奋状态。人的动机和记忆存在一种闭合现象，行为未完成，则心理保持张力，记忆清晰；行为完成，则压力消除，心理闭合。心理闭合指在一定条件下，心理拒绝接受外界的信息刺激。

缺乏完成欲，没有心理张力，人会变得马虎、懒惰，不思进取，得过且过。但完成欲太强太过也并非好事，对人的身心健康、精神状态的平衡协调带来害处：不顾一切,过于强调有头有尾,尽善尽美,甚至苛求于己;倘若不一下子完成、实现就得不到心理上的满足,总感到缺憾,心绪不宁。

一个人要有良好的生活和学习习惯,从做小事入手,今日事今日毕,努力完成任务或既定目标,长此以往,养成习惯,让紫格尼克效应产生和发挥积极的作用。而有着过强过高完成欲的人也要从小事开始加以调整,逐渐形成对传统的适应性,对改变作出合理解释,不受紫格尼克效应的过多约束。培根说过:习惯真是一种顽强和巨大的力量,它可以主宰人生。因此如若一个人自幼年起即通过教育,去建立一种良好的习惯,那么对人生的帮助是巨大的。

紫格尼克效应也称自圆心理,取意于:一笔画个圆圈,在交接处有意留出一小段空白,回头再看一下这个未完成的圆,总有要补上一笔、填补空白弧形的意念。其表示了一种有始有终的精神,用于工作、学习、生活方面,就是尽可能做好,不留瑕疵。

智　　径

迈向成功的路有多难、多累，人尽皆知。在社会充分发展的今天，越来越多的人在准备迎接机遇、甚至抢夺机遇的情况下，渴望成功，也许要另辟蹊径。美国畅销书作家、媒体科技公司联合创始人沙恩·斯诺以自己知行合一的实践，为社会大众提供了一本名为《出奇制胜：在快速变化的世界如何加速成功》的书，提出有别于"捷径"的"智径"，以聪明灵巧的方式，在符合道德和法律的前提下，以求较快地走向成功。书中介绍了三大步骤，九个方法，别开生面，给人以启迪。

三大步骤为：缩短行程；善于借力；一飞冲天。九个方法分别是：(1)换梯术（横向交易）；(2)师父领进门（纽带联系）；(3)快速反馈（探索底线）；(4)利用平台（站在巨人的肩膀上）；(5)抓住浪潮（顺势而行）；(6)超级联系人（广结人脉）；(7)创造功能（趋热造势）；(8)大道至简（从优秀到卓越）；(9)10倍思维。应该说这些步骤、方法就字面看不复杂，理解起来也并不难；然而仔细剖析几个方法，足以让人脑洞大开。

如换梯术。作者分析了美国历史上评价最高的十位总统，都不是按照传统的政治路径一步一步走上总统之位的。他们在各自的领域努力打拼，然后换一架梯子扶摇直上，以往的拼搏证明了自己的领导力，"若我能成就彼处，我亦能成就四方"（法兰克·西纳特拉，20世纪最重要的流行音乐家）。就这样，那些年轻的总统的领导经验来源于与政治毫不相干的其他领域。

如师父领进门。要找到良师，拥有杰出导师而出奇效的例子有：有导师的企业家募集资金的量要比没有导师的企业家多7倍，其增长速度是后者的3.5倍。古希腊的苏格拉底带教了柏拉图，柏拉图带教了亚里士多德，亚里士多德带教了亚历山大，后者成为征服者，即著名的亚历山大大帝。

如超级联系人。要找到或借助超级联系人，他可以是行业中有广泛人脉的资深人士，可以是对行业或更大范围的人群具有巨大影响力的媒体；他可以帮助你迅速获得关注,嫁接资源。

如大道至简。"天才和总统会把毫无意义的选择从他们的工作中剔除出去,这样,他们可以简化自己的生活和想法",实实在在的去芜存菁,做减法,获益多多,可以专注、专心,在自己着意的领域做得卓越甚至最好!

如 10 倍思维。要有大的目标,雄心和勇气,把 1 件事做到 10 倍的好远比做到 10%的好还要有利、有力,或更有可能、更加容易。人的本质欣赏、支持伟大的理想、巨大的变化。秉持长远思维乃至 10 倍或更多的思维,引发热情,激发创新、创造的能力,设置大目标,寻求大发展,实现大进步。这种造势带来的汹涌的波涛足以冲破常规和诸多樊篱;这种进步和发展也许并不呈 10 倍之数,但远比那种按部就班、循序渐进所得到的进步要来得大得多! 美国曾经提出的"十年登月"目标便是如此,让人振奋,赢得人们的关注、支持和投入,并普遍被认为可能可信可行,在以后的一系列运营中,组织并体现了最优秀的能力和技能。

创业、成功没有捷径,可以有智径;它让你更聪明地工作,实现更大的成就,同时不会造成负面的、外部的影响、干扰。不知为何,捷径总被视为带有贬义,那么多用智径,或以智径说话。大路朝阳,曲径通幽,逢山开路,遇水搭桥;在走向成功的路上,可以直行,可以拐弯,可以弯道超车,一切按实际情况而定。沙恩·斯诺还有一句经典的话:测试智商不如测试能力!

舒适悖论

悖论何其多！所谓悖论是指表面上同一命题或推理中隐含两个对立的结论，而这两个结论都能自圆其说。其抽象公式：如果事件 A 发生，则推导出非 A；非 A 发生则推导出 A。著名的悖论有英国科学家霍金提出的"外祖母悖论"、说明英国数学家罗素悖论的例子"理发师悖论"、爱因斯坦提出的"时间悖论"以及"先有鸡还是先有蛋""电梯悖论"等等。

这里说一下舒适悖论。美国加州大学洛杉矶分校的马克·舍恩把生活享受和条件较以往越来越好、而心情却因焦虑倍增而大大糟糕于任何时期的这种现象称为舒适悖论。的确如此，现在生活的条件和舒适度之好前所未有，而展望前路，太多的焦虑、太多的现实问题，诸如教育、医疗、就业、养老、住房等，"尽管我们现在的生活令人舒适的条件触手可及，但我们对不适因素变得过度敏感"；所以舍恩又认为，"当生活舒适度提升 10 分，而我们对不适的忍耐力却至少下降 50 分"。

向自己设问：你是否很容易为一件无关紧要的小事而大发雷霆？你是否对在排队时有人插队很生气？你是否无法自控地查看微信、信息？你是否一感觉到饥饿或不适就立即去找吃的又一时停不下来？可以说处处折射出焦虑。生活中应对挑战的方式可以诱发影响健康的问题，这是由人与生俱来的敏感的生存本能导致。瞬间形成的生存本能反应力量强大，对人们的身体健康、行为模式、自我表现方式、逆境处理模式、决策模式以及老化过程都带来极大影响；对这种生活本能的主导所带来的巨大影响，我们要警惕和有恰当的应对。

在一个物质享受越来越丰富的现实之中，人们的急躁、不适、焦虑和抑郁也越来越严重。焦虑是一种可以被传染和放大的情绪，每天各种各样的焦虑通过或穿透生活场景、语言对话、互联网来到每个人的眼前。虽然说有好的焦虑和不好的焦虑；虽然说焦虑伴随成功、平淡、失败，它们之间呈微妙的关系，因此在很多时间，焦虑和兴奋、紧张、喜悦、悲伤等情绪融合在一起，分不清彼此；就此亦可以说种种焦虑同样构成人生的意义。所以舒适与焦虑相伴、依存。

世界为我们提供了联络工具，但可以说同样导致了一个悖论，即我们在技术上与外界建立了超强联络，却日益疏远了我们的内心世界。从生理角度看，对于生存本能的管控在于人的大脑。大脑有三大部分(或说三个"脑")：(1)生理脑，包括脑干、小脑，掌管生理功能。(2)情绪脑，位于大脑边缘系统，控制情绪(包括恐惧、快乐、安全感、爱、饥饿、口渴、欲望、疼痛和愤怒，当然也少不了焦虑)。(3)思维脑，即大脑皮层，用于逻辑思考。生存本能的反应是可以训练的，因为拼搏、压力、焦虑不是生命的全部；所以我们要针对自己的生存问题，无论焦虑还是困惑，去增强耐受力，缓解内心，处理舒适与不适、压力与焦虑、平衡与不平衡等等的关系，保持适度的压力、对应适宜的焦虑，引发正面的积极作用，防止焦虑水平指数提升而产生的过激反应。具体不妨按照以下几条去做，如：

减少即时满足感的需求；

学会接受不完美；

适应不确定性；

戒掉容易发怒的习惯；

放松自己；

建立有规律(可预测)的生活模式。

程序正义

在欧美的法律、法学方面有一句术语,传播及影响很大,就是:程序正义高于实质正义;保证规则上的公平比追求实际上的公平更加重要。正义分为实质正义和程序正义,程序正义是途径,实质正义是目的;程序正义可以指裁判过程的公平、法律程序的正义。应该说两者有联系,又各有侧重;尽管公平的程序并不能保证每一项裁判都符合实质正义,但离开了严格的程序,那实质正义也就更没有保证。

程序正义亦被视为"看得见的正义",因为正义不仅应得到实现,而且要以人们看得见的方式加以实现。当一个人在权威、裁判机构作出对其利益或者不利的裁判时,应该至少能够处在一种可与裁判者就如何对待他的问题进行理性协商的地位。这种强调尊严、程序参与者作为自主、负责和理性主体的地位,要求裁判机构与他一起参与裁判结果的形成过程,向他说明裁判结果的合理性和正当性,从而使他成为裁判制作过程中的协商者、对话者、辩论者和被说明者,其作为人的尊严和价值得到充分的尊重;这是一个极其珍贵的程序、保障。

实质正义指的是善人(或善行)应当得到善报,恶人(或恶行)必须得到恶报。如果司法制度或公共政策无法体现实质正义,就会变得欠缺正当性。实质正义追求的是结果上的公正和公平,不论过程程序如何,实质正义是正义的归宿。

程序正义和实质正义两者间存有内在的一致性,表现在目的方面。而程序正义有自己的独立性,必须确保裁判过程符合公正、正义的要求,结论得到人们的普遍认可;就此也有可能与实质正义发生冲突。

关系就是如此,培根说过:"一次不公正的审判,其恶果甚至超过十次犯罪。"

这里再补充说一下"程序性尊重",程序正确彼此都舒服、自在、和谐;程序不正确,不到位,双方就可能有误解、瓜葛;因而程序性尊重也可以说是一种实质性的公平。

答布效应

答布效应为：原始社会有一种传统的习惯和禁律，被称为答布。它是人类社会最初期的一种生活规范，系"法律诞生前的公共的规范"。出于敬畏，出于避祸等诸多原因，遵从当时的经济、文化发展水平以及人们共有的认识，在行为、行事方面注重于服从一定的规范、约定俗成的东西。这便是答布效应的由来。

时至今日，规范的社会体系中都具备了一套成熟的包括明文规定的法律政策规章和约定俗成的习惯、传统之类的行为规范。现在狭义的答布指那些经过一定程序成为明文规定的条文；广义的答布则是指那些不成文的东西。后者存在于人们的头脑之中，通过舆论的形式表现和反映、落实并体现在日常的人际交往、活动之中。这也就是风俗习惯、道德观念，没有条文却渗透在每个社会人（角色）的心理和行动之中。过去的答布依旧在，角色规范就是答布效应的内涵，而且还是角色行为的"导演"，答布在新的时代背景下依然在发挥作用，显示它的力量。

答布在内容和形式上宽泛的、多样的，恐怕难以穷尽，它的存在就是让人在日常生活中认识并执行那些规范，每个人其实就是生活舞台上的角色扮演者。角色规范作为现代答布效应的内在，是一种可视可辨的标准化观念，它一旦形成就自然而然具有认知和标准化作用、行为的定向作用、维系社会整体性的作用，"答布效应"也就是这些作用的集中反映。

人的需要是指对人对事物的欲望或要求，这在人类社会物质匮乏的最初时期和在丰裕发达的现代社会都是一样的。人的需要与动物的本能需要、条件反射式的需要不同，它不仅仅是简单的占有，拥有片刻的享受，而是要使自己的生活活动置于意识控制之下；每个人在一定的条件下受到社会即相互交往的个人制约，所以要用社会允许的方式去满足自己的需要。根据自己的角色定位，按照角色规范，清晰自己的角色行为，照这般那样去思考、去行动，使自己的角色行为既符合角色规范的普遍要求，又落实了个体的或特殊的要求。认识自己，认清自己（角色），按规范行事,无论明文还是约定俗成的东西,它们都是"答布效应"。

日本传统文化中就有一种"村八分"的风俗。如果有村民违反或破坏了村里的规矩,但又因为没有犯法而不受官府追究的时候,村民们会自发地对这些人进行制裁,将其孤立起来。这些人会害怕这种孤立以及可能给家人带来不利,所以对人的行为的约束很起作用。中国宋代名儒张载是个传奇性人物,他的学生吕大忠、吕大钧、吕大临和吕大防,人称"蓝田四吕",在张载的教诲和影响下,于1076年制订和实施了我国历史上最早的村规民约:"德业相劝;过失相规;礼俗相交;患难相恤。"这两个例子都可说明答布和答布效应。

奥卡姆剃刀

美国被誉为有史以来最杰出的科幻作家之一的西奥多·史特金一次在回答他人提问为什么说90％的科幻小说都是垃圾时,说道:任何事物,90％都是垃圾。这就是史特金定律,以后此定律又演绎成:任何事物(特别是用户创造的内容),其中90％都是垃圾。史特金认为任何事物中真正起到作用、有意义的只占小部分,其中大部分都是普通的、无甚堪用的东西。该定律把小部分定格为10％,但未必需要实录实数,这里的比例不重要,关键的着眼点是这部分很小。不论学习、工作,抓住关键的一小部分便是成功,不要在没意义的部分耗费太多的时间;这与抓工作重点,找核心部位,以及二八定律都有相似之处。

还有一个关于网络文化中的1％法则与此有异曲同工之妙,是因袭、衍化还是什么不能说死,应该说它们之间有着关联。这是一个将网络社区用户进行分类的法则,又称90—9—1法则。该法则认为在网络社区(群)中,90％的参与者只看内容并不参加互动,9％的用户会参加讨论,而只有1％的用户会创造内容。这是由雅各布·尼尔森在2006年提出的。

丹尼尔·丹尼特(美国认知科学家、哲学家)在他的《直觉泵及其他思考工具》一书中对史特金定律这样评说:任何事物的90％都是垃圾,也许是夸大其词,不过我们不妨承认任何领域都有大量平庸之作。从这一观察结果得到的教益是,当你想批评某个领域、某个流派、某个学科、某种艺术形式时,不要把你我的时间浪费在批判垃圾上,要么寻找有价值的东西批评,要么别去管它。

有一个拉波波特法则也可以拿来用:在对一个观点作评论时,要先清楚掌握这个观点的内涵,发现该观点中哪些部分值得肯定,而哪些是你持有疑惑的地方,我们既可以表达出对作者的尊重,也可以在拥有足够的信息量、尽量做到在与作者相一致的前提下,保证沟通的有效性。真诚地针对观点提问,而不是故意找茬或讽刺。

也许在面对这些现象、定律、法则的时候,少不了"奥卡姆剃刀"。奥卡姆是 14 世纪英格兰逻辑学家,他提出"如无必要,勿增实体",宣扬简单有效的原理。正如他在《箴言书注》2 卷所说:切勿浪费较多东西去做用较少东西同样可以做好的事情。这把奥卡姆剃刀可谓锋利无比,它是屡试不爽的方法、经验、法则,通过明朗干脆的选择,鞭辟近里,可以适用于诸多领域;可以用它认定但凡在同一理论或者同一命题的论证、多种解释和阐述过程中,步骤最少、最为简洁的证明是最有效的;如果有哪种更简单的理论可以阐述、讲清某种现象,那就不必去炮制复杂而烦琐的理论。

奥卡姆剃刀及其原则对中世纪晚期之后的自然科学的发现、发展起到了巨大的推动作用。即便在今天,环顾周遭,组织的膨胀,制度的烦琐,形式主义的蔓延,会议及文件的重负,效率却不见有多大的提高的诸多现象,不由得想到要删繁就简,规曲去冗,直奔主题,用奥卡姆剃刀在本质、根本、核心、要点、结构、流程、制度、条文、讲稿等等方面切割一下,动一番手术,以提升绩效,求得事半功倍。

爱因斯坦说过:万事万物都应该尽可能简洁,但不能过于简单。亚里士多德认为:自然界选择最短的道理。把史特金定律、1%法则、拉波波特法则,奥卡姆剃刀结合联系起来读,再参详比照丹尼尔·丹尼特的解读、先哲们的论断,细细揣摩,颇有味道。

番茄工作法

意大利学者弗朗西斯科·西洛里在 1992 年创立了番茄工作法。它是一种简单易行的时间管理法,微观,具体,大众化,接地气。"选择一个待完成的任务,将番茄时间设定为 25 分钟,专注工作;中途不允许做任何与该任务无关的事,直到番茄时钟的响起,然后在纸上画一个×,短暂休息一下(5 分钟),每 4 个番茄时段多休息一会儿。"

番茄工作法极大地提高了工作效率,还会带来意想不到的成就感。它还有一些细则、做法不可不知,如(1)一个番茄时间(25 分钟)不可分割,不存在半个或一个半的番茄时间;(2)在一个番茄时间内如果做与该任务无关的事情,则该番茄时间作废;(3)永远不要在非工作时间内使用番茄工作法;(4)不要拿自己的番茄数据与他人的番茄数据比较;(5)番茄的数量不可能决定任务的最终成败;(6)必须有一份适合自己的作息时间表。

每天列表排出任务清单,按照番茄工作法的原则开始完成任务,当一个任务被完成后,在列表中划去该任务,循环下去,完成新的任务。在其中倘若想起要做什么、非做什么不可的话,即停止番茄时钟,去干别的事,之后再重启番茄时钟;非马上要做的,继续完成番茄时间再去完成此类计划外的事件。

番茄工作法的优点明显:减少时间焦虑;提高注意力,减少中断;增强决策意识;唤醒激励和持久激励;巩固达成目标的决心;完善预定流程,精确保质保量。因为它简单可行,所以准备工作并不复杂,预防干扰,处置意外,坚持自律,高效可期。好的习惯一旦养成受用终生。

德鲁克说过:"时间是一个人最稀缺的资源,但也是这世界上最公平的资源,每个人每天只有 24 小时。"当人们拥有或只有有限的时间,效率往往会相对较高,而如果时间富裕、足够长的话,工作效率会随着时间的推移迅速下降。所以高尔基就这样说:"世界上最快而又最慢,最长而又最短,最平凡而又最珍贵,最容易被人忽视而又最令人后悔的就是时间。"专注、投入、休息、放松,掌握了自己的时间和工作节奏,长此以往,就能比别人或大多数人收获得更多。

意识狭窄

意识狭窄属心理学范畴,指的是一种客观存在的意识障碍;人在激情状态下意识的广阔度受到影响,即意识的焦点集中于某处而对其他的情况视而不见。也就是指认识活动的范围缩小,理智思考能力受到限制,自我控制能力减弱,甚至冲动到无法把控极可能产生后果的现象。

美国心理学家,著名作家 M.斯科特·派克在《少有人走的路》一书中指出:面对问题并感到痛苦;然后解决问题并享受更大的快乐,这是一可行的生活方式。英国著名历史学家帕金森和管理专家拉斯托姆吉在《知人善任》(合著)中说道:发生争吵切记免开尊口,让别人把话说完,虚心诚恳地倾听,方能彼此交心,把事情说清楚。风平而后浪静,浪静而后水清,水清而后游鱼可数。美国心理学家欧廉·尤里斯教授讲过:降低声音,继而放慢语速,胸部向前挺直,能有效平息怒气。

引那么些嘉言懿行,为的是有助于防范和制止生活中常常出现的意识狭窄现象。试举例:餐聚酗酒,常有酒多而致醉者,若当事人的思路、意识集中于积极或消极的事情之中,酒多者就会偏隅于"一醉解千愁"或"借酒浇愁愁更愁"的不同境地。又如在生活和工作中,我们可以对不相干的人彬彬有礼,对自己人、亲近者却往往毫无顾忌,不讲道理,其中原因很多,可以从中找出:缘于亲人的包容、自己对亲人的心理预期过高等,这当然不应该,而其间还有一个重要的原因就是意识狭窄的心理存在。在人们的潜意识中知道对方是自己最亲近的人,不注意方式,顶撞了、冒犯了,对方也不会计较,不会记恨,后果不至于严重到担忧;所以很多人的坏脾气就留给了平时对自己宽宏大量的父母、家人、呵护自己的人!

对最亲近的人常常会存在理解的盲区,总希望对方全盘理解自己、成全自己,存在一种对自己人的依赖;处于这种环境和意识之下,把错误归咎他人,自己只是一个巨型婴儿,靠别人实现愿望。这种单极(单向)的思维弊端也是意识狭窄造成的。所以对亲人要理解,不要把他当成受气包,出气筒,有话好好说。

大脑被消极情绪支配,自然失去思考力和判断力,尤其在一个人发怒时,大脑皮层中出现强烈的兴奋点,会造成一时的意识狭窄(障碍),大动肝火,大动干戈,盛气凌人,责备他人,将自己的意愿强加于人,以保护他们自己的病态……面对情绪问题,成熟意味着觉知和控制,要知道责备、愤怒和仇恨一样,都会给人带来痛快的感觉;发泄愤怒能使人一吐为快、让人舒服,仇恨则让人过瘾;它们就像其他使人快乐的活动一样,容易使人上瘾,甚至迷上它,一旦养成习惯,很可能将无法自拔。

谩骂定律

有一个被叫作"谩骂定律"的规则，其出处有点趣味，让人在无奈中上了一课，认识到人世间的险恶。

秘鲁作家马里奥·巴尔加斯·略萨曾以朋友的身份对拉美一些著名作家的为人为文作了精辟中肯的评价，并对若干世界文学名著进行颇具真知灼见的评论；他将其收入《谎言中的真实》一书。书中写道：我见到一篇文章，看后让我既伤心又生气，因为不仅造谣，而且还对我谩骂。我拿给聂鲁达看，当时正在酒会上的聂鲁达说：你开始有名气了；要知道，以后你的名义越大，这样的攻击就越多。你受一次赞扬，就会招致两三次这样的谩骂。我有个木匣里面装着凡是可以加给一个人的各种各样的诬蔑、攻击、诽谤和谩骂，这些所有的坏话都是加到我头上的：小偷、流氓、二流子、叛徒等等，原因很简单，出名了罢了。你要是成为名人，将来也会有同样的体验。略萨闻此言如释重负，极大地舒缓了当初那种"痛苦得要命"的感受。聂鲁达何许人也，想来也不是一般人物，他乃是大名鼎鼎的智利诗人、作家、外交家，曾获1971年的诺贝尔文学奖。

聂鲁达对略萨说的这番话便被称为谩骂定律。

来自同行、对手、冤家、对头的那种恶俗、恶劣、恶毒的谩骂，往往令人感到羞辱、痛恨，也近乎无奈。也许是出自各自的观点、立场的不同，也许囿于脾气习性，也许就是一种人格缺陷：样样看不惯，莫名其妙的"愤青"般的愤世嫉俗。至于那些贪图口舌之快，在庸俗无聊之际随意调侃，拿人开玩笑、"逗你玩"，尤其在网络媒体中时时逆动，应当力戒。

还是聂鲁达的做法好，在聂鲁达的传授和开导下，略萨也开窍了：无视、忽略那些令人难受，可以致人死命的噪音，一门心思做自己的事，写书、走路、过日子。因为无视、忽略，不把那些东西当回事，也就不会有反击、回嘴、怨怼、来而不往非礼也之类的。言多必失,往往祸从口出,惹出些事来更为不值;沉默是金,沉默是最好的武器。而沉默是最难辩驳的观点,对手即便暴跳如雷也无计可施。

略萨是秘鲁著名作家,创作小说、散文随笔、诗歌、文学评论、政论杂文;有过电影、舞台剧等作品;主持过广播电视节目并从过政,曾获 2010 年诺贝尔文学奖。

福克兰定律

法国管理学家 D.L.福克兰提出:没有必要作出决定时,就有必要不作出决定。这便是"福克兰定律"。

当断则断,但缺少客观条件,不知道怎么办的时候,你又怎么断,怎么拍板呢?所以在这种情形之下,最好的办法就是不采取任何行动;动犹不动,动是不动,不动是动,耐得住性子,安下心,不盲目不盲动,不草率行事,不干事后懊恼后悔之事。

观察、等待、看事态发展,看外部环境和内部条件的变化,"静如处子";一旦时机成熟,确定目标,便按计划、方案,立即行动起来,"动如脱兔"。当断则断,克服犹豫不决,看准了就痛下决心。大名鼎鼎的摩根就是这样做的。年轻的摩根从德国哥廷根大学毕业后进了邓肯商行工作。一次他办事归来途经新奥尔良码头时,遇到一个陌生人,那人看摩根像是个做生意的,便自我介绍说:我是一艘巴西货船船长,为一位美国商人运来一船咖啡;如今货到了可那位商人却破产了。如果你能买下,我情愿半价出售,但必须支付现金。看那位船长诚恳实在的样子,摩根动了心跟着船长去看了咖啡,成色确实不错。他毫不犹豫决定以邓肯商行的名义买下了这船咖啡。在向老板邓肯汇报后却未被允许,邓肯回复:不准擅用公司名义!立即撤销交易!当头棒喝,摩根却没有被打晕,他向在伦敦的父亲求助,父亲认可并支持,即刻拨来货款。在巴西船长的引荐下,摩根还从其他船长处收购了不少咖啡。就在他买下这批咖啡后,巴西出现了严寒天气,咖啡大量减产,导致咖啡价格暴涨,摩根大大地赚了一笔。南北战争期间,摩根与朋友克查姆聊天时得悉北军伤亡严重,若政府军战败,黄金价格肯定会暴涨。摩根估计了风险之后制定一个秘密收购黄金计划,与人合作,密切关注时局,挖掘有价值情报,积极收购黄金,在社会上掀起抢购黄金风潮时,他们已经收到了足够的黄金。在黄金价格飞涨,市场需求量大的时候,摩根趁机抛售了手中的全部黄金,一下子获得了 16 万美元的净利。这位日后有着"华尔街神经中枢"、国际金融界"领导中的领导者"之称的摩根就是这样起步的!

在有必要作出决定的时候,就要痛下决心,破釜沉舟,背水一战,义无反顾,才能获胜。退休在家的玛丽·凯不甘寂寞,总想干点事,当她看到床头置放的护肤品时灵感顿现,那是十年前她为了推销公司产品去拜访一位美容师时,美容师向她介绍:受自己从事皮革制作父亲的启发,并将父亲的处方研究、开发出一种乳液和面霜来保护皮肤,当时玛丽·凯不仅自己用了还向同事、亲友推荐。就做这个吧!她找美容师,美容师已经不在人世了,玛丽向她的家人买下产品配方,并加以改良、完善包装。说来也真让人不信,一个退休的老人靠倾家荡产而凑出的5千美元和11个人的团队,在十年、二十年后成为世界知名的大公司;这个公司在中国就叫"玫琳凯"。

不明情况,不知进退,盲目决策,为祸之巨之烈,不可不知。曾经以生产儿童玩具而闻名的美国吉尔伯特公司在新的时代背景下,反应迟钝,沿用邮寄目录及橱窗陈列等老办法,对自选商场、折扣店以及电视广告、新传播手段不屑一顾,于是就慢下来了,如同逆水行舟,不进则退,生意一落千丈。在不该决断的时候又屡屡决断:加大传统媒体的广告投放力度,开发新产品并把资金平均使用,结果造成资金大量积压和成本不断增加。就这样应对无力,设施老旧,不断陷入困境,虽然后来换了老板,动了班子,换帅易将,但收效甚微,最后被迫破产。

随时更新信息,跟上发展变化,注意长期长效,全盘考虑,慎重决策,有效的决策才是真正的决策。等候、稍息,不到火候不说话,该出手时才出手。动与不动,如何定盘;要动的话,怎么动,必须看清认准"谋定而后动",对头、对路,内外因协调方才可行。不靠谱的拍脑袋,一败涂地后,或曰交学费,或在揽功诿过,一番掩饰后灰溜溜离开职场,或拍拍屁股另去他处,这种人往往改也难。若能出现痛定思痛,迷途知返,逆境重振,再作冯妇,重新创业成事的人或例子,那是最好的了。

辑录几条与"福克兰定律"相仿的定律:

"没有谁必须做任何事情。"(麦凯布定律)

"越是不知道怎么样的事,就越没必要去做。"(拉瑟福德定律)

"你得到的第一个回答不一定是最好的答案。"(莫斯科定律)

即使碰到问题或困境,也可按爱因斯坦说的去做:(1)从杂乱中发现简单;(2)从混乱中制造和谐;(3)在困境中寻求机会。

禀性乍现的一刻

一个人可以在平时说的、做的都很好、规矩、上道、绅士，在江湖上可以称兄道弟，扬名立万，在社会上可以为人称道，目为优秀或成功人士；举手投足，言谈举止，有派头、有气质；然而一旦进入一个特定或特殊的时段和环境，就马上遇到问题，思想观点感情态度语言等马上与平时截然相反，甚至自己也不相信现在的自己是什么了。

平等待人，你会与脏兮兮、臭烘烘的乞丐同坐在地铁上，不皱眉头？你会将多一些的关注、帮助给予清贫的基层员工还是给予各方面你都认可且有着不差的背景的员工？这些恐怕说说容易做起来难。人生际遇，理性思考和感性操作总会存在距离，有时候甚至上下悬殊，完全不是一回事。看到一则材料：一个香港大老板的富二代总以为穷人不刻苦、不勤勉，没有努力于今天规划明天。后来他参加了一个实验：一改光鲜亮丽的生存、工作环境，住鸽笼般的上下铺，做环卫工人遭人鄙视，饭菜难以下口，收入少得可怜，两三天一来他过不下去了；认为自己平时的说法偏颇太大，认为强弱高低悬殊是很难改变的，严酷的现实、事情的真相使他的人生观发生了变化。

这种在关键时刻，暴露本性或者幡然顿悟的现象叫"禀性乍现的一刻"，这是管理学上的一个术语，在现实生活中也常可遇上，这种关键时刻的暴露或本性的体现才算真实、才是真相，然而作为一个清醒的人必须认识这些。

关键时刻，无路可走，无法处置，往往使人性大大暴露，当然即便你在掌握了这个知识的时候，也不能以此去揣摩、试探或考察一个人。有一个故事：丹麦医学家芬森是名第一个获得诺贝尔奖的临床医生，晚年的他要找接班人。助理乔治找了许多一时才俊，其中有个叫哈里的年轻医生，芬森对其十分中意却又担心医学研究十分枯燥，哈里能否坚持。乔治便建议：先生，据我所知哈里家境贫寒，你不妨请位朋友假意高薪聘请哈里，看他会不会动心？如果他接受了，自然不配做你的弟子。

然而芬森却正容答道:谢谢你的提议,但是我不能采纳;我一直都很赞同一个观点,不要站在道德制高点俯瞰别人,也永远别去考验人性。他出身贫民窟,怎么会不对金钱有所渴望? 如果我们一定要设置难题考验他,给一个高薪的轻松活干不干? 而且答案又必须是否定的;那对他来说内心肯定是纠结的。因为他要在现实生活和梦想前作出两难的选择,而他跟着我研究医学,根本不必也不会到那一步。我何必苛求他必须是个圣人。

最后哈里成了芬森的弟子。若干年后的哈里成为丹麦十分有影响力的医学家。后来哈里听说了,芬森当年拒绝考验自己的事,老泪纵横:假如当时恩师用巨大的利益作饵来对我,我肯定中招,因为当时我母亲患病需要医治,弟妹们等着我供他们上学,如果那样,我就没有现在的成就了。

关键时刻,禀性必然显现,对此,明智者可以提高修为、修养、善于并正确处置。同时也不应该从这个原理出发,站在道德制高点上对他人作人性的考验。

这个故事意义深远,这里且向高明高贵的芬森致敬!

零社交

由于工作性质的关系,自由作家马德林·多尔经常在家办公,因此她一度认为积极认真的社交是一种补充,非常有必要。经过统计,她平均每周有 22 小时用于社交。这个数字让多尔惊讶也引发联想,如果把这些时间放在工作中和个人的身心修养方面,会怎么样呢?

于是,多尔决定在一个月的时间里拒绝与朋友见面。在那一个月的时间里,多尔取消了所有的社会交往活动:不约饭、不喝酒、不参加派对、不参加与工作无关的任何活动。她平静地在家待着,这种自愿性质的约束使她增添了主动性,不再为面对数个邀约而为难、害怕错过对任何有助于人际关系的活动,注意力相对集中,工作时间大为增加。没有了纠结或刻意的安排,过去做得少或做不了的事可以放手而为:做饭、健身、阅读、工作,不再熬夜,生活闲适而有规律;过去难得的独自散步、独处放空、发呆、冥想甚至做白日梦,均可以听之由之,由之任之。度过一段放松、独处、内省的时间后,"零社交"给多尔带来莫大的益处,迸发新想法、进行头脑风暴;重新规划工作,有效促进事业。

日本哲学家岸见一郎是维也纳心理学家阿德勒的信徒,他同样相信该学派的关于所有人生的烦恼皆来自人际关系的论断;而认为放弃别人的认同,是一个人获得自由的重要途径。艾米·弗里斯(《今日心理学》杂志编辑)则认为:慵懒闲适的生活节奏对创造力至关重要,当大脑放空时,就会自动连接记忆、情感和知识存储系统。因此偶尔走神和放空有助于创造性思维,甚至可以说无所事事完全和社交一样,让人振奋,在生活中是非常必要的。

其实这种零社交、放空对于人的心理状态有着十分重要的意义和作用。让自己暂时忘掉一切,去好好休息一阵子,或暂时抛却世俗的种种,在放空中使心灵沉静、沉淀;可以忽然走神(即一下子不知道自己在想些什么);可以眼神放空,脑袋放空,甚至清空归零;可以放下放松放手,平静平淡平心,从容面对记忆、当下及人生。

改变和排除诸如诱惑、迷惘、自卑、拖延、迟钝、偏激、愤怒、嫉妒、贪念等等的负面情绪，如此的放松减压难能可贵。用正确的想法、方法使自己安静下来，六神安宁，心绪安然地处理好工作、交往、情感、生活中的各种关系。

零社交当然不是说可以不要社交、没有社交、拒绝社交，完全使自己"宅"必然带来许多弊端；只是不要太过地依赖社交，防止出现唯恐失去信息、失去朋友，讨好他人、迎合外部世界的倾向。要使工作和生活得以平衡，最好的办法，不如将社交带到工作中去，在工作中积累同事间的友谊、交情，这样的社会关系对个人的成长、发展才是有帮助的。

零废弃

"零废弃"的创始人贝亚·约翰逊提出了关于这个概念的 5R 原则,具体为:拒绝你不需要的(Refuse);减少你需要的(Reduce);重复使用你消费而来的(Reuse);回收你不能拒绝,重视再循环(Recycle);分解剩下的残渣做成堆肥的(Rot)。

零废弃并不是不产生任何垃圾,按照 5R 原则,是尽可能减少、尽可能循环、尽可能替代、尽可能转换……它是一个先进、健康适应当前社会发展的生活方式和选择,有着宽广的前景,亦会被越来越多的人接受。

减少一次性物件,提倡重复使用,淘用二手商品,带上自己的牙刷、牙膏、筷子、杯子、梳子去旅行……从小到大,由浅到深,生活简单、简洁,没有攀比,减少压力,环保节能,环境友好,为社会为地球减负减压,何乐而不为!

说到这 5R,还可以说说"断舍离",两者有相同点,可以很好地结合,在断舍离基础上的 5R 会更纯更简更优。日本作家山下英子有一部取名为《断舍离》的家庭生活类的著作,于 2009 年出版。书中推出的概念:断=不买,不收取不需要的东西;舍=处理掉堆放在家中没有用的东西;离=舍弃对物质的迷恋,让自己处在宽敞舒适、自由自在的空间。此书及此概念一经推出,形成热潮,影响全国及世界,而且被广泛应用于生活之外的各个方面:网络、时间、空间、事业、思想等等。

断舍离告诉我们要做自己的主人,不被物或物欲所累、所牵制。思考、弄明白生活中什么东西最适合当下的自己,合则留不合则去;强调够用即好;坚持循环;克服需求太过,改变舍不得扔的旧习惯,对不需要、用不着、用不了、用不完的物品(包括五年内没用、想不到的)淘汰或送人,在处理过程中尽可能置换、流转、送人,你不适用的不等于别人不需要,"旧物易主赛过宝"!在物尽其用之中创造新的使用价值。

有的人一不高兴就逛商场、买东西以释心绪,排遣不快,或遇到打折、减价、购物优惠便毫不犹豫、毫不节制地"买、买、买";并且在不停地大量购置新物品的同时,舍不得处理或扔掉平时囤积的大量没用的东西,这种情形便属于心理学上的"强迫性囤积症",这是一种心理疾病,既浪费金钱、影响生活,又对空间、环境、心情造成伤害,所以是不可取的。

开始并逐步"断舍离"、朝 5R 迈进,提倡简化需求、简朴生活、简单人生,无论物质、思绪还是生活没必要追求奢侈、享受、复杂,宜奉行从容、恬淡、本真、健康的生活方式。

零和游戏

零和游戏又称零和博弈,与非零和博弈相对。它是博弈论中的一个概念,属非合作博弈;指参与博弈的各方,在严格的竞争下,一方的收获必然意味另一方的损失。博弈各方的收益和损失相加总和永远为"零",双方不存在合作的可能。零和游戏源自博弈论,现代博弈理论由匈牙利大数学家冯·诺伊曼于 20 世纪 20 年代创立,1944 年他与经济学家奥斯卡·摩根斯特恩合作出版了《博弈论与经济行为》一书,标志着现代系统博弈理论的初步形成。

零和游戏的原理为:两人对弈,总有一人赢,一人输。以得失计算为:胜者得 1 分,输者为 1 分;设若 A 获胜次数为 N,B 失败次数必然为 N,若 A 失败次数为 M,则 B 的获胜次数必然为 M,于是 A(N−M)、B(M−N),结果是相同的,均为 0 (零)。这种特点为一方吃一方,有胜必有输;一方所得便是一方所失的对立局面,并没有为整个社会增加丝毫利益。带来或造成的后果必然是你争我夺、针锋相对,以邻为壑,损人利己,最后弄得社会不和谐。

有识之士对此种现象纷纷给予批判。既然存在零和博弈,那也可以有非零和博弈。它是一种合作条件下的博弈,博弈当中的各方收益或损失的总和不是零值,它区别于零和博弈;特点为利己不损人,有效合作,各取所需,利益共享,取得双赢。博弈的各方要有真诚合作的精神和勇气,协商、谈判,谋求共同点,遵守游戏规则,不企图耍小聪明,也不能总想着占别人的便宜,赢家通吃。

其实隐匿于零和游戏背后的零和思维时至今日仍存在,且有愈演愈烈的趋势;国与国、组织与组织、企业、社团以及个人之间倘若只存在竞争、对抗、冲突的关系,处处计较或谋求你得我失、你强我弱、你赢我输,甚至你存我亡,那么丛林法则盛行,协议规则、道义道德、诚信合作必然荡然无存。那种认为只要出自本国、本系统、本人的利益便可以不择手段,使自己获得比他国他人更多的利益的想法、做法是不可取的。如若大家都这样,那么就会弱肉强食,纷争不断,困局频频。

经济全球化,离不开契约精神,做到同守契约,共担道义。这里有着大量的理论和实践的问题要进一步探索、破解,走出一条坦途。举一个非零和博弈的例子以启发思路。一个烈日炎炎的下午,约翰·纳什教授在给学生上课,窗外楼下有工人在施工,机器的响声成了刺耳的噪音,于是纳什把窗户关上。马上就有学生提出意见:别关、别关,太热了。而纳什教授严肃地回答:课堂的安静比你舒服不舒服重要得多!然后转身一边嘴里叨叨着:给你们来上课,在我看来不但耽误了你们的时间,也耽误了我的宝贵时间……一边在黑板上写着数学公式。在气氛尴尬之间,一名叫阿丽莎的漂亮女生走到窗前打开窗子,纳什用责备的目光看着她;阿丽莎对窗外楼下的工人说道:打扰一下,嗨!我们有点小小的问题,关上窗户,这里会很热;开着却又太吵。我想能不能请你们先修别的地方,大约 45 分钟后就好了。正在干活的工人愉快地说:没问题。那人又回头对自己的伙伴说:伙计们,让我们先休息一下吧。阿丽莎回过头来快活地看着纳什教授,纳什教授也微笑地看着阿丽莎,既像在上课,又像是在评论她的做法似的对同学们说:你们会发现在多变性的微积分中,往往一个难题会有多种解答。

禁果效应

"禁果效应"也叫"亚当与夏娃效应"。夏娃受惑被智慧树上的禁果所吸引,去偷吃禁果,结果被贬入人间。越是得不到的东西,就越想得到;越是不让知道的东西,就越想知道,这种逆反现象就是心理学上的禁果效应。单方面的或理由不充分的禁止、限定或说教、掩饰反而会激发起人们更强烈的探究欲望,激发出强烈的好奇心,为求满足这种好奇心、探究欲,于是花样百出,乱象纷呈。

禁果效应在人们的生活中,尤其在信息传播中十分明显,当一些事情或信息受阻被禁遭删,不能让人们自由获取时,人们往往会对那些事情和信息益发充满好奇,平添更加强烈的窥探心理、欲望。一方面对施压者不满,另一方面千方百计通过各种渠道试图获取一二,而一旦了解掌握些许,便一传十、十传百,也不管正确与否,事实如何。这种因为封锁信息而引来的流言蜚语蜂起往往带来诸多副作用。

好奇心人人有之,逆反心理也普遍存在。无法知晓的神秘事物比能接触到的事物对人们有着更大的诱惑力,也更能强化和促进人们的渴求感和追逐心。"一切秘密都具有诱惑力,在社会舆论自身来说是一种秘密的地方,形式上冲破秘密境界而出现在报刊上的每一篇作品对于社会舆论的诱惑力就不言而喻了。"而禁令包括禁书,"被禁的书两倍、三倍地畅销","它的禁令像往常一样使销路大增"。

生活中,有一种禁果效应是关于或表现于爱情方面的。它也被叫作"罗密欧与朱丽叶效应":来自外界的阻力和压迫没能使他们的恋爱受阻,反而越发坚定。英国桑德兰大学海伦·德里斯科尔博士在1972年做过一个实验,其招募了91对已婚夫妇和49对相恋8个月以上的恋人作为调研对象,其中有一项重要的内容就是考察他们相爱程度与父母干涉程度之间的关系。结果发现,父母干涉程度与恋人们的情感变化成显著的正相关:父母越干涉,恋人们爱得越深。

上述这些,都是对禁果效应的最好佐证。时至如今,相类的例子则更多了。所以传播者或资源掌控者必须看到"禁果效应"的客观存在;认识"禁果效应"带来的正面、负面效应;认清利弊,改变方法,巧用"禁果效应",防止产生适得其反,有违初衷的现象和后果。

蓝斯登定律

美国管理学家蓝斯登所提出的蓝斯登定律,也被称为蓝斯登原则,表述有两种。一种表述为:跟一位朋友一起工作,远较在父亲之下工作有趣得多。另一种表述为:在你往上爬的时候,一定要保持梯子的整洁,否则你下来时可能会滑倒。而在一般情况下,所引的多为后一种表述。

后一种表述的内在逻辑自在,有所关联,但人云亦云的太多,一些点评、分析亦不甚到位。或可进行如下解读:"在你往上爬的时候,一定要保持梯子的整洁,否则你下来时可能会滑倒",说的是事先要想到事后,未雨绸缪,留有后手。别说在一个企业、一个组织,在社会的任何地方,总有"人往高处走"的客观存在以及竞争在进行,有机会往上发展不放空,但也不必以邻为壑,视后进、对手为仇雠,围追堵截,设绊挖坑,把梯子弄脏、摇晃甚至断档,怕后来者居上。总之是你先上去,先登场;而人生就是上台唱戏,下台换人,无论多么风光,无论上得多高,最后你总还得下来。所以蓝斯登的话极其有道理,维护好梯子的干净、安全,让后生晚辈有上的机会,有良好的心态和处世风范,进退有度,张弛自如。

在顺风顺水、顺顺当当的时候,可以稍许花点时间、精力预后预测预防,知进懂退;在进的同时考虑到退路,是应对职场或一切存在竞争的地方的行稳致远的妥帖之策。诚如托利得(法国社会心理学家)所说:测验一个人的智力是否属于上乘,只看脑子里能否同时容纳两种相反的思想,而无碍于其处世行事。

至于与朋友一起工作,远比在父亲之下工作要有趣的表述亦可成为前说(即梯子那段)的注脚、解释。让员工高兴起来,在一个宽松、和谐的环境中允许表现,信任员工,重视营造快乐的氛围而且快乐方式多样化;上司的善解人意,和蔼可亲,往往会让越来越注重平等意识的年轻员工认可,如沐春风。在遇到挫折时特别当员工受委屈时,设身处地为其考虑,担肩胛,那更是年轻人眼中的"大侠"老板!

雷鲍夫法则

美国管理学家雷鲍夫提出了言简意赅的八条箴言,即"雷鲍夫法则",也称建立信任和合作的法则等。法则的要旨:认识自己和尊重他人。法则的表述为:

(1) 最重要的 8 个字是:我承认我犯过错误。

(2) 最重要的 7 个字是:你干了一件好事。

(3) 最重要的 6 个字是:你的看法如何。

(4) 最重要的 5 个字是:我们一起干。

(5) 最重要的 4 个字是:不妨试试。

(6) 最重要的 3 个字是:谢谢您。

(7) 最重要的 2 个字是:咱们。

(8) 最重要的 1 个字是:您。

有人说,雷鲍夫本人提出了六条,八条中的第五条及第一条,即最重要的四个字:"不妨试试",最重要的一个字:"您"是别人说的、由别人所补充。此话姑且听之,好像这两条确实分量要重一些。

若对此八条法则细加探究,恐怕因为平易,是十足的大白话、大实话,说过的人不会少,来认领发明权的会有很多。说法则条条是真理,不错;但雷鲍夫很聪明,在突出每一条都属重要的同时,他把语境和重要性的认定放在了一定的范围之内,加上了限制,他可以这么说:我认为在 8 个字、在 7 个字……里面,我说的那几句是最重要的! 这只能以各人的领悟而定。

一个社会人,包括职场或各类团体的成员,总归有至少两种以上的重要关系,需要梳理、沟通、经营。如组织沟通,它指的是按照组织程序进行的沟通,一个企业或团体如果制度完善,有健康的企业文化,它们的组织沟通就能顺畅。而人际沟通的概念比组织沟通更为宽泛,此类沟通既发生在组织内部,也发生在组织外部,与上司、同事、下属,商业伙伴包括供应商、经销商、广告商,以及家人、同学、朋友等等的沟通，都是人际沟通。在我们着意或着手与他人、外部建立合作、信任的时候，在我们日日、时时开展与他人的交流、沟通中，自觉灵活地运用雷鲍夫法则是相当有效的，它可以让我们收到事半功倍的成效。

"明白，马上去办。""你的办法真棒，我深受启发。""这件事我考虑不周到，对不起。""谢谢你的提醒，我会重视的。""就这样了，不妨一起干。""好，试一试。"……对应雷鲍夫法则，这些回答都是积极、向上的，体现了合作、沟通的真心和诚意。谦和、自信、稳重、有为，关键是"有为"，只有这样你才算得到了雷鲍夫法则的真谛。

千万不要以为雷鲍夫法则太平太淡太白，而不放在眼里、更不放在心上，要照着去做，要坚持去做，做到做好是目标；当然真正做到也是不容易的！

鄙视链

　　《简明牛津英语辞典》有这么一段文字：过分看重社会地位或财富，耻于与社会地位较低者交往的人；对高位者奴颜屈膝、通过表象判断内在美德、蔑视技艺或品位不如自己的人。可以说这就是关于"鄙视链"及持有此种观念的人的一种定义、刻画。如今，鄙视链更是成为网络社会中反映的一种自我感觉良好而瞧不起他人的现象，它犹如一条食物链，成为一个躲不开、绕不过的怪圈。

　　有人的地方就有江湖、就有圈子，强弱优劣、高低上下从来就是评判人的价值的一个外在的客观标准。个人价值体现的一个重要方面就是做到有能力、成功，有价值。靠与他人相比：我比你强，我如此这般有力量、有价值；这种比较以及标准、尺寸都是可复制的。为了获得优越感，必定会往下寻找，这样鄙视链就产生了；它存在于人们生活的各个领域。

　　据说在饮茶圈就存在这样的鄙视链：喝黑茶（主要是普洱）的——瞧不起喝青茶（单枞和岩茶）的——瞧不起喝绿茶的——瞧不起喝白茶的——瞧不起喝黄茶的——瞧不起喝红茶的——瞧不起喝各种花茶的，然而所有喝茶的瞧不起喝奶茶的；一个简单的喝茶搞得档次高低之间等而次之，再次之，又次之，次而又次，历七八次，细微如此，令人无语。攀比无所不在，于是乎：智商、财富、地位、年龄、品位、情趣、职业、单位、住房、地段、旅游、饮食、圈子、学校、学历等等统统可以网罗在内，可操作可评判，具体形象的一个"比"字遍行天下。这种无所顾忌的鄙视，高人一等的心态，处处凸显自己所谓的成功、非凡，在强化等级观念、制度的同时，也反映了社会的不公和个人心态中隐匿的焦虑和不安全感。

　　保罗·福塞尔说：美国的中产阶级，他们像螺丝钉一样可以被随意替换，所以最缺少安全感，生活也最焦虑。在这种心态中生活，首要的事情就是要得到他人的承认，要在他人眼中看起来生活过得又安全又体面，他的爱慕虚荣和喜欢炫耀在衣食住行和话语上必然体现出来。

用鄙视别人来证明自己的优越,因被人鄙视而焦虑烦躁(事实上人人平等、不分高低贵贱是很难做到的)。社会心理学家认为,人可能需要一个社会地位更低的团体存在,才能体会到高人一等的优越感;而且社会经济地位和教育程度越低,偏见越大。美国西北大学教授约瑟夫·艾布斯坦说:越是脱离客观真理,越容易势利。他举例说在高层次人士中,这种攀比,鄙视也同样存在:数学家、物理学家在华服、美食上的攀比心低,而英语系、历史系和现代语言系的由于研究对象离无可辩驳的真理很远,对这些东西容易在意,因为他们的素养主要体现在对这种事的追求上。

美国心理学家米歇尔·梅森提出了在人际交往和社会活动中应该如何看待鄙视的问题。应该说,在公共场合、人际交往中不加掩饰地对某人某事表示鄙视,用语言、举动来体现,至少是粗鲁的或带有敌意的;尽管做不到人人平等,至少要有善意、尊敬的表示,没有敌意,不公然去冒犯、侵犯他人。康德说过:鄙视的举动违反了基本的道德原则,无论社会地位或背景,人人都应得到尊重和有尊严的待遇。

路径依赖

路径依赖又称路径依赖性,它的特定含义是指人类社会中的技术演进或制度变迁均类似于物理学中的惯性,即一旦进入某一路径(无论好还是坏),就可能对这种路径产生依赖。一旦人们做了某种选择,就好比走上一条不归之路,惯性的力量会使这一选择不断自我强化,并让你轻易走不出去。或可以简洁地表达为:一种制度一旦形成,不管是否有效,都会在一定时期内持续存在并影响其后的制度选择。就好像进入一种特定的路径,制度变迁只能按照这种路径走下去。

经济社会(生活)和物理世界一样,存在着报酬递增和自我强化的机制。而这种报酬递增和自我强化,可以带来或迅速优化或沿错误方向下滑,变糟糕变无奈而被锁定。此外还会受到市场中的交易因素影响,此种交易因素和报酬递增成了决定制度变迁的两股重要力量。制度变迁中产生路径依赖的原因在于:正式规则对经济发展的作用是连续的、累积的。非正式规则对经济发展的作用更为持久,沉淀于历史过程之中;其具有较强的非易性,其变迁也是连续的、缓慢的、渐进的、内生的。与制度相关的特殊利益集团具有保持制度持续下去的推动力。

该理论由道格拉斯·诺斯提出,其目的是通过制度变迁的轨道入手,从制度角度解释为什么所有国家并没有走同样的发展道路。他认为一个国家在经济发展的历程中,制度变迁存在着路径依赖的现象。由于路径依赖理论成功地阐述了经济制度的演进,诺斯在1993年获得诺贝尔经济学奖。

路径依赖理论被总结提出后,人们把它广泛应用于选择和习惯的各个方面。在一定程度上人们的一切选择都会受到路径依赖的影响,人们过去作出的选择决定了他们现在可能的选择;人们关于习惯的一切理论都可以用路径依赖来解释。换句话说,一切都是路径依赖,或可以说归因于路径依赖;有些路径依赖我们避不开,也无法去避,生活就是这样。一旦人们作出选择便自然不断投入精力、金钱及各种资源;如果哪天发现自己的选择有错或不合适,也不会轻易去改变,因为这样会使自己在前期的巨大投入会变得一文不值。这在经济学上叫作"沉没成本",沉没成本是路径依赖的主要原因,所以路径依赖的背后存在对利益和付出的成本考虑。

要了解和防止路径依赖的负效应,不迷失、不沉湎,不走惯性的老路。要在最早开始的时候,找准一个正确的方向,每个人都有自己的基本思维模式,这种模式在很大程度上会决定你今后的人生道路。不要企求太过于舒适的日子、平稳的事业;走老路的顺风顺水、省心省力远不如迎接挑战,去闯荡、去创业来得激动人心,有一个别致的人生! 所以找准起点,打下基础,这件事很重要。

微习惯

　　每天只做一点点,把目标缩小到不可能失败的地步,采用非常之微小的积极思维及其行为,没有负担、没有压力,真正去做乃至做成聚沙成塔、集腋成裘之类的目标。有了这样的理念和执行力,一方面会养成良好的习惯优势,另一方面会确保你获得一个大的成功。这就是微习惯策略,它的科学原理表明了人们无法长期坚持、仿效大多数主流人物成长、发达的策略和做法的原因,揭示了人们长期坚持微习惯策略的可能性。

　　美国的斯蒂芬·盖斯是个普通人,"宅男"性格,生活现状一般,逃避改变,喜欢享乐。他在《微习惯:简单到不可能失败的自我管理原则》一书中,对微习惯的作用、培养及实践作了大量的研究和阐述。该书探讨了习惯的建立过程,大脑、意志力、动力以及这些因素之间如何相互关联,如何利用这些知识达到最佳效果,并提供合理的路径、运用策略等。他认为习惯是人们刻意或沉思后作出的选择,即使过了一段时间不再考虑也仍然经常甚至每天都在做的行为。习惯形成后,大脑进入省力模式,自然而然启动该行为模式。为了改变自己,他希望有新的开头,于是在2013年1月1日那天,他趴在地上做了一个俯卧撑,做了一个俯卧撑后想想既然摆好了姿势,索性多做上几个。于是整个2013年,他坚持每天完成了一个俯卧撑后,又延续多做几个。这种举动变成了惯性,定期锻炼变得益发简单,并且在生理和心理上影响了整个人,感受、感觉完全不一样了,他又把这个做法引入生活的其他领域,比如阅读和写作,而且效率、能耐也获得大的提高。

　　把一个习惯的养成分解成一个小小的步骤,每天只做一点点,持之以恒,会有大的改观,想不到的成功。这就是微习惯的奥秘。人的自控力是不好说的一个复杂的东西。许多时候一个大目标坚持一段时间就放弃了,没有行动的决心会有损自信,毫不作为的处世方法不会改变现状,每天完成一件小事,没有压力、只有进步,长此以往自然形成一个好的固定习惯,成为自己的优势。

斯蒂芬·盖斯从生物学、心理学的角度出发,详细剖析了微习惯的本质和特点,列出了八个具体的执行步骤。

(1)选择适合你的微习惯和计划,列出习惯清单,根据自身情况制定缩小版微习惯和计划,使之成为小得不可思议的一小步,每天进行。

(2)挖掘每个微习惯的内在价值,源于你的生活观念。

(3)明确习惯依据,纳入日程,落实时间和行为方式,一天一次随时可做。

(4)创建回报机制,奖励自己并提升成就感。

(5)记录和追踪完成情况,记录打钩,养成睡前检查完成任务的习惯。

(6)从微量开始,力争超额完成。

(7)服从计划安排,摆脱高期待值,不改变每天的目标。策略的全部益处,力量和优势都取决于你写在纸面上的、心里始终将目标保持在微小状态的能力,坚持目标,让行动转变为习惯,使非习惯变习惯。

(8)留意习惯养成的标志,不急于求成,要确保让一个行为真正成为习惯。

模仿欲望

当代法国著名哲学家、人类学家勒内·吉拉尔在20世纪60年代提出了"模仿欲望",在他看来,"欲望"的本质是"模仿",人们只能去欲求被他人所欲求的对象;孩子欲求别的孩子所拥有的玩具,成人在时尚中,通过广告或是在交易场所里,同样服从于对诸种欲望的模仿。"模仿欲望"的理论,如此这般的说法似乎矛盾,显得既原创新颖,又司空见惯;它对个体和社会的诸多行为进行着一种全面而逻辑严密的描述。

人的欲望是通过模仿他人的欲望而来,"我欲他人之所欲"。在这其中,除了欲望主体、欲望客体外,还须有一个欲望介体,只有介体起到暗示影响作用,才会使主体产生欲望;介体是主体欲望的真正来源。这改变了以往传统流行的关于欲望主体、客体的顺序。这是一个理论性很强的话题,有着宽泛的领域,要弄清楚的话需要花点力气。简言之,模仿有两种意义:一是对现实世界的模仿;二是在对现实进行模仿的基础上再表现的过程;而模仿的意义就在于它是一种对现实世界再认识的过程,一种表现现实的活动。

东西总是别人的好。在一个选择中,无论糖果、书籍、服饰、玩具或岗位、薪酬……率先选中的东西往往是大家心目中想要的,他人之所欲乃自己之所欲。体育明星、娱乐明星的一举一动、一招一式,也会成为人们模仿的目的,甚至包括衣饰、头式、动作、语言语调,在这个意义上来说,粉丝、拥趸都可以列入模仿欲望的范畴或主体。据英国"梦想生活方式展"的一项调查显示:在2 000名被调查对象中,每6人中就有1人在社会媒体上晒过别人家的豪宅的照片,让人以为自己住豪宅。超过四分之一的被调查者承认,看到朋友晒的豪宅照片会嫉妒,内心受煎熬;有人甚至承认买来家具或装饰品摆在家中拍照后就退货,折射出强烈的攀比心理,这是说明模仿欲望的极好例子。在这类的或群体性的模仿中,会产生嫉妒。嫉妒心理及行为其实也是欲望的表现之一,因为欲望可以使嫉妒变得无所不在,或表现极为全面、极其复杂，所以从两者的联系中便可以解释人类的许多行为。

　　正面的积极的模仿是可取的，尤其在品格、精神、学风等方面，而盲目的消极的模仿有百害而无一利，只会让人陷入无穷的烦恼、冲突甚至对抗。面对纷繁复杂的社会万象，应该自警自惕自律。

管理科学(一)

　　管理科学是研究管理理论、方法和管理实践活动的一般规律的学问。分为广义、狭义两种，广义的是指对生产(经济)管理、社会政治管理、社会精神生活及其成员的社会行为管理等活动的一般规律的概括和总结。狭义的则指谓这门学问。

　　在管理科学的发展中，弗雷德里克·温斯洛·泰罗(又称泰勒，1856—1915年，美国著名管理学家、经济学家)被誉为"科学管理之父"，他是一位重要的具有奠基意义的伟大人物，我们现在所说的管理科学也就是于20世纪50年代，在泰罗的科学管理的学说基础上发展起来的。泰罗认为：管理要科学化，标准化，这是实现最高工作效益的必要条件，也是体现劳资双方的一致利益。他说："诸种要素——不是个别要素的结合，构成了科学管理，它可以概括如下：科学，不是单凭经验的方法；协调，不是不和别人合作，不是个人主义。最高的产量，取代有限的产量；发挥每个人最高的效益，实现最大的富裕。"为此他以他的专业、技能和第一线工作的经历(他曾做过技工、工长、总技师、总工程师)以及厚实的理论功底，制定和明确了如：确定操作规程和工作规范，确定劳动时间定额，按照操作方法，提高工效；对工人进行选择、培训，使用标准的操作规定使之成长；制定科学的工艺流程，使机器、设备、工艺、工具材料、工作环境等标准化；实现计件工资，超额劳动、超额报酬；管理和劳动分离。百多年来，泰罗的理论得到广泛的应用，并且在实践中得到补充和发展。

　　也是重量级人物，法国管理学家亨利·法约尔(1841—1925年)于1916年发表了他的著作《工业管理和一般管理》，法约尔根据自己长期实践、运用各种试验、协调方法以及思考的方方面面(他在法国矿业公司工作了一辈子，没有换过工作)，把企业的一切活动归之六类：技术活动；商业活动；财务活动；安全活动；会计活动；管理活动。管理活动包括五种职能，即管理人员必须履行的"计划、组织、指挥、协调、控制"五种职能；其中计划包括预测和决策，制定计划；组织包括对完成计划所需要的人、机器、材料等进行调配、安排;指挥包括对下级人员进行指导和检查;协调包括结合、统一以及调和所有企业活动和个人努力,以实现一项共同的目标;控制包括强化上述四项管理职能的各种活动。此五项职能形成了一个完整的管理过程,因此法约尔也被视作管理过程学派的创始人。其本人则认为他的管理理论是一般管理理论,不仅适用于企业,而且适用于军队、政府和其他事业。他还提出了著名的管理原则 14 条,分别是(1)分工;(2)权力和责任;(3)纪律;(4)统一指挥;(5)统一指导;(6)个人利益服从集体利益;(7)人员报酬;(8)集权;(9)等级原则;(10)秩序;(11)公平;(12)保持人员稳定;(13)创造性;(14)集体精神。法约尔的理论及其观点对泰罗的科学管理学说进行了有力的补充;他的六大类、五职能和 14 条原则自提出后,被后来的管理学者广泛应用,并成为企业管理发展史上的重要管理原则。

1937 年美国管理学家 L.古利克系统提出了管理职能"POSDCRB"说(共七条,取这些职能的英文词首字母组成)。这七种职能如下。(1)计划:预测,设定目标,组织政策以及如何做的方法。(2)组织:根据要完成的特定工作和要求达到的目的,建立机构和组织体系,规定各级的职责范围和协作关系。(3)用人:包括职工的选择、训练、培训、培养和适当安排工作。(4)指导:对下级的领导、监督和激励。(5)协调:减少相互间的不和谐,建立纵向、横向的良好关系,协调彼此的步调,共同实现企业目标。(6)报告:包括下级对上级的报告和上级对下级的考察、调查和审核。(7)预算:计划中有关经费或其他资源的特定分配,包括财务、计划、会计和控制等。

此外,厄尔维克(美国管理学家)也提出了管理方面的 10 原则。(1)目标原则:每个组织及其每一部分必须实现有关任务的目标,组织起来的目的就是为了工作。(2)专业化原则:组织成员的任务应尽可能单一。(3)协调原则:组织本身的目标是便于协调,共同努力。(4)权力原则:组织中从最高领导到每一个人,应形成明确的权力系统。(5)责任原则:上级领导应对其下级人员的行动绝对负责。(6)职责划分原则:用明确的文字说明每项职务的内容、任务、权力和责任,以及同其他职务的关系。(7)一致原则:每项职务的责任和权力应当一致。(8)控制幅度:控制幅度与管理层次有关,幅度小、层次多,信息交流迟缓;合理的幅度为每个人的监督范围不超过五个有关的直接下属人员。(9)平衡原则:一个组织的各单位之间应保持平衡。(10)连续原则:重新调整是一个连续性的过程,在每项任务中都应为此作出具体明确的规定。

管理科学(二)

管理科学大致经历了四个发展阶段:

(1)"早期的管理"理论,产生于 18 世纪下半期,代表人物为 A.斯密,代表作为《国富论》。

(2)"科学管理"理论,产生于 19 世纪末 20 世纪初,代表人物为 F.W.泰罗(泰勒),代表作为《科学管理理论》。

(3)"现代管理"理论,产生于 20 世纪 40 至 60 年代,以决策化、运筹学等应用数学为基础并应用电子计算机等手段进行管理。

(4)"最新管理"理论,产生于 20 世纪 70 年代,主要以系统工程理论和行为科学为基础并以最新的科学技术作为管理手段。

从其发展的阶段、脉络看,"科学管理"以及随后的一些重要观点的提出、完善是不可或缺的,除上篇提及的人物外,罗梯、伦西斯·利克特、赫茨伯特、斯达西·亚当斯、西蒙等不可不提,当然还有其他一些大人物,他们以自己的学识、学说、修养、作为,在当时、在以后发挥了重大的影响,为管理科学完善和发展作出了重大的贡献。

美国管理学家,1934 年任美国管理协会主席的罗梯曾提出十条原则,亦被称为优良组织十戒。具体为:(1)给每个负责人规定明确的职责;(2)使责任伴有相应的权力;(3)在所有有关人员确切了解情况之前,不应改变一个职位的范围和责任;(4)组织中的任何人只应接受一个来源的指令;(5)绝不越级下令指令;(6)对下属人员的批评应私下进行;(7)慎重裁决负责人之间或雇员之间的权力、责任方面的纠纷或分歧;(8)晋升调薪以及纪律措施应由直接负责人的上一级领导批准;(9)一个人的助手不应同时是他的批评者;(10)若需要定期检查某人的工作,在可能的情况下,应帮助他对自己工作的质量进行独立检查。罗梯的这个 10 条原则被称为"罗梯原则",该原则自问世后,被有关人士或企业所广泛运用。

斯达西·亚当斯(美国心理学家)于 1956 年提出了一种在社会比较中探讨个人所作贡献与其所得奖酬之间如何平衡的理论,叫公平理论,亦称社会比较理论。它着重于研究工资报酬分配的合理性、公平性对职工的影响。其主要内容:当一个人察觉到他投入于工作的努力对由此工作所得到的报酬之比,与其他人的投入对结果的比相等时,就公平;否则就不公平。若公平就能够激励人,不公平就不能激励人;人们能否得到激励,不仅会由他们得到的报酬决定,更重要的是他们看到别人或以为别人所得到的报酬与自己的所得报酬是否公平而定。激发动机的过程,也是人与人进行比较的过程。缩小或消除不公平的办法有两种:(1)如不公平是由当事人的结果与投入的比率大于参照人时,这个人将受到激励,通过减少结果或增加投入,以消除不公平。(2)如果不公平是由当事人的结果与投入比率较低引起的,可增加结果或减少投入,以消除不公平。

公平理论在管理上的应用:(1)要强调对职工给予公平的报酬,因为如果人们认为他们没有得到公平的报酬,就会影响某种士气和劳动生产率的提高;(2)判断公平与不公平应进行社会比较,应与组织内外其他职工进行比较;(3)个人对不公平的反应可以采取许多不同的形式。

美国经济学家赫茨伯特的《工作的激励》(1959 年出版)提出了根据人们存在的两种不同需要相适应的两种不同因素——保健因素与激励因素,采取措施提高职工工作热情的一种理论:双因素理论。该理论说的是:人有两种不同的需要,即避免不愉快或不满意的需要和要求个人发展或自我实现的需要;与它们相适应的有两类不同的因素起着不同的作用。其一,保健因素或维持因素,是维持职工获得合理的满意所需要的,没有它们,职工就不会满意,但它们并不对职工起强烈的刺激作用;这种因素共有十个:公司的政策管理;技术监督;与监督者的关系;与同级的关系;与下级的关系;工资;工作安全;个人生活;工作条件;地位。其二,激励因素,共有六个:成就;重视;提升;工作本身;个人发展的可能性;责任。这些因素构成对职工的强烈刺激,使职工高度满意于工作,是满足个人发展或自我实现需要的因素。激励因素直接关系到工作本身,保健因素则更多地涉及工作的外部环境。当职工满足于工作本身,受到高度刺激时,对外部环境引起的不满意就有高度的忍耐力;反之,则不然。赫茨伯特在这里关注到了企业中或管理中最基础、最关键的因素——人,积极性的调动永远是个至关重要的大问题。接在下面的也是讲的对人的关注，即以职工为中心的管理。

美国心理学家、行为科学家伦西斯·利克特有一个"支持关系理论"。他认为：在所有的管理工作中，对人的领导是最重要的工作，可以说其他工作都取决于它。如何使每个人建立和维持对自己个人价值和重要性的感觉，并把自己的知识和经验看作对自己个人价值和重要性的一种支持，这种关系就叫作支持关系。以职工为中心的领导方式，强调工作中的人际关系，往往生产效率较高；以生产为中心的领导方式，强调工作中的技术方面，往往生产效率较低。这两种领导方式与独裁、民主的领导方式呈并（平）行状，管理领导方式有四种基本类型：(1)专权的命令式；(2)温和的命令式；(3)协调式；(4)参与式。其中参与的领导方式是效率高的管理模式，采取这种参与式的管理方式，必须应用支持关系原则，实行集体决策和集体监督，并树立高标准目标，通过实现这些目标，既达到组织的目的，又满足组织成员的个人需求。

其实说到管理，赫伯特·西蒙（美国著名管理学家，诺贝尔经济奖获得者）的均衡理论说清了几个层面、几种关系的处理，很清晰也很到位。西蒙认为企业中的每一个成员都有作出"贡献"的诱因，也都有自己的"满足"。企业经理的贡献是生产成本，而其诱因是销售收入。职工的贡献是劳动，其诱因是工资。"满足"等于"诱因"减"贡献"，但其差必须是正值（至少为零）。"贡献"和"满足"必须在管理中保持"均衡"，只有当每个成员得到"满足"时，才有内驱力去作出自己的贡献，否则他们就不愿作出贡献。

管理就是决策

赫伯特·西蒙(1916—2001 年),美国极其著名的管理学家和社会、经济组织决策管理大师,第 10 届(1978 年)诺贝尔经济学奖获得者。他毕业于芝加哥大学,先后执教多所著名大学,也活跃于企业界、行政机构及多家顾问公司,获得过九个博士头衔,涉及政治学、法学、科学、哲学、经济学。西蒙还是国际象棋高手、业余钢琴师、出色的绘画爱好者、民间外交家、杰出的语言学者、经验丰富的驴友,他曾经这样表示:我可以翻阅 20 种语言的文献和专业书籍,能阅读其中 12 种语言的文学作品。西蒙思想深邃,知识渊博,尤其对管理学及组织理论贡献巨大,是行为科学的代表性学者,又因计算机领域的成就被视为人工智能奠基人——"人工智能之父"。

只要看看诺贝尔奖的颁奖词,就知道他的分量和伟大了:"西蒙的科学成就远超过他所教的任何一门学科——政治学、管理学、心理学和信息科学。他的研究成果涉及科学理论、应用数学、统计学、运筹学、经济学和企业管理等方面,在所有的这些领域中他都发挥了重要的作用,人们完全可以以他的思想为框架来对该领域的问题进行实证研究。但西蒙首先是一位经济学家,因终身从事经济组织的管理行为和决策的研究而获得诺贝尔经济学奖。"

他创造性地提出了"管理就是决策"的经典命题,为分析复杂组织的管理行为提供了一套系统的科学工具,确立了如何从各种可能抉择方案中选择一种"令人满意"的行动方案的决策理论学派。西蒙将"有限理性"作为管理决策理论的核心概念和根本前提。对于"有限理性",他指出:由于思维过程表现为一种串行处理或搜索状态,同一时间内考虑的问题是有限的,从而也限制了人们的注意广度以及知识和信息获得的速度和存量。在实际决策中,决策者的"有限理性"表现为其知识、信息、经验和能力都是有限的,既无法寻找到全部备选方案,也无法完全预测全部备选方案的后果,因此无法在多种多样的决策环境中选择最优的决策方案,而只能以找到"满意解"为目标,因为他根本没有选择的余地。

对传统组织理论及原则,西蒙作出了批评。他认为组织是一个决策系统,有效的组织应以正确的决策为基础,以决策为核心。所有的组织成员都是为实现一定目的而合理地选择手段的决策人。西蒙指出,决策者作出决策一般需要经历四个主要阶段:首先是收集情报,其目的在于找出制定决策的根据;其次是根据获得信息找出可能的诸种行动方案;再次是在诸种行动方案中进行抉择,即根据当时情况和对未来发展的预测,从各个备选方案中选定一个相对"满意的"方案;最后是对已选择的方案及其实施进行评价。西蒙吸收并运用系统理论、行为科学、运筹学和计算机科学(现代信息决策技术)等学科研究成果,在此基础上提出的管理决策理论令人耳目一新,从而亦奠定了他作为创始人的地位。

西蒙的处世方略是:我无法完整认识这个世界;我依然想认识这个世界("我必须尽我所能,通过我的科学和哲学伙伴的帮助去理解它,协调个人与世界的关系")。他秉持的方法论是:理性有限,与其追求完美,不如追求满意;用科学发现世界隐藏之美("我必须避免尽善尽美的目标,我的生存和成功都取决于对我周围的人和事的环境合理地保持真实的图像。因此任何事我都不追求尽善尽美,至多追求做得满意")。

他一生最爱两个隐喻:迷宫和花园。迷宫隐喻描述科学探索,花园隐喻描述生活经历,可以说它们都没有目标。迷宫的魅力在于探索,花园的乐趣在于游览。

他的至诚忠告:"我劝我的研究生选择重要议题时,最好得备有一件秘密武器。为什么呢? 因为如果这个议题真的十分重要的话,其他人也会选择,那你就得掌握一些其他人所没有的知识或研究方法才能拿到第一。"

他的至理名言:"追求最好只会浪费可贵的认知资源,'最好'是'好'的敌人。"

自1972年西蒙以美国计算机科学家代表团成员第一次访问中国后,9次来华参观访问,与中国多所大学和科研机构有多方面的学术合作;担任过中美学术交流学会主席,中国科学院外籍院士,北京大学、天津大学名誉教授。他是一位奇特的通才型的杰出人物!

摩尔定律

1965 年，英特尔创始人、名誉董事长、当时还是美国著名半导体厂商仙童公司研究开发室主任的戈登·摩尔博士发现并提出了摩尔定律。他在整理实验数据时惊奇地发现：每个新芯片大体上包容其前任 2 倍的容量；每个芯片的产生都是在前一芯片产生后的 18—24 个月内。于是一个著名的定律产生了：当价格不变时，集成电路上可容纳的元器件的数目约每隔 18—24 个月便会增加 1 倍，性能也将提升 1 倍；换言之，每 1 美元所能买到的电脑性能每隔 18—24 个月翻 1 倍以上。这一定律（也叫法则）揭示了信息技术的进步。由于高纯硅的独特性，集成度越高，晶体管价格越便宜。摩尔定律同时带来极大的经济效益。

摩尔定律是简单评估半导体技术进展的经验法则，其重要意义在于就长期而言：IC 制程技术是以一直线的方式向前推展，使得 IC 产品能持续降低成本，提升性能，增加功能。它体现出不同寻常的正确，26 年中，芯片上的晶体管数量增加了 3 200 倍，从 1971 年推出的第 1 款 4004 处理器的 2 300 个增加到奔腾 11 处理器的 750 万个。

摩尔定律提出至今，已持续超过了半个世纪；它说明或证明的是我们正生活在一个不断加速的世界之中，更快的电脑、市场、潮流、产品周期，甚至连我们的思维、动作也在加速！然而它仍多被视为一种观测或推则，而不是一种物理的或自然的法则。

考虑到时至 2010 年已推出含有 10 亿个晶体管、每秒可执行 1 千亿各种指令的芯片，这种发展速度是否会无止境地持续下去？投入是巨额的，成本之高几乎难以想象和承受。如花上 20 亿—30 亿美元建一座芯片厂，若线条尺寸缩小到 0.1 微米时，投入将会猛增至 100 亿美元。因为承担不起如此浩大的投入，越来越多的公司退出了芯片行业。摩尔定律意义深远，作用巨大，成果辉煌，但随着晶体管电路逐渐接近性能极限，法则也会走向尽头。又因为纳米技术等等的发展，便有人推测：10 年或二三十年后，定律会失效；也有人认为定律早已失效了，只是消费者没有意识到而已；还有人认为在定律终结的同时，传统的计算硬件还在发展，只是速率慢了。

随着大数据、云计算、人工智能的崛起和迅猛发展，需要 AI 运算处理的数据，差不多每 24 个月就至少要增长 1 倍，建构模型的复杂程度是原来的 5 倍，与此相关就需要计算能力强大 10 倍的芯片方能及时跟上；这一计算能力的提升需要算法、软件和硬件工艺相互配合共同来完成。这两年超过两倍的数据增长，意味着超过 5 倍的模型建构、需要超过 10 倍的计算能力提升，这亦被视为 AI 时代的新摩尔定律！

横山法则

"最有效并持续不断的控制不是强制,而是触发个人内在的自发控制。"这就是由日本著名社会学家横山宁夫提出,并被社会、学界、大众认可的"横山法则"。

自发的才是最有效的,激励、弘扬、表彰都是外在的,固然有效,但还是要通过人的内在去发挥作用,发挥自觉性、自发性,从心底里释放出驱动力,有责任心、有担当,把企业、组织当作自己的家,关心、参与、投入。企业善待员工,员工关心企业,良性互动,和谐共生,抱着风雨同舟的初心,何愁企业之不兴旺、不发达?!

企业的管理有千条万条、有各种模式;管理大师及其学说也层出不穷,但都离不开当事人的积极性、主动性。可以有约束、压制;也可以有尊重、激励;可以以机器流水线管住人;也可以在工作中给员工一定的空间;可以斤斤计较苛刻员工,也可以满足员工的需求、解决他们的问题……要知道高效的管理是触发被管理者的自我管理。"国士遇之,国士报之",人心换人心,在宽松、和谐的企业氛围中,员工们心态放松,心情愉悦,劲头高涨,认同自己的工作、企业的文化,效率提高、创意迸发,聪明才智得到充分的发挥。

在一些优秀的企业中,员工们当家作主,把企业视为自己的一切,以企业为荣,以自己的努力及成效与企业共同成长。他们可以自发地集体地持久地开展学习、追求知识,投身于企业的价值创造之中。"尤其在因为知识减少了原材料、劳动、时间、空间、资本和其他投入的需要,它已经成为最终的替代——即先进经济的主要资源"(阿尔温·托夫勒)的今天。

其实,横山法则不仅仅适用于企业,凡是存在着人、事、物的关系的任何组织、团体、系统以及社会都可效仿、施行。三十多年前,知晓欧美一些国家的有识之士推广志愿者活动(也有称义工的),就觉得这是一个方向,是社会改进的一个良方;虽然当时便有以记载志愿者参与相关服务的时间记录、以供其本人老年后偿付、享用的说法、做法,但那毕竟是以后的事情,当时人当时事当时景,并不是冲着这个来的,恐怕还是个人的积极性、自发性,包括公益心在发挥作用。

这样的事例可以举出很多很多,也不同程度地体现了横山法则的效果,所以可以这样说:横山法则的精髓就在于"个人内在的自发"!

增减效应

增减效应又称为阿伦森效应，指的是在人际交往中，任何人都希望对方对自己的喜欢能不断增加，而不是不断减少。其因美国心理学家阿伦森·兰迪的实验而得名。

阿伦森在实验中，将参加实验的人分成四组。对第一组的被试者始终予以否定，被试者不满意；对第二组被试者始终肯定，被试者表示满意；对第三组被试者先否定后肯定，被试者最满意；对第四组被试者先肯定后否定，被试者表现为最不满意。实验反映了个体对外加的奖惩增减顺序的心理落痕。它告诉我们不要随机、随意地对人先肯定、表彰、奖励，反过来又否定先前的决定、做法，给出去的东西又索要回来，出尔反尔。在人际交往中宁可先严后宽，先威后柔，不按标准不明的奖在先罚在后，强烈的反差容易得罪人，树立对立面，于己于人添堵。

人们很自然地喜欢不断向自己示好、释放善意的人，而不喜欢甚至防范那些对自己逐渐冷淡乃至嫌弃的人。先贬后褒显得客观、有诚意，能接受；先褒后贬显得虚伪，尽管有褒在先但重点却是在贬，令人不快。当然凡事要从实际出发，对人对事，不能机械照搬，以免弄巧成拙。

说到人的喜欢与否，可以了解一下同体效应，又称为自己人效应。它是指学生把老师归于同一类型的人，是知心朋友，学生对自己人的话更信赖，更易于接受。如果你想要人们相信你是对的，并按照你的意见行事，那就首先需要人们喜欢你，认你为自己人；否则，你的尝试就会失败。所以从这一角度出发，同体效应亦是很重要的。

充分理解，设身处地，虚心诚意地建立良好关系，慢慢地积累感情，相交相知，亦是一种"人设"。有共同之处的人，包括血缘、地域、志向、目标、经历、利益、兴趣、爱好等，比较容易走近、交好。据社会心理学家纽卡姆做的一个实验证明，彼此态度和价值观越是相似的人，相互之间的吸引力就越大。双方关系良好，一方就更容易接受另一方的某些观点、立场,同样一个观点如果是出自自己喜欢的人之口,接受起来自然容易;如果是自己讨厌的人说的,就有可能出自本能地予以抵制。

　　人的内在品质是产生持久吸引力的关键,热情、真诚、友好、大度、坦率、开朗,受人欢迎,受人尊重。自私、傲慢、奸诈、冷酷尤其是虚伪则让人受不了,因为害怕而趋避远离。

　　自己人什么都好说,不是自己人一切照规矩来,这已是一种客观实际;让我们用好增减效应及同体效应,找到我们喜欢的人、喜欢我们的人,与"自己人"同事!

聪明≠爱算计

美国心理学家威廉年轻时候,大概与他从事的工作或自身的智商有关,勤于算计,工于算计,极会算计。反映在生活琐事方面亦如此这般,他可以知道哪家店的袜子最便宜,哪个快餐店可以多给顾客 1 张餐巾纸;电影票什么时候折扣最低等等。天天如此,长年这样,不免人累、心累,样样不缺的日子就是缺少快乐。30 多岁那时他生了一场大病,医院就成了他长期光顾的场所。

在病痛中,他感悟反思,回顾自己过往的一些行事、做法,他开始了对"算计"现象的研究。经过多年的研究和对大量事实、例子的分析,他发现并得出结论:凡是太聪明、太能算计的人,实际上都是很不幸的人,他们中 90% 以上患有心理疾病,甚至是多病和短命的。

过来之人,痛定思痛;言之凿凿,振聋发聩。威廉认为原因很明显:太会算计者往往事事计较,常常处在焦虑状态;太会算计者容易对人产生不满和愤慨,人际关系不佳;太爱算计者常会注重阴暗面,他总是在发现问题、发现错误,处处设防,内心是灰色的;太爱算计者往往想得太多,难以轻松地生活。

到底是心理学教授,有经历、有水平,有案例、有研究,于是信者服者甚众,赞同拥戴之势铺天盖地。现实生活,社会实际告诉我们,教会我们这样的事、这样的人,这样的情形周遭遍是。教授的话成为热词,每每被引用、被演绎、被诠释,成为人生这本教科书的一个篇章。

太能算计、太会算计、太爱算计,也就是太想得到,骨子里透着贪婪。在他们身上不存在得之我幸,失之我命的豁达,锱铢必较,反复盘算是他们的心态;唯恐被人得了好处、占了便宜,对个人、对同事、对上司、对组织、对部下、对家人,概莫能外。算计也好、时运也好,总有不能如愿以偿的时候,所以心累、身疲、多病。

美国、英国有着太多的威廉,作为心理学家的威廉也有多位。此文所涉威廉具体情况不详。找到另一位也是美国的心理学家威廉·修茨,他有过:"聪明≠爱算计、让自己痛苦＝愚蠢、愚蠢不代表不聪明、聪明的人虽然可以装糊涂,但无法变傻"的表述;不知此威廉、那威廉是同一威廉否?! 不过以其所概括的哲理与前威廉之说颇为合拍、合辙,故可与前一个威廉的研究成果对照来读,值得玩味。

撒玛利亚人条款

"有一个人从耶路撒冷下耶利哥去,落在强盗手中,他们剥去他的衣裳,把他打个半死,就丢下他走了。有一个祭司从这条路下来,看见他,就从那边过去了。又有一个利未人来到这地方,看见他,也照样从那边过去了。唯有一个撒玛利亚人行路来到那里,看见他就动了慈心,上前用油和酒倒在他的伤处,包裹好了,扶他骑上自己的牲口,带到店里去照应他。第二天,他拿出工钱银子交给店主说:你且照应他,此外所费用的,我回来必还你。"这是《新约圣经》中的一个寓言故事。其中受伤的人是犹太人,施救的人是撒玛利亚人;犹太人认为撒玛利亚人是混血的异族人,之间有隔阂并对其鄙视、不相往来。寓言讲述了撒玛利亚人的爱心善举,肯定了这种摒弃成见隔阂的精神。寓言中的这位"善良的撒玛利亚人"的故事便成为基督教文化中的一个著名成语,意为好心人,见义勇为者。

这个寓言的意义深刻,适用宽泛,针对性强,在实际生活和法律中得到引申、充实和完善。在美国、加拿大、意大利、法国、西班牙等国的立法中,都有着"撒玛利亚人条款"。该法律条文的主旨是在紧急状态下,施救者因其无偿的救助行为,给被救助者造成某种损害时免除责任。如在急救生命时,对陌生的受伤者进行紧急医疗抢救中出现的失误,一般给予责任上的赦免,对于造成的伤害不需要负法律责任。这种情形必须是在紧急事件发生现场,而且这种救助是无偿的。

2011年10月13日,广东佛山2岁女孩小悦悦先后被两辆车碾轧,18个路人先后经过未出手救援;2017年4月21日,河南驻马店市发生1起交通肇事逃逸事故,致1人死亡,在被撞倒到两次碾轧的数分钟内,有十余辆车途经、约20个人路过,没人上前施救。这种现象时有发生,不敢救、不愿救、救不了,还是别的什么?传统意义上的急公好义,"救人一命胜造七级浮屠",守望相助,助人为乐,利他利人等等难道在这里在这时都不管用了?!

2013年,深圳市颁布了我国首部地方性的对救助人权益进行保护的专门法规,从"无过错推定,举证责任,惩戒措施"等方面对救助人的善行进行保护。时至2017年,《中华人民共和国民法总则》于当年10月1日正式实施,令人关注的乃是该法的第184条:"因自愿实施紧急救助行为造成受助人损害的,救助人不承担民事责任"的规定。这个规定对于弘扬社会正气,维护道德底线,建设和谐家园有着极其重大的意义和作用!

墨菲定律

空军上尉爱德华·墨菲或许是开玩笑或许是心存芥蒂,一次对他的一位运气不太好的同事开玩笑地说:如果一件事有可能被做坏,让他去做就一定会更坏。事情发生在 1949 年,这句不太友好的或纯粹是图口舌之快的话不料被迅速流传开去;而且在传布中亦有演绎,最后成为这么一段话:如果坏事情有可能发生,不管这种可能性有多少,它总会发生,并引起最大可能的损失。作为一个完整的规则、定理、定律,它的表述为:如果有两种或两种以上的方式去做某件事情,而其中一种选择方式将导致灾难,则必定有人会作出这种选择。又有如此表述的:如果事情有变坏的可能,不管这种可能性有多小,它总会发生。

墨菲定律包括四个维度:(1)任何事情都没有表现看起来那么简单;(2)所有的事都会比你预计的时间长;(3)会出错的事总会出错;(4)如果你担心某种情况发生,那么它就更可能发生。作为一个心理学方面的现象概括、效应,墨菲定律有着惊人的适用性,在政治、经济、经营、管理、工作、事业、人际以及社会生活等各个领域、层面都可以找到它的踪迹,但凡受到概率影响的所有事件,往往怕什么来什么,百试百灵,少有例外。

例子有很多,尤其在生活中:如平时勤勤恳恳、十分敬业的你,有时还加班加点,某天临时有事早走却碰上领导查岗。如某天你懒得打扮,穿着邋遢出了门,偏偏会碰见老熟人。又如排队时的另一排总是动得比较快,当你换到另一排时,却还是原来那一排更快。再如准时到的会议往往会因其他事而拖延,迟到的会议就会准时开。

明白了墨菲定律与我们的关系,就要用好这个定律,助力于我们的生活、工作。比如说要充分认识事物的变化和不确定性,对于可能发生的事、小概率的事都要了然于胸,切不可忽视小概率的危险事件。凡一件事做多或做长了,小概率的事件就会变成必然的事件,老话说的"上得山多终遇虎"就是。人人期待成功,但不可抱以应该不会出错、错不了、不可能、不会那么倒霉之类的心态，对不小心带来的厄运要有心理准备。所以在做任何事情之前都要做功课，做一些必要的准备，要有预案、应对策略；我们常常说作最大的努力，作最坏的打算，这个最坏的打算也是必要的准备。万无一失固然大好，但应对不测的预案却少不了。

小心、严谨、周到；防微杜渐、防患于未然；不要怕麻烦、嫌多事；不要心存侥幸、疏忽大意；不出错、少出错，小心驶得万年船！要记得这么一段话：人生最大的错误往往就是侥幸引诱我们犯下的，当我们犯下不可饶恕、无法宽释的错误后，侥幸隐匿得无影无踪，而我们下一个拿不定主意的时候，它又光临了。（狄得罗）

墨菲定律、帕金森定律、彼德原理被称为 20 世纪西方文化的三大发现！可见其重要意义、作用。

踢猫效应

"踢猫效应"是指对弱于自己或等级低于自己的对象发泄不满情绪而产生的连锁反应,它是一种典型的坏情绪的传染。

故事的版本有多种,但均有着明显的脉络和传递链条。某公司董事长为了整顿公司的事务,许诺自己将以身作则,早到晚回。但有一天他因看报入迷忘了时间,因为不想、不能迟到,他开车超速结果被警察开了罚单,然而还是误了时间。董事长恼火之余到公司后为了转移别人的注意,把办公室主任叫来训斥了一番;办公室主任挨训之后气急败坏地回到自己的办公室,将秘书叫来,并对他挑剔一番;秘书平白无故被挑剔,也是一肚子气便故意找接线员的茬;接线员无可奈何,下班气呼呼地回到家,把在沙发上跳来跳去的孩子臭骂了一顿;孩子心里窝火,狠狠去踹身边打滚的猫;猫逃到街上,正好一辆卡车开过来,司机赶紧避让,却把路边的一个孩子撞伤了。

人的不满情绪和糟糕心情一般会沿着等级和强弱组成的社会关系链条依次传递。由金字塔尖一直扩散到最底层,无处发泄的最弱小的那一个元素"点",则成为最终的受害者;这种潜意识驱使谋求发泄,转移愤怒、坏情绪,寻找出气筒,受气出气、被人踢又踢人的现象是一种心理疾病,于社会有大碍、大害。

那个踢猫的孩子在他那个年龄都已经懂得在面临不公或外来的愤怒、压力甚至受到训斥、虐待时,会自然而然地反击;然而这样的举止带来了对别人的更大的伤害。由这种遭遇而激发的戾气假如逐渐滋长或蔓延开来后,将会有什么样的结局和后果呢?! 长期遭受虐待而产生、而积累的压力、负面作用可能导致更为激烈的对社会的排斥和破坏;给孩子也会带来焦虑,容易受到诸如创伤后的应激障碍、行为障碍,学习、注意力和记忆困难等方面的影响。

工作、学习、事业、竞争,生活不易,压力存在于处处。因为过失,因为错误,因为各种原因(当然有的原因甚至无由来、没道理),我们每个人受到批评、指责、不公,然而应该采取的对应态度或方法是:冷静下来,调节情绪,接受批评,或换位思考,或择时寻机解释,说明情况或思过改进。千万要克服恼火、愤怒的情绪,防止产生发泄、报复的阴暗心理坏心思。积极的人生态度包括对待批评、指责的正确方法,不必用别人的错误来惩罚自己。

踢猫效应,与美国心理学家费斯汀格所总结提出的"费斯汀格法则"有相类似之处。

蝴蝶效应

　　小影响能导致大变化,这是最简洁的关于"蝴蝶效应"的说明。

　　1963 年,美国气象学家爱德华·洛伦茨在他的一篇论文中讲到:"一只南美洲亚马逊河流域热带雨林中的蝴蝶,偶尔扇动几下翅膀,可以在两周后引起美国得克萨斯州的一场龙卷风。"这是颇为多见的关于"蝴蝶效应"的阐述。洛伦茨认为:蝴蝶扇动翅膀的运动,导致其身边的空气系统发生变化,并产生微弱的气流,而微弱的气流的产生又会引起四周空气或其他系统产生相应的变化,由此引起一个连锁反应,最终导致其他系统的极大变化。他又把这些归纳为"混沌学"。而"蝴蝶效应"是服务其混沌学的一个比喻,说的就是一个不起眼的小动作却能引起一连串的巨大反应。

　　洛伦茨工作勤奋,认真仔细,有一次他在一台老旧的电脑上进行了两次看起来是一模一样的运算,结果却大相径庭。在查找原因时,他发现一个小数点稍微有些变化,相差不到 0.000 1,结果导致了巨大错误。通过实验,由此他认为在大气运动过程中,即使各种误差和不确定性很小,也可能在过程之中积累起来,经逐级扩大,形成强烈的大气活动;所以长期的准确预测天气是不可能的。他还发现:事物发展的结果,以最初始条件具有极为敏感的依赖性,并由此认定:"对初始值的极端不稳定性"即为"混沌";从中也可以证明"蝴蝶效应"。这是发生在 1972 年的事,是他的学说及研究的深化。洛伦茨于 1991 年获得京都奖中的基础科学奖,评委会说他在"确定性混沌"方面的发现导致了"自牛顿以来人类对自然看法的最大改变之一"。为此他被称为混沌理论之父。他亦获奖多多,但与诺贝尔奖无缘,因为诺贝尔奖不设气象奖!

　　今天的蝴蝶效应说法或广义的蝴蝶效应已不限于当初洛伦茨的天气方面,而成为一切复杂系统对初值极为敏感性的代名词或同义语;说明事物的发展可能因为初值稍有变动或偏差,导致未来前景的巨大差别。而这些既难以预测又带有相当的随机性,并具有复杂性。

因为如此,蝴蝶效应的使用也就宽泛,往往体现在社会、经济、心理等等领域,诸如一只疯牛引发全球影响的疯牛病;因丢失一枚钉子引起连锁反应,最终失去一个帝国的故事(西谚)。在平时,时不时可在人群中听到、谈到蝴蝶效应,当可知它的知名度。当初爱德华·洛伦茨在提出时,绝对没有想到此理论会大行其道。

德西效应

美国心理学家爱德华·德西在 1971 年做过一个实验,他找来一些学生,让他们参加解题。实验分三个阶段:第一阶段,全体被试者均无奖励。第二阶段,被试的人员分成两组,一组为实验组,但凡完成一个难题的解答可得 1 美元的报酬;另一组为控制组,被试者如同第一阶段无报酬。第三阶段为休息时间,被试者可以在原地自由活动,并把他们是否继续解题作为喜爱这项活动的程序指标。结果发现,虽然第二阶段的实验组的成员比较努力,但在第三阶段时继续去参加解题的人很少,表明兴趣与努力的程度在减弱;而控制组(无奖励)有较多的人在可以休息的时间里继续参加解题,表明兴趣和努力的程度在增强。

对于这种当外加的报酬和内感报酬兼得的时候,不但不会使工作的动机力量倍增、积极性更高,反而使其效果(率)降低,变成两者之差。外加报酬(主要是奖励)反而会抵消内感报酬的作用的现象,被称为"德西效应"。德西效应更为简明的表述为:适度的奖励有利于巩固个体的内在动机,但过多的奖励却有可能降低个体对事情本身的兴趣,降低其内在动机。

动机具有两重性。激发、导引、维持、调动人们从事某项活动的动机(积极性),既有外在动机,也有内在动机。外在动机一般指的是在来自外部的刺激作用下产生的,为了获得某种奖励而产生的动机。而内在的动机是由个体内部需要所引发的动机,如明确工作、学习的重要性、意义,主动积极地投入其中,这种动机就是个体内在的动机。两者可以转化,在实践中,要注意降低外加报酬对内感报酬的消极影响。

有的人注重的是内在的成功,而不是外在附加的奖励,当他们在从事有内在兴趣的工作而取得成绩时,会体验到由衷的满足感和成就感,所以关键要创造条件和机会以促进、提升、焕发内在动机,提高内在的驱动力为主;而外加报酬往往难以收到这样的效果。所以说进行一项愉快的活动(内感报酬),如果提供不恰当的外部的物质奖励(外加报酬),反而会减少这项活动对参与者的吸引力,呈现多此一举的反讽效果。

产生德西效应的原因可能有很多,但无外乎:原有的外加报酬距有关需要满足水平太远,一方对外加报酬的要求太强烈;或者直接奖励的原有强度不足;抑或价值观存在某种偏差,未能将需要层次结构调整到合乎工作要求。重赏之下,必有勇夫,但却不是万试万灵的,如同德西效应;外加报酬只有在不影响内感报酬的情况下才能更好地发挥作用。

激情犯罪

"激情犯罪"当然是舶来品,在西方犯罪学中被认为是一种"挫折攻击型"犯罪,指谓在剧烈的情绪状态下实施的爆发性、冲动性犯罪行为,包括杀人、伤害、毁物、纵火等。其属情感性犯罪,没有明显的犯罪预谋;犯罪人缺乏自制力,不能正确评价自己的行为意义及其法律结果,破坏性大、后果严重而又难以预防。

激情是一种爆发性、短暂的、比较猛烈的情绪状态。而激情犯罪主要是指在消极的激情(因为暴怒、仇恨或绝望等的)诱导下而实施的暴力性犯罪行为;它往往与虚荣心、好逞强、讲义气、遇事冲动等等有关。我国《刑法》对激情犯罪没有具体的规定,但在社会层面其概念一般更加宽泛,认为当事人在某种外界因素的刺激下因心理失衡、情绪失控而产生的犯罪行为,具有偶发性,被告人通常没有预谋,往往因一时冲动导致伤害的后果。

但凡这些容易诱发激情犯罪的当事人其生活经历和心理特征与平常人相比较,总会存在一些差异:或经历坎坷、或遭遇失败或落差悬殊,充满了压抑和愤恨;又缺少宣泄疏导的渠道和方法,又往往多见于社会底层、弱势群体常因一件小事或一言不合起冲突、遇刺激因冲动而不理智而肇事。

所以克制、调整、控制消极情绪十分重要。人生不如意之处、之事很多,不能一味埋怨叫屈,让怒火占上风;要改变动辄生气的性格脾气。有哲人说过:生气,是拿别人的错误惩罚自己。而因为生气,狂怒而违法犯罪。"愤怒使别人遭殃,但受害最大的却是自己"(托尔斯泰)。

所以不要因为自己、也不要因为他人而生气;更不能因为不着边际的事生气,无穷无尽的生气招致灾祸,包括激情犯罪。人不可能不生气、不发火,但凡事要有度,对人对己对事都须如此。无论心境、处遇如何,不管有理、无理,都必须拒绝消极情绪,保持健康心态,过好平常日子,远离激情犯罪。

霍桑效应

　　美国的西屋(威斯汀豪斯)电气公司的霍桑工厂位于芝加哥市郊外,是一家制造、生产电话交流机的工厂,具有较完善的娱乐设施、医疗制度和养老金制度等;但工人们情绪不平,生产情况也很不理想。为探明原因,1924 年 11 月,美国国家委员会组织了一批专家成立研究小组进入该厂,开展一系列的试验和研究,包括外部环境影响、条件(生产时的照明强度、温度)以及心理影响因素(休息间隔、团队压力、工作时间、管理者的领导力),而中心课题则是生产效率与工作物质条件之间的相互关系。研究进行了八年之久! 1927 年后研究工作由哈佛大学心理学家乔治·埃尔顿·梅奥教授(美国著名管理学家,人际关系学说的创始人)主持。

　　他们的一系列试验研究细致而扎实。专门抽出 6 名女工成为长期跟踪、了解的工作对象,从个体、小团体入手以了解工人大部、整体的情况;普遍开展"谈话试验",用两年多的时间,专家们找工人谈话 2 万多人次,在谈话中,规定要求耐心倾听工人对厂方的各种意见和不满,并作详细记录;对工人的不满意见不准反驳和训斥。这样一种耗时费力的谈话试验居然取得了意想不到的效果,霍桑工厂的产量大幅度提高。由于工人长期以来对工厂的各种管理制度和方法有诸多不满、无法发泄,谈话方式使他们能够发泄不满、表达意见,从而感到心情舒畅,干劲倍增。这种奇特的现象使专家们甚为满意。那个 6 人(女工)小组更是频频出彩,她们意识到自己是一个特殊群体、试验对象,是被专家们一直关注的人物,这种感受使得她们加倍努力工作,来证明自己是优秀的,是值得关注的。

　　以梅奥教授为首的研究团队就此提出了"霍桑效应"(又称霍索恩效应):就是当人们在意识到自己正在被关注或者观察的时候,会刻意去改变一些行为或者语言表达的效应。施行霍桑效应有个基本条件,就是重要的工作环境属性能够被大量捕获,没有暗藏的或隐晦的信息,开诚布公,明明白白交心,实实在在做事。

　　霍桑效应带给我们的启迪很多,至少要知道以下两点:第一,人在一生中会产生数不清的意愿和情绪,但最终能实现、能满足的却为数不多。对那些未能实现的意愿和未能满足的情绪,切莫压制下去,而要千方百计地让它宣泄出来,这对人的身心、工作是十分有利的。第二,要知道从旁人的角度,善意的谎言和夸奖真的可以造就一个人;从自我的角度,你认为自己是什么样的人,往往你就能成为什么样的人。因为人不仅仅受到外在因素的刺激,更有自身主观上的激励!

梅奥教授对霍桑试验中的谈话方式感受颇深,他指出:与工人谈话有助于他们消除不必要的心理负担和调整自己对于个人问题的态度和情绪,从而使他们清楚、明白地提出自己的问题;访谈有助于工人们与周围的人相处得更容易、更和谐;访谈提高工人与经理人员更好合作的愿望和能力,有助于形成工人对工作群体和对工厂的双重归属感;与工人交谈是培养训练管理人员的重要方法,管理者倾听别人意见比展露自己的知识要重要得多,这是成熟、判断力和智慧的标志;与工人交谈是获得信息的重要源泉,对于经理来说具有巨大的客观价值,领导能力在于提高工人的满意度。

霍桑试验、霍桑效应具有里程碑意义。它发现工人不只是"经济人",还是一个社会人,要调动他们的生产积极性还要从社会、心理学方面努力;工人的工作效率主要取决于他们的积极性,取决于家庭及社会生活和组织中的人与人之间的关系;工人中除了正式组织外,还存在着非正式团体,这无形的组织有它的特殊情感和倾向,可以左右成员行为,对生产效率的提高有举足轻重的作用;发现工人所要满足的需要中,金钱只是其中的一部分,大部分需要是感情上的慰藉、安全感、和谐和归属感,要充分重视人际关系,关心下属,积极交流,沟通感情等。可以说它颠覆了管理方面的许多概念和原则,创新并提升了管理的意义和作用。

霍布森选择

英国剑桥商人霍布森从事马匹生意,他做生意有一个套路:你买我的马、租我的马,随便挑,价格也便宜;他的马多,马圈也大,而马圈只有一个小门;附加的限制条件就是只能牵走那匹走出马圈小门的马!于是人们兴冲冲来,结果被相中的大马、好马、骏马根本出不了马圈,能带走的只是小马、瘦马、劣马。买马遇上这样的情况,实际上就是不让挑选,先前的所谓挑选、选择,其实就是小选择、假选择、形式上的选择。事情发生在 1631 年,影响却延伸至今。尤其在数百年后,美国著名的管理学家、经济学家,诺贝尔经济学奖获得者赫伯特·西蒙(1916—2001 年)把这种没有选择余地的所谓"选择"讥讽为"霍布森选择",于是名头更响了。

霍布森选择可以给各行各业带来启示。西蒙对决策者本身的品质和行为较为看重,而被他讥讽的霍布森总体上是一个无赖成分居多的商人,他可以名义上赋予当事人(买方或需求者)选择的权利,让他们只能在操控者(霍布森本人)限定的框架内进行选择。只不过不知道他的这种决策和行商方法会持续多久。

霍布森选择或效应在经营管理方面之所以不可取,是因为任何决策不能只有一条路;但凡只有一条路可走的话,要么走到歧路上或根本走不通。毫无疑问,只有一种备选方案就无所谓选择,没有选择就失去了决策的意义。这在选人用人、教育、社会管理等等方面概莫能外。

若管理者用这个貌似有多种选择而实质别无选择的标准、条件来约束和衡量别人,自然扼杀生机,排斥多样化、创造性,营造或把持这么一个小圈子、小天地,矮化、固化、老化是必然的。如个人处于这种环境或遭遇这样的限制,虽曰可有选择但却无法兑现,如买马不尽如人意那就可以不买,掉头走路。如身陷其境,无法施展身手,既然无法进行创造性的学习、工作又导致心情恶劣的,那还是选择离去,人挪而活,越快越好。至于在教育、教学方面,理应发挥学生的独立思考、思辨的能力,通过讨论、探索,多层面、多角度、全方位地观察和思考,而不是秉持一条线、一个思路的灌输,填鸭式而不是点拨式地急于让学生知道正确的结果,或时不时给以暗示。在社会管理方面,要知道和谐是多方面合力、努力营造的,绝不是单一、唯一的选择或途径所能达成的。

避风港原则

随着互联网技术的发展,大数据的运用越来越普遍,它在带来方便的同时,也出现了大数据杀熟的弊病。大数据杀熟是指经营者运用大数据收集消费者的信息,分析其消费偏好、消费习惯、收入水平等信息,或根据用户使用的设备不同、或根据用户消费时所处的场所不同、或根据用户消费频率的不同,而采取差别定价,将同一商品或服务以不同的价格卖给不同的消费者,从中获取更多利润的行为。在网络购物、交通出行、在线购票等多个领域的电商平台此种情况突出。经营并非根据商品本身的性质、功能,而是根据分析消费者的心理和行为的结果对商品定价,使处于相同交易条件下的消费者面对的价格不同,严重违反了消费者应该享有的知情权和公平交易权,是一种违法甚至犯罪的现象。

这种"只有技术"的算法导致的大数据杀熟从根本上违反互联网的相关管理规则。互联网领域有一个"避风港原则",其诞生于美国,具体指的是:网络服务商对网民上传至网络的信息没有事先审查的义务,原则上网站不为网民的版权侵权行为负责,但是版权人向服务商提示网络中存在版权侵权行为后,服务商应采取必要的措施保护权利人的合理权益。也就是说技术的开发者与提供者只要"不知道或者也没有合理的理由应当知道"技术被用于侵权和违法,就可以免于承担连带责任。这原本清清楚楚的界定责任、明确处置的方法却往往成为互联网平台在发生众多的乱象和争议事件时,拿来当成万能理由,把责任推得一干二净。

然而与"避风港原则"同时存在的还有一个"红旗原则":如果侵权和违法事实已处于"在高处飘扬的红旗一样显而易见"时,技术的开发者与提供者就不能视而不见,或以不知道侵权违法为由推脱责任,不采取相应的合理行动。如果在接到版权人提示后疏于采取必要措施,那么就要承担相应责任。这对于乱象丛生,低俗热播、推送,热衷并追求流量,大数据杀熟等的治理,是必需的。

爱因斯坦说过:科学是一种强有力的工具,怎么用它,究竟是给人带来幸福还是带来灾难,全取决于人自己,而不能取决于工具。互联网、人工智能、大数据、精炼算法体系等等这些工具、技术的使用、效能的发挥之关键还是在人,由人支配,技术也许可以有偏向,但不能成为逃避责任的借口,更不能成为为虎作伥的帮凶。

赞同定律

几年前看到一篇文章,有趣之中又有深意,也就没有淡忘过。故事(内容)是这样的:

某人奉公去英国办事,英国的同事杰克因临时有事没能到机场接人,无奈之余他就坐了出租车去驻地。司机50岁左右看起来挺和善,在路上司机开口了:下午好,今天不冷,不是吗? 某人看着车窗外冰天雪地、风声呼呼的情景,初来乍到,伦敦的冷可谓严寒刺骨。其便回答道:不,我感觉真的很冷。司机尴尬了,脸上没了笑容而且不再说话;一路无语到达目的地。第二天其与杰克便去处理公务,路遇一位老先生,老先生热情地打招呼:"早上好,天气简直糟透了,不是吗?"明明已经放晴,太阳暖洋洋的,"不,今天天气很好啊",某人不假思索,随口回复,老先生愣了,笑意僵在脸上。杰克拉了一下某人,笑道:是啊,我觉得今天天气的确很糟糕。那位老先生见杰克赞同他的话,便很高兴地聊起来。事后某人问杰克怎么回事? 杰克哈哈大笑:你第一次到英国,所以还不知见面谈天气情况时,你一定要说yes,这是我们英国人说话的习惯。杰克还解释道:谈天气只是一个引子、由头,如果你表示赞同,对方便会以为你和自己有共同点,谈话会融洽地进行下去;你要是表示否定,那么谈话就会僵持住。这种交流方式被称为"赞同效应"或"赞同定律"。联系昨天出租车司机的状况,某人方才恍然大悟。

想到国人也有见面招呼,无话可说或一时不见有共同感兴趣的话题,亦"今天天气,哈哈哈"之类的来一番;你若附和那便可以多聊几句,不然就此别过。其实英国人的这个习惯多的是人情味,初次见面,找点话题(话搭头),无所谓错对,出于尊重,随口应诺,不必较真,轻易地作出截然相反的应答;更没有必要在些许小事上麦芒对针尖,完全可以不作没有意义的争辩。当然话不投机,可以少说几句或诺诺而退。

看来入乡随俗,是要知道别人的一些规矩的。门路对头、对准了,可以交往下去;不然,别人不理睬你,到底是怎么回事、出错在何处,你会永远弄不明白。

濡　　化

对于"濡化"的定义、解释有点多。

（1）濡化这个术语最先由美国人类学家 M.J.赫斯科维茨于 1948 年在《人类及其创造》一书中提出，并赋予定义："人区别于其他动物的学习经历，人在生命开始和延续中借此获得适应自己文化的能力"。

（2）"价值观和社会准则被该社会成员传承或习得的过程。"（《牛津英语大词典》关于濡化的解释）

（3）也有学者把濡化定义为：个人适应其文化并学会完成与其地位和角色相应职责的过程。

（4）濡化是指一种半有意识、半无意识的学习经历，其中，前代人吸引、引导或迫使后代人采用传统思维和行为方式。

（5）濡化的本质意义是人的学习和教育。

（6）濡化指人在一生中通过学习而获得在其文化中的适应能力的过程。

（7）濡化又称文化适应，是文化延续和个体文化化的基本过程。

（8）濡化是在特定文化中个体或群体继承和延续传统的过程。

（9）濡化是指成长中的儿童获得本民族的文化模式的过程。

（10）濡化是滋润化育。

（11）濡化包括教化与学习、文化延续、族群自立三层含义。

（12）从群体的角度说，濡化是不同族群、不同社会赖以存在和延续的方式和手段，同时也是族群认同的过程标志之一。

一般认为濡化是一个复杂的过程，贯穿人的一生，而且在生命周期的不同阶段中是不相同的。如新生儿对世界、语言、道义都没有概念，他们对其周围的文化的习得过程就是人类学家界定的涵化（即母文化习得）。这是一种在人类生命中毋需刻意学习的习得，靠周围环境和人群自然得到。换句话说在婴儿时期，濡化主要是他人赋予的,其功能是把婴儿的生物反应转变为社会所接受的文化行为,它既有助于本文化的稳定性,又可以引导文化变迁。长大后,受个人意志的影响,对群体内的文化既可偏好,又可抗拒,因而有可能形成代沟。

说到濡化,有必要说说涵化。涵化和濡化是人类学和跨文化交际学研究领域的两个关键词;两者之间存在着混用的现象。应该说两者都是学习文化的过程;都是双向过程;都涉及群体和个体层面,有关联性。但从根本上看,涵化和濡化是两个本质不同的概念,涵化是指获得本文化之外的其他社会文化的过程。英文中的涵化包含"教化"的意义,它是以文化为主;而濡化是以个体为主体,朝着某一文化去适应。涵化有两种类型,即正式和非正式;非正式的也称为"儿童训练",正式的称为"教育";非正式涵化发生在家庭和朋友之间,正式涵化是通过在校学习进行。

对于涵化的定义或解释有不同的看法和理解,但大多数认为:在不同的文化群体因持久地相互集中的接触过程中,不同文化群体间相互适应、借用,使一方或双方原有的文化模式发生文化变迁或部分渗透。它是文化间横向影响的过程。不过其中亦可能会产生诸如取代、整合、附加、没落、创新、抗拒等情况。

濡化又常常作为社会化的同义语使用,但使用范围不及社会化广泛。所谓社会化指个体通过社会实践学习知识和技能,并在某种程度上被诱导着去适应他所在的社会和群体的规范,从而使自己从一个自然人变成一个社会人的过程。社会化是社会发展的需要,也是社会和文化得以延续的手段。其基本特征:(1)社会强制性。每个社会成员总要受自己所在社会的既定文化影响,这不以人的主观意志为转移,并由此形成所谓的国民性、民族性等共性特征。(2)个体能动性。包括个体之间的相互作用以及个体在社会化过程中主体选择性,这是人的个性形成的前提。(3)终身性。社会化是贯彻人一生的过程;在生命周期中的不同发展阶段,人的社会化有不同的任务和内容。从个人发展的角度看,社会化可分成童年期社会化、青春期社会化、成年期社会化、老年期社会化等;就社会化的内容而言,又可以分为政治社会化、法律社会化、道德社会化、性别角色社会化等。影响社会化的主要社会因素颇多,如:社会文化、家庭、阶级、学校、同辈群体、社区、工作单位和大众传播工具、互联网等等。

"社会化"一词最早由德国社会学家 G.齐美尔于 1895 年在《社会学问题》一书提出,20 世纪 30 年代后它成为心理学、人类学和社会学共同感兴趣的重要研究领域,在相互影响,深入研究中获取了较大的发展和成果。

　　了解、知道和认识濡化的意义、特点和作用,并厘清涵化、社会化的内容、意义以及它们之间的关系、异同,存在关联性但又有在本质意义上的不同等等情况,对于帮助自己的成长可起到明显的推进作用,可以更好地朝着自觉、自立、自强去努力,走出一条自己的路。

鳄鱼法则

所谓"鳄鱼法则"(又称鳄鱼效应)是指:假定一条鳄鱼咬住了你的脚,如果你用手去试图挣脱你的脚,鳄鱼便会同时咬住你的脚和手;你愈挣扎就会被咬住愈多。所以万一被鳄鱼咬住了你的脚,你唯一的办法就是牺牲(放弃)这只脚。

快速反应,止损、放弃,这多见用于经济(学)方面,是一种交易技术法则,也是证券投资的基本功之一。所以意义近似的鳄鱼法则成为风行于美国投资界的一个简单、有用的法则,并被誉为确保投资者在风险市场中生存的唯一法则。

信奉或践行这个法则,要有勇气和魄力,要有输得起、东山再起的度量和胸襟,无论在投资或其他事项、事业方面。当你发现自己的交易背离了市场的方向,招致了损失,就必须立刻止损,不拖延、不耽搁,不心存侥幸,壮士断腕,快刀斩乱麻,了结离场,择机再来。止损是一种保护自己的本能,市场的不确定性决定了止损存在的必要性和重要性,失控的投资就是一匹脱缰的烈马;保本第一,盈利第二,止损及其把握远比盈利来得重要,建立、确定止损的原则、程度,确保亏损不再持续扩大。犹豫、偏执、逞强、贪多求全,都是不可取的,当断不断,反受其乱。

稍予展开:人一旦犯了错误,意识到了,就要停下来、检讨回顾,不可再找借口、理由,或采取其他动作,文过饰非,谎言叠加;欲盖弥彰,万难做到,恶性循环,将会使错误更大更严重,后果不堪设想。只有静下心来,安定情绪,吸取教训,不再犯同样的错误,举一反三;真正做到前事不忘,后事之师。生活中的种种不如意或更严重的困境、窘迫也不是没有可能碰上,对于由此带来的影响、损失,要趋利避害,学会放手,及时主动放弃局部利益而保全整体利益或重要的利益是最明智的选择,不收手不止损不放弃不回头,反而损失更大。

"我们不一定知道正确的道路是什么,但却不要在错误的道路上走得太远。"(麦肯锡顾问格林绍)"承认既定事实,理解已经发生的事实,这是应付任何不幸后果的先决条件。"(美国哲学家、心理学家 W.詹姆斯)鳄鱼法则(效应)告诉我们,要忍要舍,被鳄鱼缠上哪怕丢掉一手一脚,要当机立断,学学虎怒决蹯(指:山间被陷索套的老虎,咬断自己的脚,忍痛逃离,躲避猎人的捕杀)。同时,也让我们知道鳄鱼的捕食要诀:等待、等待、耐心地等待着,一旦时机到了,敏捷出手发起攻击,狠狠地朝着猎物扑去、咬去。在投资方面、在工作中也可以取其长处,效法这些。

没有鳄鱼因为伤心或同情猎物"流眼泪"一说,"鳄鱼的眼泪"是西方的一句谚语;就鳄鱼本身而言,流眼泪是因为鳄鱼在润湿自己的眼睛,又靠着流眼泪排除体内多余的盐分。

后　记

科学没有国界，文化走向融通，知识属于全人类。

他山之石，可以攻玉。这个"石"亦是人类共同的文明成果，诸多的域外的效应、规则可以且应该为我所用，助力自己的人生。

人生离不开学习。向他人学，向社会学，向书本学，向历史学；学经验，学技能，学科学，学知识，启发启迪，或鉴或劝，知行合一，心正志恒，在闯荡和磨炼中提振、提升自己，不断调整调适，成功、成长。

路再远，一步步走下去总会走到；路再近，不走一步、少走一步永远到不了；人生之路就需要这样一步一步走下去、走出来，量力而行，尽力而为吧！

让你我的人生之路多一些历练、精彩、收获以及回味！

图书在版编目(CIP)数据

向哲人致敬:谈规矩方圆/汪仲华著.—上海:
上海人民出版社,2021
ISBN 978 - 7 - 208 - 16859 - 6

Ⅰ.①向… Ⅱ.①汪… Ⅲ.①人文科学-文集 ②社会
科学-文集 Ⅳ.①C53

中国版本图书馆 CIP 数据核字(2020)第 246296 号

责任编辑 刘华鱼
封面设计 王 蓓

向哲人致敬:谈规矩方圆

汪仲华 著

出　　版　上海人民出版社
　　　　　(200001　上海福建中路 193 号)
发　　行　上海人民出版社发行中心
印　　刷　上海商务联西印刷有限公司
开　　本　720×1000　1/16
印　　张　25.25
插　　页　4
字　　数　395,000
版　　次　2021 年 1 月第 1 版
印　　次　2021 年 1 月第 1 次印刷
ISBN 978 - 7 - 208 - 16859 - 6/B · 1526
定　　价　65.00 元